Ansätze zu organisatorischen Reformstrategien in einem Krankenhaus in kommunaler Trägerschaft

ARBEIT – TECHNIK – ORGANISATION – SOZIALES

Herausgegeben von Wiking Ehlert und György Széll

WORK – TECHNOLOGY – ORGANIZATION – SOCIETY

Edited by Wiking Ehlert und György Széll

Band 16

PETER LANG

Frankfurt am Main · Berlin · Bern · Bruxelles · New York · Oxford · Wien

Thomas Volkening

Ansätze zu organisatorischen Reformstrategien in einem Krankenhaus in kommunaler Trägerschaft

Eine Bestandsaufnahme

PETER LANG
Europäischer Verlag der Wissenschaften

Bibliografische Information Der Deutschen Bibliothek
Die Deutsche Bibliothek verzeichnet diese Publikation in der Deutschen Nationalbibliografie; detaillierte bibliografische Daten sind im Internet über <http://dnb.ddb.de> abrufbar.

ISSN 0946-8811
ISBN 3-631-39728-3

www.peterlang.de

Inhaltsverzeichnis

Verzeichnis der Abbildungen

Verzeichnis der Tabellen

1. Einleitung

Kaum ein Bereich der deutschen Gesellschaft und Wirtschaft hat in den letzten Jahren solch ausgeprägte Strukturreformen durchlebt wie das Gesundheitssystem. Reformen, über die aufgrund der persönlichen Betroffenheit jedes einzelnen, ein öffentlicher Diskurs geführt wurde. Dieser Diskurs wurde sehr emotional und oftmals polarisierend geführt. Eine allseits akzeptable Zielbestimmung, Ausrichtung und Umsetzung der Strukturreform ist nicht erreicht worden. Statt dessen wurde die Diskussion stark politisiert und von den einzelnen Akteuren polarisiert, da sich die unterschiedlichsten Interessen nicht aufeinander abstimmen ließen. Zwischenzeitlich drohte die Strukturreform im Keim zu ersticken. Sie wurde jedoch trotz aller Widrigkeiten begonnen, und wird aktuell weitergeführt.

Viele weitreichende Veränderungen im Gesundheitssystem wurden in den letzten Jahren durch die politischen Institutionen initiiert. Einige werden von jedem Gesellschaftsmitglied unmittelbar wahrgenommen. Andere finden nicht in der Öffentlichkeit, sondern in den einzelnen Systemen des Gesundheitssystems statt. Die öffentliche Wahrnehmung dieser Reformen ist begrenzt, und doch werden sie das Gesundheitssystem nachhaltig verändern.

Die Bezeichnung Gesundheitssystem läßt bereits erahnen, daß es sich um ein sehr weitreichendes, komplexes Themengebiet handelt, Aufgrund der Komplexität gestaltet sich eine eingehende Betrachtung oder gar Analyse als außerordentlich schwierig.

Diese Arbeit beschäftigt sich mit den organisatorischen Reformstrategien im Subsystem Krankenhaus in kommunaler Trägerschaft. Es sollen die Ursachen sowie die Auswirkungen dieser Reformstrategien betrachtet werden. Desweiteren werden Problemstellungen in ausgewählten Organisationsbereichen analysiert, darauf basierende Bedarfsanalysen ausgewertet, sowie Lösungsstrategien auf ihre Zweckmäßigkeit und Praktikabilität hin untersucht.

Ziel der Arbeit ist es demnach, ausgesuchte Reformansätze im Gesundheitswesen näher zu betrachten. Dabei standen besonders die organisatorischen Auswirkungen auf die Beschäftigten im Gesundheitssystem, sowie die damit einhergehenden Veränderungsprozesse im Blickpunkt der Betrachtung. Dafür müssen jedoch die unterschiedlichen gesellschaftlichen, politischen und ökonomischen Bedingungen dieser Reformen betrachtet werden.

Die Arbeit ist nach folgendem Schema aufgebaut.

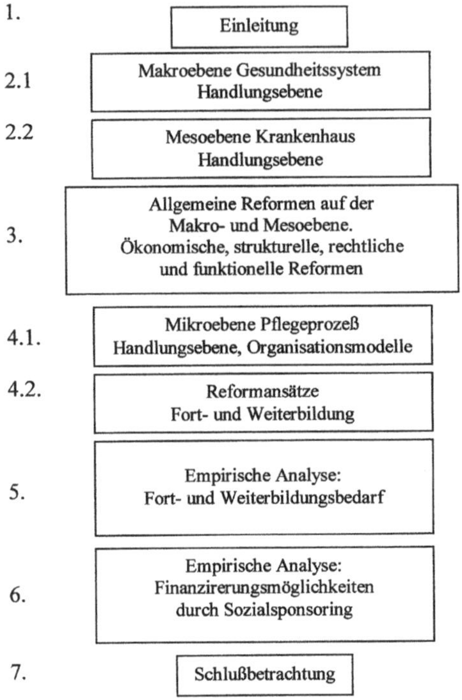

Abb. 1 **Aufbaudiagramm der Arbeit**

Quelle: Eigener Entwurf

Die Untersuchung der Gründe für die Umsetzung der Reformen oder für die Beibehaltung der vorhandenen Strukturen, sowie die Herausarbeitung von systemimmanenten Veränderungsprozessen und deren Umsetzungstiefe wird hier auf unterschiedlichen Ebenen durchgeführt.

- Es werden sowohl allgemeine Reformstrategien in Krankenhäusern, als auch Probleme, die insbesondere Krankenhäusern in kommunaler Trägerschaft bei der Umsetzung haben, aufgezeigt. Als Stichpunkte sind ökonomische und rechtliche Bedingungen, sowie die Auswirkungen in Form von Outsourcing, Einführung und Ausbau des Controllingbereiches, Ambulant vor Stationär oder Qualitätssicherungsmaßnahmen zu nennen.

- Desweiteren geht es um Reformansätze innerhalb einer bestimmten Berufsgruppe, der Pflege, und damit verbundenen Veränderungsprozessen im allgemeinen Berufs- und Arbeitsbereich, aber auch um Veränderungen im internen Organisationsbereich der Pflege, sowie damit einhergehenden Veränderungen im pflegeübergreifenden Bereich.

- Im nächsten Schritt werden organisatorischen Reformstrategien im Bereich der Fort- und Weiterbildung in einem Krankenhaus in kommunaler Trägerschaft in Ostwestfalen aufgezeigt. Diesem Bereich liegt eine empirische Erhebungen aus dem Jahre 1998 zugrunde, die innerhalb einer Arbeitsgruppe "Innerbetriebliche Fort- und Weiterbildung" in diesem Haus bearbeitet und ausgewertet wurde.

- Im letzten Teil der Arbeit werden die Möglichkeiten der Finanzierung in der Fort- und Weiterbildung durch Sozialsponsoring eruiert. Dieser Bereich stützt sich ebenfalls auf eine empirische Erhebung, welche in dem oben genannten Zeitraum durchgeführt wurde.

Diese Arbeit behandelt nur einen Teil der Reformauswirkungen auf die Beschäftigtenstruktur sowie daraus resultierenden Veränderungen im Arbeitsprozeß der Pflegeberufe, doch lassen sich anhand dieser Ausführungen die Dimensionen der anstehenden Veränderungsprozesse im gesamtgesellschaftlichen Kontext erahnen.

2. Die Gesundheitsversorgung in der BRD

Ein flächendeckendes System aus niedergelassenen Ärzten, Krankenhäusern, Reha-Kliniken, Gesundheitsämtern, Apotheken und diversen Einrichtungen mehr ermöglichen es jedem Mitglied der Gesellschaft eine, seiner jeweiligen Situation angepaßte Institution der Gesundheitsversorgung aufzusuchen, um seine persönliche Gesundheitsversorgung sicher zu stellen. Desweiteren ist das System der sozialen Sicherung (Pflegeversicherung, Krankenversicherung, Unfallversicherung etc.) seit dem letzten Jahrhundert kontinuierlich ausgebaut und weiterentwickelt worden, so daß die persönliche Gesundheitsversorgung durch dieses Netz auch wirtschaftlich abgesichert ist. Die Anfänge des Systems der sozialen Sicherung lassen sich bis in das Mittelalter (Ansätze zur Knappschaftsversicherung) zurückverfolgen. Der flächendeckende Ausbau begann jedoch im auslaufenden 19.

Jahrhundert mit der Einführung der Krankenversicherung (1883), der Unfallversicherung (1884) sowie der Invaliden- und Altersversicherung (1889)[1]. Seitdem wurde das System permanent erweitert und die Allgemeingültigkeit ausgebaut. In der Verfassung des Deutschen Reiches (Weimarer Verfassung) von 1919 heißt es in Artikel 161:

"Zur Erhaltung der Gesundheit und Arbeitsfähigkeit, zum Schutz der Mutterschaft und zur Vorsorge gegen die wirtschaftlichen Folgen von Alter, Schwäche und Wechselfällen des Lebens schafft das Reich ein umfassendes Versicherungswesen unter maßgeblicher Mitwirkung der Versicherten." [2]

Im Bonner Grundgesetz vom 23. Mai 1949 wurde der Gedanke der Sozialversicherung ebenfalls aufgenommen und fortgeschrieben. In Artikel 74 heißt es unter anderem:

"Der konkurrierende Gesetzgebung erstreckt sich auf folgende Gebiete:

12. das Arbeitsrecht einschließlich der Betriebsverfassung, des Arbeitsschutzes und der Arbeitsvermittlung sowie die Sozialversicherung einschließlich der Arbeitslosenversicherung;

19. ....., die Zulassung zu ärztlichen und anderen Heilberufen und zum Heilgewerbe, den Verkehr mit Arzneien, Heil- und Betäubungsmittel und Giften;

19a die wirtschaftliche Sicherung der Krankenhäuser und die Regelung der Krankenhäuserpflegesätze;" [3]

Bei der Betrachtung des Systems der Gesundheitsversorgung sowie der Sozialversicherung in der BRD kann dementsprechend von einem flächendeckenden System gesprochen werden. Organisiert werden diese Systeme und ihre einzelnen Subsysteme auf unterschiedliche Art. Einige werden in der Form der Selbstverwaltung geführt, andere von öffentlich-rechtlichen Institutionen geleitet und kontrolliert, wieder andere werden privatwirtschaftlich geleitet. In der Organisation und der Zielrichtung unterscheiden sie sich, jedoch unterliegen sie alle miteinander einer gemeinsam Doktrin: Der Sicherstellung der Gesundheitsversorgung.[4]

Diese wird jedoch letztendlich von Menschen ausgeführt, die ihren Arbeitsbereich in der medizinischen und therapeutischen Behandlung und Pflege von Kranken oder Pflegebedürftigen haben. Und so, wie die einzelnen Mitglieder dieser Subsysteme durch ihre persönliche Geschichte geprägt sind, hat auch die Medizin und die Krankenpflege einen

[1] Vgl. Jäger, H., 1987, S. 50ff

[2] Hildebrandt; H. 1992, S. 108f

[3] ebd., S. 145f

[4] Vgl. Jäger, H., 1987, S. 57ff

geschichtlichen Hintergrund. Dieser umfaßt einen Zeitraum, der fast so lang ist, wie die Geschichte der Menschheit.

Wendet man den Blick dem organisierten Heilen und Pflegen von Menschen zu, so muß immer noch ein Zeitraum von über 1000 Jahren beleuchtet werden.. Gleichzeitig wird man feststellen, daß noch ältere Hochkulturen bereits medizinische Kenntnisse besaßen und diese auch in "organisierter" Form anwandten.[5]

In Deutschland kann die organisierte Heilung und Pflege bis ins Mittelalter zurückverfolgt werden. Religiöse Vereinigungen betrieben sogenannte Siechenhäuser oder Spitäler, die aus heutiger Sicht weniger mit der Heilung als vielmehr mit der geistigen Pflege von Kranken in einen Kontext gesetzt werden können, die aber doch als Vorläufer der heutigen Krankenhäuser angesehen werden müssen.[6]

In der Renaissance und der Aufklärung entwickelte und veränderte sich das medizinische und pflegerische Wissen analog zu den Weltansichten dieser Zeit. Der Mensch wurde stärker als Individuum, denn als von Gottes Gnaden abhängiges Wesen betrachtet. Durch diese Sichtweise und die damit verbundenen Überlegungen wurde der Glaube an die althergebrachten Autoritäten (Religiosität oder die naturwissenschaftlichen Methoden des Aristoteles) in Frage gestellt. Empirische Beobachtungen und Experimente wurden zur Grundlage von Untersuchungen, welche als Entstehung der heutigen Medizin betrachtet werden können.[7]

Gleichzeitig wurde das Heils- oder Hospitalwesen zunehmend aus der Verantwortung der Kirche gelöst und ging in die staatliche (meist städtische) Trägerschaft über. Waren die Spitäler des ausgehenden Mittelalters noch nicht nach medizinischen Vorgaben gegliedert, so änderte sich diese Struktur in der Neuzeit durch die Spezialisierung der Medizin zu Krankenhäusern mit zahlreichen Spezialabteilungen bzw. Fachkliniken.[8]

Im weitesten Sinne kann also bereits seit dem ausgehenden Mittelalter von einem organisierten Gesundheitswesen in kommunaler oder staatlicher Trägerschaft gesprochen

[5] Vgl. Eckart, W. U., 1994, S. 13f
[6] ebd. S. 101ff
[7] Vgl. Gesundheits-Brockhaus, 1990, S. 314f
[8] Vgl. Bertelsmann Lexikothek, Bd. 8, 1989, S. 312f

werden.[9] Diese Einführung in den groben zeitlichen Entstehungsrahmen der Gesundheitsversorgung und der medizinisch geprägten Institution Krankenhaus zeigt auf, daß das organisierte Gesundheitswesen keine Erscheinung der Neuzeit ist, sondern auf einen langen geschichtlichen Entstehungsprozeß zurückblicken kann.

2.1. Das Gesundheitssystem der BRD

Das Gesundheitssystem, welches in allen Bereichen des gesellschaftlichen Lebens verankert ist, stellt sich als komplexes System mit unterschiedlichsten Akteuren dar. Es ist kein statisches System, sondern befindet sich in einem fortwährenden Veränderungsprozeß.
Nach einem langen Zeitraum der Ausweitung und Intensivierung des Gesundheitssystems sind in den letzten Jahrzehnten Finanzierungsprobleme im System ausgemacht worden. Der Mainstreamgedanke in der Gesundheitsdebatte: "Alles was medizinisch möglich ist muß gemacht werden" ändert sich langsam aber kontinuierlich. Heute werden Debatten über ethische Fragen der Gerätemedizin, sowie die Finanzierbarkeit des medizinisch Möglichen, geführt.

Darüber hinaus werden Fragen der Organisation innerhalb einzelner Akteursgruppen, als auch innerhalb des gesamten Gefüges Gesundheitssystem, von verschiedensten Gruppen lebhaft diskutiert. Da in unserer Gesellschaft das Gesundheitssystem der staatlichen Kontrolle, bzw. Organisation unterliegt, wird die Veränderung innerhalb des Systems auf politischem Terrain ausgetragen. Beispiele hierfür boten die letzten Jahre zur Genüge. (Von den Freitags-demonstrationen der Ärzteschaft bis zu Forderungen nach umfassenden Privatisierungen im Gesundheitssystem)
Der Veränderungsprozeß ist noch lange nicht abgeschlossen, da die Gesundheitserhaltung bzw. die Gestaltung der Gesundheitsversorgung ein ewiger Begleiter der Menschheit ist und sein wird.

2.1.1. Das Gesundheitssystem, ein theoretischer Ansatz

Bei der Betrachtung der organisatorischen Reformstrategien in der Neuzeit muß im Vorfeld die grundsätzliche Ausgangslage geklärt werden.

---

[9] Vgl. Gesundheits-Brockhaus, 1990, S. 315f

- Zum einen stellt sich das heutigen Gesundheitssystem als sehr komplexen System dar. Verschiedenste Subsysteme bestehen nebeneinander, greifen jedoch auch ineinander über und bedingen sich zum Teil gegenseitig. Dies sind sowohl die verschiedensten Kliniken (von öffentlichen Spezialkliniken über Kliniken der allgemeinen Gesundheitsversorgung, Rehabilitationskliniken bis zu Privatkliniken), die niedergelassenen Ärzte der unterschiedlichsten Fachrichtungen, das Apothekenwesen, die Heilpraktiker, aber auch die Krankenkassen, Rentenkassen oder Berufsgenossenschaften als Beitragsverwalter, die über die verwalteten Mitgliedsbeiträge das Gesundheitssystem mitfinanzieren.[10]
  Daneben existiert die Forschung in privater als auch öffentlicher Hand, die Pharma- und Medizinindustrie und letztendlich die politischen Regierungsorgane. Und nicht vergessen werden darf der Patient, der in unterschiedlicher Intensität von den verschiedensten Entscheidungen der Subsysteme direkt oder indirekt betroffen ist.

- Zum anderen ist es ein System der ständigen Veränderung. Das Gesundheitssystem ist kein statisches System, sondern unterliegt Prozessen der unterschiedlichen Subsysteme und damit einhergehender Neustrukturierung und Neuorganisation.

2.1.2. Das zielgerichtete System

An dieser Stelle werden zuerst einige Systemdefinition als auch Definitionen bestimmter Systemvoraussetzungen und Systembedingungen angeführt, in denen sich der behandelte Komplex bewegt.

"Ein System ist ganz allgemein ein Ganzes, das aus miteinander in wechselseitigen Beziehungen stehenden Elementen zusammengesetzt ist. Die jeweils besondere Beschaffenheit seiner Elemente, ihr Anordnungsmuster und die Beziehungen zwischen ihnen bedingen die konkrete Eigenart eines Systems. Innerhalb eines Systems wirkt die Veränderung eines Elementes auf die anderen Elemente fort. Ein System besitzt ein gewisses Maß von Integration und Geschlossenheit. Es hat eine Grenze, die es von seiner Umwelt trennt, steht jedoch mit dieser Umwelt in wechselseitigen Beziehungen.

Darüber hinaus ist vielen Systemen eine Tendenz zur Selbsterhaltung bzw. zum Gleichgewicht und eine Tendenz zum Erreichen oder Bewahren bestimmter Merkmale, eine Ausrichtung der

[10] Vgl. Statistisches Bundesamt, 1999, S. 417f

Systemprozesse auf bestimmte Ziele eigen. Ist diese letztgenannte Tendenz vorhanden, dann spricht man von zielgerichteten Systemen." [11]

Ein solches zielgerichtetes System ist auch das Gesundheitswesen. Ziel des Gesundheitssystems ist es mit Hilfe der Gesamtheit, der vom Staat und von öffentlich-rechtlichen Körperschaften geschaffenen Einrichtungen, die Gesundheit des Menschen zu erhalten bzw. wiederherzustellen. Gesundheit ist dabei nach der Definition der Weltgesundheitsorganisation (WHO) *"das vollständige körperliche, geistig-seelische und soziale Wohlbefinden des Menschen."* [12]

Die vorherrschende Prämisse des Gesundheitssystems liegt in der Gesundheitserhaltung bzw. der Wiederherstellung. Diese Prämisse kann als festgelegte Struktur, d.h. als System von Werten und Normen, die durch hierarchisch aufeinander abgestimmte Positionen und Rollen festgelegt sind, des Gesundheitssystems betrachtet werden. Die Inhaber dieser Positionen und Rollen nehmen dabei bestimmte Funktionen wahr, die der Zielerreichung, der Anpassung und der Bewältigung von Spannungen dienen.[13]

Das Gesundheitssystem ist demnach ein zielgerichtetes System mit festgelegter Struktur. Diese Struktur befindet sich jedoch ebenso wie die Art und Anzahl der Positionen und Rollen innerhalb des Systems in ständiger Erneuerung und Bewegung (zu den veränderbaren Werten und Normen sei hier nur auf die im Diskurs befindlichen Themen Gentechnologie und Sterbehilfe hingewiesen).

Diese Veränderbarkeit des Systems wird bei Luhmann deutlich, da sich nach seiner Definition Systeme strukturell an ihrer Umwelt orientieren und ohne Umwelt nicht bestehen können. Sie erzeugen und erhalten sich durch eine Differenzierung zur Umwelt, und benutzen Ihre Grenzen zur Regulierung dieser Differenz. In diesem Sinne ist Grenzerhaltung (boundary mainttenance) gleich Systemerhaltung. In dem Maße, in dem die Umwelt sich verändert, reagieren demnach auch die Systeme auf diese Umweltveränderungen.

2.1.2.1. Das komplexe System

An anderer Stelle definiert Luhmann die Komplexität von Systemen. Als Komplex bezeichnet er eine zusammenhängende Menge von Elementen, die aufgrund immanenter

---

[11] Mayntz, R. 1963, S. 40f

[12] Bertelsmann Lexikothek, Band 5, 1989, S. 384

[13] Vgl. Gerhard, U., 1971, S. 50ff

Beschränkungen der Verknüpfungskapazität der Elemente nicht mehr in der Lage sind, jedes Element jederzeit mit jedem anderen Element zu verknüpfen. Gleichzeitig ist Komplexität der Entstehungsgrund für Systeme. In dem Umfang, in dem Komplexität durch das System reduziert wird (Negentropie), wird eine neue Komplexität geschaffen. Die Systemimmanente Komplexität. Da Systeme durch Reduktionen entstehen, benötigen sie eine Bezugseinheit, welche keine Grenzen mehr hat, eine allumfassende grenzenlose Komplexität bzw. ein allumfassendes grenzenloses Komplexfeld - die Weltkomplexität. [14]

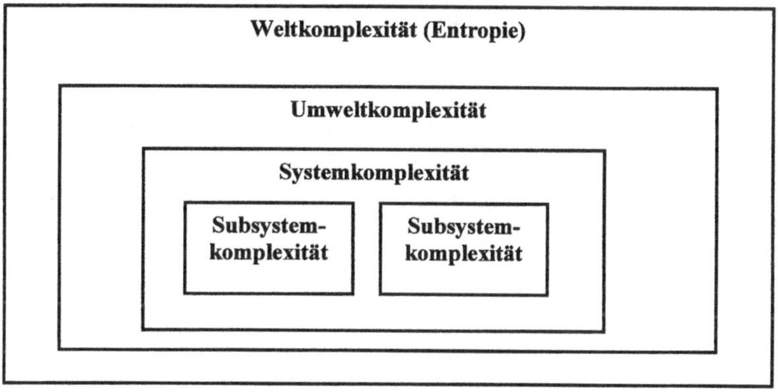

Abb. 2 **Komplexitätsmodell bei Luhmann**

Quelle: Eigener Entwurf nach Luhmann, 1984

Der Aufbau der Komplexität soll anhand des folgenden Schemata verdeutlicht werden.
Das Gesundheitssystem, kann demnach als ein zielgerichtetes, komplexes System mit festgelegten Strukturen definiert werden. Es ist gleichzeitig Subsystem innerhalb der Gesellschaft, als auch System mit diversen Subsystemen, wie Krankenhäusern, Krankenkassen etc.
All diese verschiedenen Subsysteme unterliegen einer gewissen Struktur, als auch einer gewissen Organisationsform. Diese sollen gewährleisten, daß sie die ihnen zugedachten Aufgaben zur Lösung der unterschiedlichsten Problematiken bestmöglich erfüllen.

Kiss definiert in seiner Luhmann Interpretation die Funktion dieser Systeme folgendermaßen: *"Die wichtigste Funktion von Organisationssystemen bzw. organisierten Sozialsystemen kann in der Festlegung von Kommunikations- und Interaktionsprozessen auf berechenbare Abläufe*

[14] Vgl. Luhmann, N., 1984, S. 25ff

strategisch wichtiger Handlungsprozesse gesehen werden. Organisation bedeutet Einschränkung von Handlungsmöglichkeiten und Disziplinierung von spontanen, fluktuierenden und relativ ungeordneten Kommunikationsprozessen." [15]

Diese Einzeldefinitionen geben eine gewisse Vorstellung von dem, was das Gesundheitssystem innerhalb des Gesellschaftssystems auf welche Art leisten soll.

Die Erhaltung und Wiederherstellung des vollständigen körperlichen, geistig-seelischen und sozialen Wohlbefindens der Menschen innerhalb bestimmter Normen und Werte durch Festlegung von Kommunikations- und Interaktionsprozessen und Einschränkung von Handlungsmöglichkeiten innerhalb komplexer Systeme.

2.1.2.2. Das Subsystem Krankenhaus als offenes soziales System

Das Krankenhaus erfüllt diese beschriebenen Aufgaben und Organisationsformen und kann nach dieser Definition als Subsystem des Gesundheitssystems bezeichnet werden. Gleichzeitig unterteilt es sich jedoch auch wieder in unterschiedlichste Subsysteme, welche sich durch ihre Aufgabenstellung innerhalb des Krankenhauses (z.B. die Verwaltung in Abgrenzung zu den medizinischen Abteilungen innerhalb des Systems Krankenhaus), als auch durch ihre spezielle Ausrichtung innerhalb bestimmter Gruppen (z.B. Die Urologische Station in Abgrenzung zur Chirurgischen Station innerhalb des Systems der medizinischen Abteilung) von der Komplexität reduzieren.

Diese Arbeit beschäftigt sich im weitesten Sinne mit dem Subsystem Krankenhaus. Es ist ein offenes soziales System (im Gegensatz zu geschlossenen sozialen Systemen), welches sich in permanentem Austausch mit seiner Umwelt befindet. Dieser Einfluß der Umwelt auf das System Krankenhaus determiniert bzw. beeinflußt die Strukturen und die Prozesse innerhalb der Organisation Krankenhaus.

Die Umwelt läßt sich in zwei Hauptpunkte unterteilen

- **Umwelt I →** Personen, Gruppen und andere Organisationen, die sich mit der Organisation in direkter Interaktion befinden.
- **Umwelt II →** gesamtgesellschaftliche Gegebenheiten, die auf die Organisation einwirken und umgekehrt von ihr beeinflußt werden.[16]

---

[15] Kiss, G, 1986, S.27

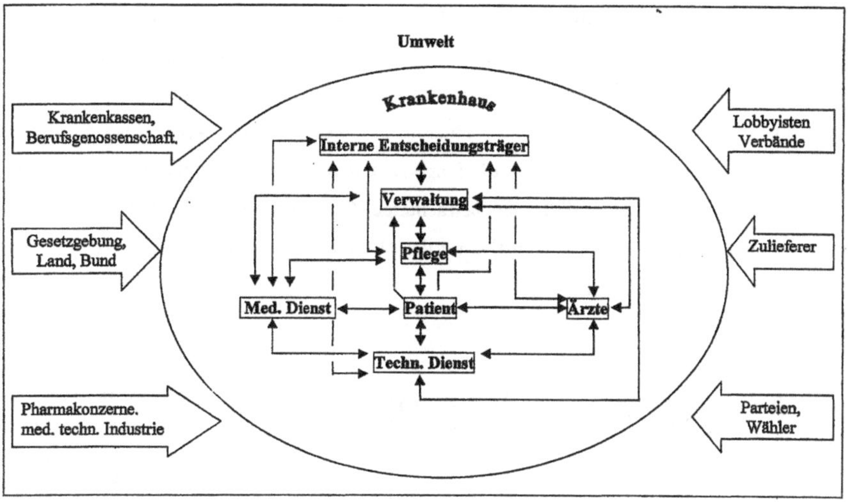

Abb. 3 **Das Krankenhaus und seine Umwelt**

Quelle: Eigener Entwurf

In dem Schaubild sind die unterschiedlichsten Gruppen in einem Krankenhaus und ihre Verknüpfungen untereinander dargestellt. Diese Grafik dient der Verdeutlichung der Komplexität und der Reduktion und beinhaltet aus diesem Grund nur eine Auswahl der beteiligten Gruppen. (Viele krankenhausinterne Gruppen bzw. Unterorganisationen wurden vernachlässigt, desweiteren wurden die einzelnen Gruppen nicht weiter unterteilt und letztendlich fehlen viele der externen Beeinflussungen)

In der Grafik werden jedoch die Zusammenhänge zwischen der Organisation Krankenhaus und der Umwelt I (welche im Schaubild innerhalb der ⟹ dargestellt ist) aufgezeigt. Umwelt II würde z.B. in Form von gestiegener Arbeitslosigkeit und damit verbundenen reduzierten Krankenkassenbeiträgen, oder in der Änderung der gesellschaftlichen Norm- und

[16] Klages, H, 1978, S. 85

Wertvorstellungen in Bezug auf den Begriff Gesundheitserhaltung (z.B. Euthanasiemaßnahmen während der nat.-soz. Herrschaft[17]) in die Grafik integriert werden.
Betrachtet man das System Krankenhaus als organisiertes offenes System, welches den unterschiedlichsten Einflüssen ausgesetzt ist, so muß an dieser Stelle noch geklärt werden, welche Bedingungen vorhanden sein müssen, um die Organisation Krankenhaus (oder auch jedwede anderen offenen Systeme) in einer bestimmten Art und Weise funktionsfähig zu machen, oder aber anders formuliert, die Frage nach den Bedingungen, die für eine bestimmte Ausrichtung und Funktionalität der betrachteten Organisation maßgeblich sind.[18] Diese Betrachtung wird in der Kontingenztheorie der Organisation, oder dem situativen Ansatz in der Organisationslehre, vollzogen.

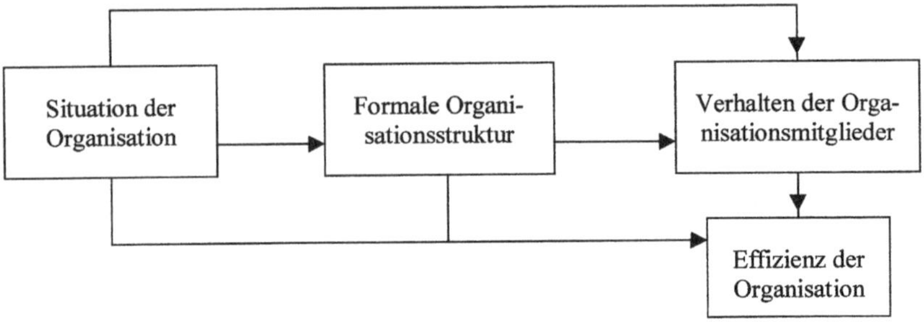

Abb. 4 **Kontingenzmodell bei Kieser**

Quelle: Kieser, 1993

Sie bietet einen guten Überblick zu der Wirkungsweise der unterschiedlichen Bedingungen. Demnach ist die Effizienz oder Funktionalität einer Organisation ursächlich durch drei Faktoren bedingt.

- **Das Verhalten der Organisationsmitglieder**, oder auch das Rollenverhalten der Mitglieder, welches Arbeitsleistung, Arbeitszufriedenheit, Art der Konfliktaustragung aber auch grundsätzliche Einstellungen und Neigungen in Bezug auf die Arbeit beinhaltet.

- **Die formale Organisationsstruktur**, die Hierarchiestrukturen, Entscheidungswege, Koordinationszusammenhänge oder Spezialisierungsgrad beinhaltet.

---

[17] Vgl. Eckart, W. U., 1994, S. 288ff
[18] Vgl. Kieser A., 1995, S. 155ff

- **Die Situation der Organisation**, in und unter der sie arbeitet. Hierunter versteht man sowohl die Größe oder die Rechtsform der Organisation, aber auch die gesamte Umwelt, sowie die Sozialisation der Organisationsmitglieder.[19]

Werden diese Ausführungen auf das Gesundheitssystem oder einzelne seiner Subsysteme übertragen, kann an verschiedenen Bereichen angesetzt werden, um eine Effizienzsteigerung bzw. eine Erhöhung der Funktionalität zu erreichen. Gleichzeitig besteht jedoch die Schwierigkeit, das jedwede Änderung in einem Bereich Rückkopplungen in den anderen Bereichen bedingt. Einzelne punktuelle Veränderungen innerhalb der Organisation herbeizuführen reicht demnach für eine umfassende Organisationsreform nicht aus, wenn die ungeplanten oder sogar gewünschten und notwendigen Auswirkungen in anderen Bereichen nicht ebenfalls durchgeführt bzw. unterstützend vorangetrieben werden.

Dies soll am Beispiel Hierarchieabbau verdeutlicht werden.
Beim Abbau der Hierarchien innerhalb einer Organisation (Veränderungen in der formalen Organisationsstruktur) muß das Personal mit dieser neuen Struktur vertraut gemacht werden. Automatisierte Verhaltensmuster in den Bereichen Konfliktaustragung, Arbeitseinstellung oder auch Kommunikation müssen darüber hinaus verändert und geschult werden, da die neuen Hierarchieformen mit den erlernten und verinnerlichten Mustern nicht mehr vereinbar sind.[20] Und letztendlich muß eine Prozeßanalyse innerhalb der Organisation durchgeführt werden, um mögliche Veränderungen, welche durch diese neuen Strukturen bedingt sind, zu eruieren und auf sie zu reagieren.
Bei der folgenden Betrachtung von organisatorischen Reformansätzen auf den verschiedenen Ebenen des Gesundheitssystems bzw. innerhalb der einzelnen Subsysteme[21], sind diese grundlegenden Überlegungen immer in Erinnerung zu rufen, und die Frage zu stellen, in wieweit diese Überlegungen bei den organisatorischen Änderungen eine Rolle gespielt haben, bzw. in wieweit die Folgeerscheinungen der Organisationsänderungen berücksichtigt wurden und ob auf sie eingegangen wurde.

[19] Vgl. Bosetzky, Prof. Dr. H. und Heinrich, Prof. Dr. P., 1994, S. 55
[20] Vgl. Daybell, C. R., 1994, S.229ff
[21] Vgl. Kapitel 3 und 4

2.1.3. Entwicklungen der Umweltbedingungen

Bei der Betrachtung von organisatorischen Reformen innerhalb des Gesundheitssystems und seiner Subsysteme spielen die gesellschaftlichen Umweltbedingungen eine zentrale Rolle, da viele der Reformen ihren Ursprung eben in Veränderungen der Umweltbedingungen finden. Als Umweltbedingungen werden in diesem Kontext sowohl die gesellschaftlichen Veränderungen an sich, als auch die daraus resultierenden Folgeerscheinungen definiert.
Aus diesem Grunde werden an dieser Stelle nicht nur einige demographische Entwicklungen oder Betrachtungen der staatlichen Sozialausgaben aufgezeigt, sondern auch ausgesuchte Entwicklungen der Gesetzlichen Krankenversicherung (GKV) der letzten Jahre.

Die Finanzierung des Gesundheitssystems ist eine entscheidende Komponente (wenn nicht sogar die entscheidendste) bei jeglichen Reformansätzen.
Anhand der folgenden Tabelle wird die Entwicklung als auch die Verwendung der Krankenkassenbeiträge (aufgesplittet nach Ausgaben für Leistungen und Verwaltungskosten) dargestellt.

Jahre	**Einnahmen**	**Ausgaben**		
	Insgesamt	Insgesamt	für Leistungen	Verwaltungskosten
1991	180,2	183,0	173,6	9.2
1992	201,1	210,5	199,6	10,6
1993	222,2	211,8	200,1	11,1
1994	236,5	234,3	217,2	11.7
1995	255,9	262,8	228,8	12,0
1996	265,9	272,6	236,4	12,8
1997	269,0	267,9	231,4	12,6
1998	274,3	273,2	234,9	13,3
1991-1998	**1905,1**	**1916,1**	1722	101,4

Tab. 1 Einnahmen und Ausgaben der GKV

Quelle: Eigener Entwurf nach Bundeszahnärztekammer, 1999

Die Tabelle umfaßt die Jahre 1991 bis 1998, da in den Jahren davor lediglich die alten Bundesländer erfaßt sind. Zur Tendenzbestimmung reichen diese Daten jedoch aus. Die Daten basieren auf der Statistik des Bundesministeriums für Gesundheit, sind jedoch aus Veröffent-

lichungen der Bundeszahnärztekammer und der Kassenzahnärztlichen Bundesvereinigung entnommen[22]. Alle Werte entsprechen Milliarden DM.
Anhand der Zahlen läßt sich eine wichtige Entwicklungen aufzeigen. Die kontinuierliche Ausgabensteigerung der Gesetzlichen Krankenversicherungen in den Jahren zwischen 1991 und 1998 um 49%. Diese sind zwar über 52% Mehreinnahmen gedeckt, doch ließ sich diese Deckung nur mittels Beitragserhöhungen im selben Zeitraum um über 10% bezogen auf den KV-Satz[23] von 1991 bewerkstelligen. Wird die Pflegeversicherung in diese Überlegungen mit aufgenommen, sind die Beitragssätze um über 20% gestiegen. Weitere Mehreinnahmen wurden in diesen Jahren durch eine Ausweitung der Mitglieder um 415.096 Mitglieder auf 50.685.528 erzielt.[24] Und da die Krankenversicherungsbeiträge an die allgemeinen Lohnerhöhungen gekoppelt sind, erhöhten sich die Einnahmen der GKV letztendlich auch auf diesem Wege.

Bei einem Vergleich der Entwicklung der Einnahmen / Ausgaben der GKV sowie der wichtigen Entscheidungen in der Gesetzgebung im Gesundheitsbereich fallen die Jahre 1993/1994 sowie 1997/1998 ins Auge, da in diesen Jahren die Ausgaben geringer waren als die Einnahmen. Diese kurzfristigen Trendwenden waren temporär verknüpft mit der Verabschiedung des Krankenhausfinanzierungsgesetzes 1991 und dem Gesundheitsstrukturgesetz 1992 sowie dem Pflegeversicherungsgesetz und der Neuordnung der Bundespflegesatzverordnung in den Jahren 1994 / 1995[25]. Diese Trendwende zur politisch bedingten wirtschaftlichen Gesundung der GKV zeigt jedoch langfristig keine kontinuierliche Wirkung. Eine weitere Betrachtung der Daten, unter Zuhilfenahme des Bereiches Aufwendungen der gesetzlichen Krankenkassen für Krankenhausbehandlungen, soll Aufschluß darüber geben, inwieweit das Krankenhaus als "Kostentreiber" der gesetzlichen Krankenversicherungen zu sehen ist. Desweiteren soll die Betrachtung aufzeigen, ob es signifikante Unterscheidungen in den Ausprägungen der Steigerungsraten zwischen den Ausgaben insgesamt und den Ausgaben für Krankenhausbehandlungen gibt. Das benutzte Datenmaterial entstammt der selben Quelle. Es deckt sich jedoch mit veröffentlichten Zahlen des Statistischen

[22] vgl. Bundeszahnärztekammer und Kassenzahnärztliche Bundesvereinigung, 1999, S. http://www.kzbv.de/aktzahl/tab1.htm sowie http://www.kzbv.de/aktzahl/tab2.htm
[23] Festgelegter prozentualer Beitragssatz für die gesetzliche Krankenversicherung
[24] Vgl. Bundeszahnärztekammer und Kassenzahnärztliche Bundesvereinigung, 1999, S. http://www.kzbv.de/aktzahl/tab5.htm
[25] Siehe hierzu Punkt 3.1.2.

Bundesamtes, welche zur Kontrolle für die Jahre 1996 bis 1998 mit dem benutzten Datenmaterial verglichen wurden.[26]

Jahre	Ausgaben						
	Insgesamt		für Leistungen		für Krankenhaus-behandlungen		Anteil der Kh. Behandlungen an den Gesamt-leistungen
	Mrd. DM	Veränd. in %	Mrd. DM	Veränd. in %	Mrd. DM	Veränd in %	
1991	183,0		173,6		57,1		32,9%
1992	210,5	+15,0	199,6	+15,0	64,3	+12,6	32,2%
1993	211,8	+0,6	200,1	+0,3	68,5	+6,5	34,2%
1994	234,3	+10,6	217,2	+8,5	74,6	+8,9	34,3%
1995	262,8	+12,2	228,8	+5,3	77,1	+3,4	33,6%
1996	272,6	+3,8	236,4	+3,6	78,3	+1,5	33,1%
1997	267,9	- 1,7	231,4	-2,1	80,1	+2,3	34,6%
1998	273,2	+2,0	234,9	+1,5	82,5	+3,0	35,1%
1991-1998	1916,1	+49,3	1722	+35,3	582,5	+44,5	33.8%

Tab. 2 Ausgaben der GKV für ausgewählte Bereiche

Quelle: Eigener Entwurf nach Bundeszahnärztekammer, 1999

Bei der Datenanalyse fallen einige Punkte besonders auf. Zum einen die Gesamtausgaben der Gesetzlichen Krankenversicherungen, welche in den letzten Jahren fast um 50% gestiegen sind, zum anderen die behandlungsbezogenen Ausgaben im Krankenhaus, welche im selben Zeitraum um ca. 45 % gestiegen sind.

Für die Ausgabensteigerung insgesamt gibt es mehrere ausschlaggebende Faktoren. Einer ist in der Vereinigung der ehemaligen DDR mit der BRD 1990, sowie der dadurch vollzogenen Ausweitung des Zuständigkeitsbereiches der gesetzlichen Krankenkassen zu sehen. Betrachtet man die Steigerungsraten der Gesamtausgaben der Gesetzlichen Krankenversicherungen für die 5 neuen Bundesländer gesondert, so waren diese, wenn auch von einem geringeren Niveau ausgehend, wesentlich stärker ausgeprägt als die in den alten Bundesländern.[27] Erst in den letzten 4 Jahren gleichen sich die Werte langsam an. Weitere Gründe für die Ausgabensteigerung liegen in der allgemeinen Erhöhung von Lohnkosten im Gesundheitswesen, aber auch der abgerechneten Leistungen. Inwieweit für die

[26] Vgl. Statistisches Bundesamt Deutschland, 2000, S. http://www.statistik-bund.de/basis/d/solei/soleitab1.htm
[27] Vgl. Bundeszahnärztekammer und Kassenzahnärztliche Bundesvereinigung, 1999, S. http://www.kzbv.de/aktzahl/tab2.htm

Ausgabensteigerung im Krankenhausbereich noch andere Gründe zu benennen sind, wird an anderer Stelle erörtert.[28]
An dieser Stelle wird lediglich noch die Entwicklung der Kosten für Krankenhausbehandlungen an den Gesamtleistungen (Rechte Spalte der Tabelle) der GKV betrachtet, welche zwar nicht kontinuierlich, jedoch für den betrachteten Zeitraum absolut steigen. Bei einem Niveau von ca. 34% der Gesamtleistungen über den gesamten Zeitraum, kann von einem erheblichen Kostenfaktor für die Gesetzlichen Krankenkassen gesprochen werden. Im Vergleich zu den restlichen Ausgabenprofilen jedoch nur bedingt von einem Kostentreiber.
Inwieweit die bereits durchgeführten Veränderungen im Abrechnungsverfahren der Kassen für Krankenhausbehandlungen bereits in diesen Zahlen ihren Ausschlag finden, läßt sich leider nicht nachvollziehen, da keine Berechnungsmodelle für unterschiedliche Verfahren zur Verfügung standen.

Im folgenden soll nun auf die Entwicklung der Arbeitslosenzahlen und der Sozialhilfeempfänger eingegangen werden.
Durch die Arbeitslosen und Sozialhilfeempfänger werden die Krankenkassen zwar nicht direkt belastet (abgesehen von einer niedrigeren Ausgangsberechnungsgrundlage), dafür jedoch der Staat. Durch die Grafik auf der nächsten Seite wird die Entwicklung der letzten 10 Jahre verdeutlicht. Die Arbeitslosenversicherung und die öffentliche Hand müssen für eine immer größere Zahl von Personen aufkommen und dadurch vermehrt für die Zahlungen an die Gesetzlichen Krankenversicherungen.
Das Statistische Bundesamt führt 2,77 Millionen Empfänger und Empfängerinnen laufender Hilfe zum Lebensunterhalt für das Jahr 1989[29] auf. Dieser Personenkreis ist in den folgenden Jahren relativ gleichgeblieben. Im Jahr 1997[30] bekamen 2,92 Millionen laufende Hilfe zum Lebensunterhalt. Im Gegensatz zu den Hilfeempfängern haben sich jedoch die Ausgaben sowohl im Bereich der laufenden Hilfe zum Lebensunterhalt (10,27 Mrd. DM in 1987 zu 17,13 MRD. DM in 1997) als auch die Gesamtausgaben der Sozialhilfe fast verdoppelt (19,69 Mrd. DM netto in 1987 zu 38,68 Mrd. DM netto in 1997).[31] Die Entwicklung der Arbeitslosenquote wird in der folgenden Grafik aufgezeigt.

---

[28] Siehe hierzu Punkt 3.1.1.2
[29] Vgl. Statistisches Bundesamt, 1992, S. 505
[30] Vgl. Statistisches Bundesamt, 1999, S. 463
[31] Vgl. Statistisches Bundesamt, 1992, S. 505 und 1999, S. 465

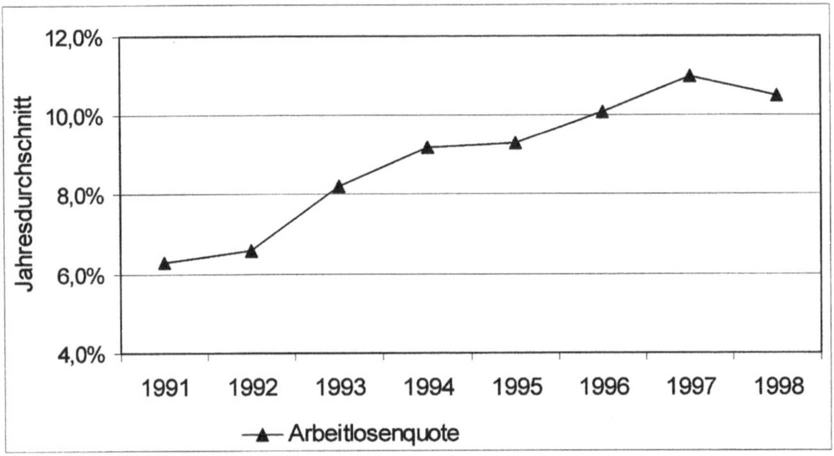

Abb. 5 Erwerbslosenquote in der BRD

Quelle: Eigener Entwurf nach Statistischem Bundesamt, 1999

Diese Zahlen zeigen den Rahmen, in dem das Gesundheitssystem, welches lediglich zum Teil aus Krankenkassenbeiträgen finanziert wird[32], betrachtet werden muß. Die Gesundheitsversorgung wird aufgrund hoher Arbeitslosigkeit und einem hohem Stand an Sozialhilfeempfängern in immer größeren Maße durch die öffentliche Hand mitfinanziert. (Über die bisherige staatliche Finanzierung hinaus).

Neben der veränderten Zusammensetzung der Beitragszahler der Gesetzlichen Krankenversicherung und der Ausgabenverteilung in den einzelnen Bereichen müssen noch einige grundlegenden Veränderungen in den Umweltbedingungen betrachtet werden, die weitreichende Konsequenzen letztendlich auch auf die Organisation innerhalb der Krankenhäuser haben. Eine Veränderung ist in den stetig ansteigenden Anteil älterer Patienten in den Krankenhäusern zu sehen. Die Grafik auf der nächsten Seite zeigt, daß der steigende Anteil der älteren Patienten an allen Pflegefällen in den Jahren 1984 bis 1994 um 6,3% gestiegen ist. Analog dazu ist eine Steigerung um 6,8% bei dem Anteil an Pflegetagen festzustellen. Das heißt also, der ältere Patient kommt öfter in das Krankenhaus und bleibt länger.

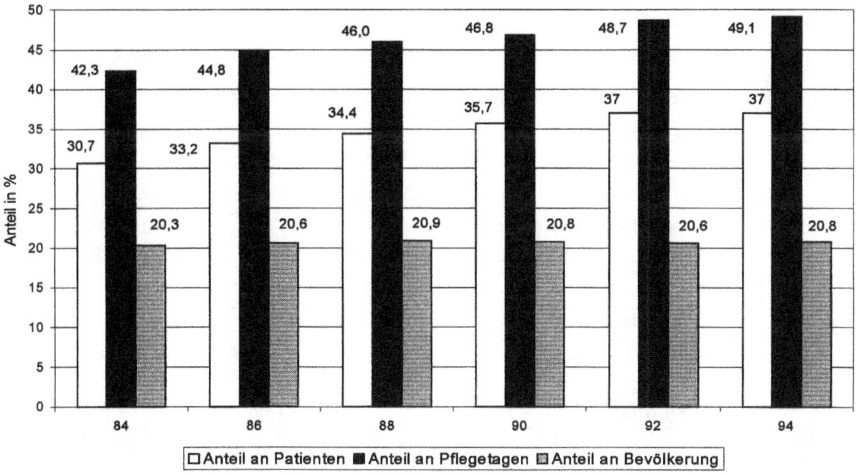

Abb. 6 Anteil der über 60 jährigen an Patientenaufkommen und Pflegetagen in Akkutkrankenhäusern und an der Bevölkerung

Quelle: Deutsche Krankenhausgesellschaft (DKG), 1996

Eine Ursache ist sicherlich darin zu sehen, daß ältere Patienten im Verhältnis zu jüngeren häufig eine wesentlich höhere Multimorbidität[33] aufweist. Für das Krankenhaus bringt diese Entwicklung mindestens zwei Auswirkungen mit sich.

Erstens schlägt sich sowohl die Zunahme der Krankenhausaufenthalte als auch die erhöhte Multimorbidität in einem erhöhten Leistungsaufkommen wieder (hier seien auszugsweise zu nennen: häufigere Anamneseerstellung, erweiterte Diagnostik aufgrund der Multimorbidität, Bettplatzwechsel etc.). Es tritt also eine Leistungsverdichtung bei fallender Verweildauer auf.

Zweitens bringen die oben aufgezeigten Entwicklungen eine erhöhte psychosoziale und körperliche Belastung für das Krankenhauspersonal mit sich. Die Palette reicht von erschwerter Kommunikation durch Altersschwerhörigkeit oder Verwirrtheitszuständen, über erhöhte Hilfsbedürftigkeit bei der Körperreinigung, Nahrungsaufnahme bis hin zur Pflegebedürftigkeit, wenn aufgrund der Multimorbidität die normalen Körperfunktionen nur

[32] Siehe hierzu auch Punkt 2.2.1

[33] Das gleichzeitige Vorliegen mehrerer Krankheitsbilder, welche Aufgrund der vielfältigen Wechselwirkungen der Krankheitsbilder immer wieder Probleme in der Behandlung aufwirft.

noch sehr eingeschränkt erhalten sind und der Patient durch das Personal mobilisiert und gelagert werden muß.

Der steigende Anteil der älteren Patienten an allen Pflegefällen im Krankenhaus mit nahezu 40%, verknüpft mit der Entwicklung der Pflegetage pro Pflegefall, verdeutlicht diese steigende Belastung des Personals.

Jahr	Pflegefälle	Veränderng gegenüber dem Vorjahr	Pflegetage / Pflegefall	Veränderug gegenüber dem Vorjahr
1970*	8,9 Mil.		24,89	
1975*	10,0 Mil		22,17	
1980*	11,2 Mil		19,68	
1985*	11,8 Mil		17,97	
1990	13,8 Mil.		15,23	
1991	13,9 Mil.	1,07%	14,62	-4,01%
1992	14,2 Mil.	2,22%	13,91	-4,86%
1993	14,4 Mil.	1,04%	13,21	-5,03%
1994	14,6 Mil.	1,70%	12,66	-4,16%
		Veränderung 1990 - 1994		Veränderung 1990 - 1994
		5,81%		-16,88%

* Die Zahlen für 1970 bis 1985 beziehen sich auf das Gebiet der alten BRD

Tab. 3 Pflegefälle sowie Pflegetage/Pflegefall[34]

Quelle : Eigener Entwurf nach DKG, 1996

In der Tabelle zeigt sich, daß die Anzahl der Pflegefälle zwischen 1990 und 1994 um 5,8% gestiegen, bei einer gleichzeitigen Reduktion der Pflegetage pro Pflegefall um 16,9%. Das bedeutet, das die Anzahl der behandelten Patienten insgesamt steigend ist. Es zeigt aber auch, das der Anteil an arbeitsintensiver "Akutbehandlung und Akutpflege" steigend ist, während die Nachbehandlung und Regenerationspflege aus den Krankenhäusern ausgegliedert wurde und weiter ausgegliedert wird.

Vgl. Ortwein, I. , Münden, 1993, S. 105

[34] Die Daten für die Jahre 1970 bis 1985 beziehen sich auf das Gebiet der alten BRD

Dies führt unmittelbar zu einer höheren Arbeitskonzentration in den Krankenhäusern sowie zu Organisationsänderungen in der medizinischen Behandlung und der Pflege (Stichwort: Ambulant vor Stationär[35]). Maßgeblich für die steigenden Pflegefälle ist neben der bereits erwähnten höheren Lebenserwartung der Bevölkerung eine Zunahme von sogenannten gesellschaftsbedingten Krankheiten. Jegliche Auswirkungen von Streß als auch die Zunahme chronischer oder allergischer Krankheitserscheinungen werden hierzu gerechnet. Die Anzahl dieser Pflegefälle ist ebenfalls ständig steigend.[36]

Ausgehend von diesen Betrachtungen zu den Entwicklungen der Umweltbedingungen, welche einen genügend großen Überblick zu den Finanzierungsproblemen des Gesundheitssystems als auch zur allgemeinen Entwicklung verschafft haben, wird im nächsten Abschnitt das Subsystem Krankenhaus detaillierter betrachtet.

2.2. Das Krankenhaus

Diese Betrachtung des Systems Krankenhaus beginnt mit den Krankenhausdefinitionen, geht über die Krankenhausträger und die Krankenhausfinanzierung bis hin zum organisatorischen Aufbau von Krankenhäusern in kommunaler Trägerschaft.

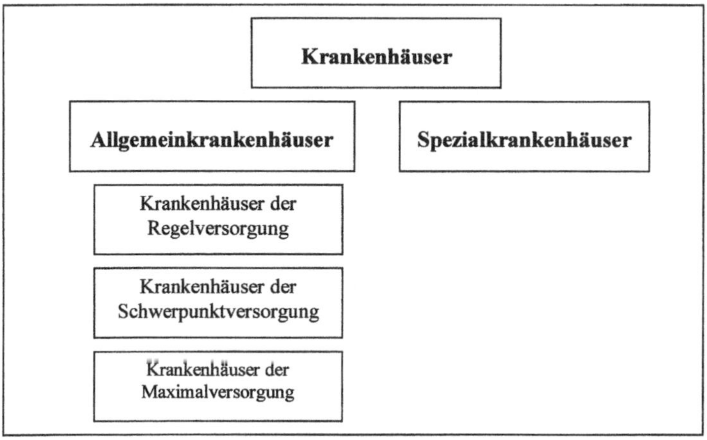

Abb. 7 Krankenhausdifferenzierung

Quelle: Eigener Entwurf

[35] Siehe Punkt 3.2.2.

Nach dem Krankenhausfinanzierungsgesetz sind unter der Definition Krankenhaus Einrichtungen zu verstehen, in denen: "*durch ärztliche und pflegerische Hilfeleistungen Krankheiten, Leiden oder Körperschäden festgestellt, geheilt oder gelindert werden sollen oder Geburtshilfe geleistet wird.*" [37]
Bei der weiteren Differenzierung werden grundsätzlich zwei Arten von Krankenhäusern unterschieden. Die Allgemeinkrankenhäuser und die Spezialkrankenhäuser. Sowohl dieser Differenzierung als auch der weiteren Unterteilung liegt die Ausprägung der Versorgung zu Grunde. Während Spezialkrankenhäuser den Versorgungsauftrag lediglich in einzelnen Fachbereichen (z.B. Psychiatrie oder Orthopädie) erfüllen, sind die Allgemeinkrankenhäuser anhand der Ausprägungen der Versorgung gestaffelt. Im Rahmen der Regelversorgung muß eine chirurgische oder innere Abteilung in den Häusern vorhanden sein. In der Schwerpunktversorgung kommen zu diesen beiden Abteilungen noch Abteilungen der Gynäkologie und Geburtshilfe, Augenheilkunde, HNO, Orthopädie, Pädiatrie und Urologie hinzu. Nach Bedarf kann das Angebot jedoch erweitert werden (z.B. Dermatologie, Mund-, Kiefer- und Gesichtschirugie). Krankenhäuser der Maximalversorgung müssen alle aufgeführten Abteilungen vorhalten.
Werden die einzelnen Krankenhäuser also nach ihren Versorgungseinheiten differenziert, wird die Sicherstellung der Bevölkerungsversorgung in Bezug auf Krankenhausbehandlung in allen medizinischen Bereichen durch den Krankenhausplan der einzelnen Bundesländer geregelt. Die Planung beruht auf den Faktoren Einwohnerzahl, Krankenhaushäufigkeit (Einzugsgebiet), Verweildauer und Bettennutzung. Die stationäre Versorgung ist dabei bedarfsgerecht, leistungsfähig und wirtschaftlich zu sozial tragbaren Pflegesätzen sicherzustellen.[38] Entscheidend für die Organisationsgröße und die Finanzierungsmodalitäten ist demnach der Bedarfsplan der Bundesländer in Form des Krankenhausbedarfsplanes.[39]

2.2.1 Die Krankenhausträger

Eine Differenzierung über das Versorgungsangebot hinaus läßt sich anhand der Art der Trägerschaft der einzelnen Krankenhäuser durchführen. Es werden dabei folgende Trägerschaften unterschieden:

---

[36] Vgl. Ortwein, I. , Münden, 1993, S. 37
[37] Krankenhausfinanzierungsgesetz (KHK) § 2
[38] Vgl. ebd., §1,6 und 7.
[39] Vgl. z.B. Krankenhausbedarfsplan des Landes Nordrhein-Westfalen, vom 10.01.1991

- öffentlich - rechtliche Trägerschaft
- Frei - gemeinnützige Trägerschaft
- private Trägerschaft[40]

Die im Kapitel 5 beschriebene Bedarfserhebung zur Fort- und Weiterbildung wurde nach diesen Differenzierungen in einem Allgemeinkrankenhaus der Maximalversorgung in öffentlich - rechtlicher Trägerschaft durchgeführt. In der BRD beträgt der Anteil der in privater Trägerschaft befindlichen Krankenhäuser nur 17% (Tabelle 4). Damit nehmen sie eine eher untergeordnete Stellung ein. Die verbleibenden 83% verteilen sich zu fast gleichen Teilen auf die öffentlich - rechtlichen bzw. frei - gemeinnützigen Träger.

	Anzahl der Allgemeinkrankenhäuse		Anzahl der Betten in 1000		Betten je 10.000 Einw.
	Absolut	Prozentual	Absolut	Prozentual	Absolut
Krankenhäuser insgesamt	2089	100%	569,64	100%	69,9
Öffentliche Träger	876	42%	327,07	58%	40,2
Frei - gemeinnützige Träger	848	41%	212,03	37%	26
Private Träger	365	17%	30,54	5%	3,7

Tab. 4 Träger der Allgemeinkrankenhäuser 1994

Quelle : Eigener Entwurf nach DKG, 1996

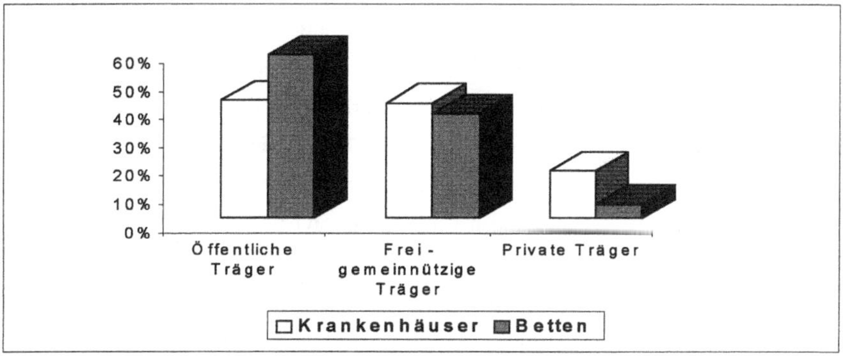

Abb. 8 Krankenhäuser und Krankenbetten in der BRD

Quelle : Eigener Entwurf

[40] Vgl. Fachvereinigung der Verwaltungsleiter deutscher Krankenanstalten e.V., 1988, S. 19ff

Wird das Argument nun auf die Anzahl der Betten gelenkt, so liegt der Schwerpunkt eindeutig bei den Krankenhäusern in öffentlich - rechtlicher Trägerschaft, da (wie aus Abb. 8 ersichtlich) sie den mit nahezu 60% größten Anteil an Betten verwalten. Anhand der Zahlen in der Rubrik "Betten je 10.000 Einwohner", in Verbindung mit den anderen Angaben, kann der Schluß gezogen werden, daß sich in privater Trägerschaft relativ viele Kleinsteinheiten befinden. Aufgrund des festgelegten Versorgungsangebotes der einzelnen Häuser, also entweder Krankenhäuser der Regelversorgung oder aber, was eher anzunehmen ist, Spezialkrankenhäuser. Dies ist in Bezug auf die interne Umsetzung der finanziellen Vorgaben durch die Krankenkassen[41] eine wichtige Erkenntniss.
Der überwiegende Teil der Krankenhäuser mit öffentlich - rechtlicher Trägern befindet sich in kommunaler Trägerschaft (Unikliniken und Landeskrankenhäuser sind die Ausnahmen).

2.2.1.1. Krankenhäuser in kommunaler Trägerschaft

Der Träger eines Krankenhauses haftet für die Finanzierung[42], ist oberstes Cheforgan und trifft Entscheidungen von grundsätzlicher Bedeutung. Inwieweit diese Entscheidungsebene differenziert wird, ist zum einen von der Art der Trägerschaft abhängig.
So kann eine Kommune ein oder mehrere Krankenhäuser betreiben, es können jedoch auch mehrere Kommunen ein oder mehrere Krankenhaus gemeinsam betreiben. In diesen Fällen wird von einem Zweckverband gesprochen. Die Krankenhäuser können als organisatorisch und wirtschaftlich eigenständige Betriebe oder aber eingebunden in den Verwaltungsbetrieb geführt werden. In der Regel werden sie als eigenständige Betriebe geführt.
Zum anderen kann die Organisation dieser Entscheidungsebene unterschiedlich ausgeprägt sein. z.B. in der Zusammensetzung der Verbandsversammlung in einem Zweckverband, oder auch in der Position und den Befugnissen des Verbandsvorstehers.
Unabhängig von der vorgefundenen Ausprägung der obersten Entscheidungsebene können einige Gemeinsamkeiten bei der kommunalen Trägerschaft beschrieben werden.

- Das politische Kontrollorgan setzt sich aus Kommunalpolitikern der jeweiligen Trägerkommune zusammen. Dies ist nicht gleichbedeutend mit Kompetenz und Sachverstand in den wirtschaftlichen und inhaltlichen Gegebenheiten eines Betriebes der Gesundheits-

[41] Vgl. 3.2.1.1.
[42] Vgl. Fachvereinigung der Verwaltungsleiter deutscher Krankenanstalten e.V., 1988, S. 135f

erhaltung. Diesem Problem kann jedoch durch die Hinzuziehung sachkundiger Personen begegnet werden.

- Zu treffende Entscheidungen sollten nach bestem Wissen und Gewissen erfolgen. In der Kommunalpolitik (aber auch Landes- und Bundespolitik) existieren jedoch situationsbedingte Umstände, die als weitere Entscheidungskriterien hinzu kommen, z.B. in Form von parteipolitischen Interessen, aber auch in Form von persönlichen Präferenzen. Dies kann sich z.B. bei der Stellenbesetzung von Entscheidungsträgern innerhalb der Krankenhäuser auf den unterschiedlichsten Ebenen auswirken, da hier die informellen Gründe über die fachlichen gestellt werden können.[43] [44]
- Wirtschaftlichkeitsentscheidungen werden ebenfalls aufgrund der beschriebenen Präferenzen getroffen. Deutlich wird dies in den Entscheidungen zur Privatisierung (Outsourcing) einzelner Bereiche oder Abteilungen. Je nach politischer Überzeugung und temporärer Wählergunst werden unsachliche oder halbherzige Beschlüsse gefaßt, bzw. verzögert sich die Beschlußfassung über lange Zeiträume.(Aussitzen statt handeln)
- Da die Träger für die Sicherstellung der Finanzierung haften, sind die Kommunalpolitiker an einer ausgeglichenen Bilanz interessiert. Ist diese nicht gegeben, wird in der Regel über kurzfristige Lösungen in Form von Outsourcing, Personalabbau oder Streichung von freiwilligen Leistungen nachgedacht, auch wenn dies zu einem langfristigen Qualitätsverlust führen kann. Langfristige Strategien werden auf dieser Ebene durch die gegebenen Bedingungen (Präferenz der Wiederwahl) eher zweitrangig durchgeführt, da sich hierdurch keine kurzfristig vorzeigbaren Ergebnisse erzielen lassen.
- Ein weiteres Merkmal der kommunalen Trägerschaft ist die innerbetriebliche Organisation und Ausprägung derselben nach Verwaltungsvorbild, sowie die häufig anzutreffende Versetzung von verdienten (oder auch weggelobten) Mitarbeitern der Kommunalverwaltung in die Krankenhausverwaltung. Auf diesem Wege wurden viele Krankenhausverwaltungen mit den bekannten Hierarchieebenen und Organisationsstrukturen der kommunalen Verwaltung, sowie deren systemimmanenten Problemen, indoktriniert.[45]

Alles in allem sind diese Ausprägungen der kommunalen Trägerschaft keine unabwendbaren und festgeschriebenen Prozesse. Ebenso kommt es in der Privatwirtschaft zu Entscheidungen

[43] Vgl. Scheuch E.K. und Scheuch U., 1992, S. 36f und 149ff
[44] Vgl. Mayntz, R. ,1985, S.76f

aufgrund persönlicher und situationsbedingter Präferenzen. Sie zeigen jedoch das Spannungsfeld, in dem sich die Krankenhäuser in kommunaler Trägerschaft befinden und in dem sie den Veränderungsprozessen im Gesundheitssystem ausgesetzt sind.
Ausgehend von diesem Spannungsfeld sahen sich die Krankenhäuser in kommunaler Trägerschaft den veränderten Rahmenbedingungen des Gesundheitssystems an sich als auch der veränderten Finanzierung der Krankenhäuser[46] gegenübergestellt.
Bevor auf die einzelnen ökonomischen und rechtlichen Reformansätze eingegangen wird (Kapitel 3), sollen die unterschiedlichen Finanzierungsebenen für die Krankenhäuser und der organisatorische Aufbau von Krankenhäusern in kommunaler Trägerschaft aufgezeigt werden.

2.2.2. Die Komplexität der Finanzierung

In dem Maße, in dem sich das Krankenhaus als komplexes System innerhalb des Gesundheitssystems darstellt, ist auch die Finanzierung der erbrachten Leistungen, der Betriebsmittel und des Personals ein schwer zu durchdringendes Geflecht von Regelungen und Sonderausnahmen. An dieser Stelle wird deshalb auf die Detailbetrachtung der Finanzierung verzichtet. Statt dessen sollen die Hauptströme der Finanzierung aufgezeigt werden. Grundsätzlich lassen sich vier Gruppen / Bereiche unterscheiden, die in unterschiedlicher Intensität die Krankenhäuser und damit die erbrachten Leistungen finanzieren.

- Die Sozialversicherungen in Form der Krankenkassen, der Berufsgenossenschaften (Unfallversicherung) und der Pflegeversicherung bei stationär notwendigen Behandlungen.[47]
- Die Steuerzahler durch direkte staatliche Finanzierung der investiven Kosten und mittels pauschaler Fördermittel durch das jeweilige Bundesland. Weitere Landesmittel können für die Ausbildung sowie spezielle Forschungs- und Förderprogramme beantragt werden. Desweiteren tritt der Steuerzahler bei Krankenhäusern in kommunaler Trägerschaft als

---

[45] ebd. S. 163f
[46] Siehe auch 3.1.2.2.
[47] Vgl. Fachvereinigung der Verwaltungsleiter deutscher Krankenanstalten e.V., 1988, S. 58f

indirekter Finanzier auf, da eventuelle Defizite in der Bilanz durch die Träger und somit von den die Steuerzahlern ausgeglichen werden müssen.[48]

- Die Patienten über Beteiligung an den Tagessätzen, sowie bei der Behandlung in Privatabteilungen durch direkte Finanzierung der in Anspruch genommenen Dienstleistungen.
- Als letzter Bereich ein Sammelsurium aus erwirtschafteten Geldern (z.B. durch Vermietung von Vortragsräumen, separat abzurechnende Dienstleistungen etc.), Sozialsponsoring in verschiedenen Bereichen, mit unterschiedlichem Finanzvolumen und von unterschiedlichen Sponsoring Partnern[49], Spenden oder Schenkungen in Einzelfällen, Schulgelder in der Ausbildung von MTR oder Diätassistenten, etc.

Die Reihenfolge dieser vier Bereiche spiegelt den Finanzierungsrahmen wieder. Während der letzte Bereich zwischen den einzelnen Krankenhäusern stark differiert, und sogar innerhalb eines Krankenhauses zwischen den einzelnen Abteilungen eine Intensitätsdifferenz vorhanden sein kann, ist der erste Bereich der Hauptfinanzier eines Krankenhauses. Die Sozialversicherungen finanzieren die erbrachten Leistungen und das Personal nach festgelegten Grundsätzen.

Die investiven Landesmittel beziehen sich auf die Gebäudeerhaltung und evtl. Gebäudeneubauten. Die pauschalen Fördermittel der Bundesländer werden in Abhängigkeit der Größe und des Versorgungsgrades bereitgestellt. Da die beiden Kostenpunkte investive Kosten durch die Länder und die laufenden Betriebskosten durch die Sozialversicherungsträger voneinander getrennt sind, wird in der Krankenhausfinanzierung von einer dualen Finanzierung gesprochen.

Die festgelegten Grundsätze für die Finanzierung der laufenden Betriebskosten durch die Sozialversicherung werden auf Bundesebene erlassen. Sie haben sich in den letzten Jahren grundsätzlich geändert. Unter Punkt 3.1. wird darauf näher eingegangen. Nach diesen Grundsätzen werden dann auf Landesebene Verhandlungen zwischen den Krankenhäusern und den Krankenkassen über die Ausgestaltung dieser Grundsätze geführt. Diese Verhandlungsergebnisse sind dann für alle Krankenhäuser innerhalb des Verhandlungsgebietes maßgebend. Dabei spielt die Struktur der einzelnen Häuser und evtl. vorhandene Schwierigkeiten bei

[48] Vgl. ebd. S. 19

[49] Siehe auch Kap. 6

Strukturveränderungen keine Rolle mehr. Jedes Krankenhaus muß mit den festgelegten Geldern wirtschaften und dementsprechend seine Struktur und Organisation modulieren.
An diesem Punkt wirkten sich die zuvor beschriebenen Strukturen in der Trägerschaft und den obersten Entscheidungsgremien mit tlw. schwerwiegenden Folgen aus. Da die internen Strukturen nur langsam und in Abhängigkeit von den politischen und persönlichen Präferenzen nur unzureichend verändert wurden, erwirtschafteten viele Krankenhäuser in kommunaler Trägerschaft Defizite. Ob diese Defizite bei einer zügigen und umfassenden Strukturveränderung ausgeblieben wären, oder ob die Finanzierungsvorgaben der Sozialversicherungen grundsätzlich zu gering sind und aus diesem Grunde ein Defizit unausweichlich ist, kann im nachhinein nicht nachvollzogen werden.
Es ist jedoch unbestritten, das die erwirtschafteten Defizite bei einer umfassenden Strukturveränderung geringer ausgefallen wären.

2.2.3. Der organisatorische Aufbau

Nach dieser Betrachtung der Finanzierungsmittel und Finanzierungsströme soll der organisatorische Aufbau in den Krankenhäusern in kommunaler Trägerschaft aufgezeigt werden.

Abb. 9 Organisationsplan - Krankenhaus in kommunaler Trägerschaft

Quelle: Eigener Entwurf

Es wird hier ein Krankenhaus der Maximalversorgung im Detail betrachtet. In solch einem Krankenhaus sind die Strukturen zwar am weitesten gefächert, es zeigt jedoch in dieser

Komplexität die vorherrschende Problematik bei organisatorischen Veränderungen innerhalb der Krankenhäuser auf. Bei Krankenhäusern in kommunaler Trägerschaft ist der Träger eine oder mehrere Kommunen. Das politische Kontrollorgan setzt sich demnach aus Kommunalpolitikern der jeweiligen Kommune zusammen. Es ist das oberste Organ eines solchen Krankenhauses. Auf dieser Ebene werden grundsätzliche Entscheidungen getroffen. Von der Verabschiedung der Stellenpläne, der Besetzung herausragender Funktionsstellen bis hin zu Grundsätzen zur Organisationsstruktur.

Der Oberste Dienstherr eines Krankenhauses ist der jeweilige Kommunaldirektor. Er hat Personalentscheidungskompetenz. In der Regel wird diese jedoch an die Betriebsleitung, die sich (wie Abb. 9 zeigt) meistens aus dem Ärztlichen Direktor, dem Verwaltungsdirektor und der Leitenden Pflegekraft zusammensetzt, delegiert.

Dieses Beispiel ist gewählt worden, da es in der Realität häufig vertreten ist. Der Ärztliche Direktor vertritt in diesem Fall die Interessen der gesamten Ärzteschaft. Er wird in der Regel aus dem Kreise der Leitenden Chefärzte der einzelnen Kliniken bestimmt oder gewählt. Die Leitende Pflegekraft als direkte Vorgesetzte der im Pflegeberuf tätigen Mitarbeiter vertritt in der Betriebsleitung die Interessen dieser Berufsgruppe. Der Verwaltungsdirektor ist in der Regel auch Geschäftsführende Direktor. Da er in diesen Fällen sowohl Leiter der Personalabteilung als auch der Wirtschafts- und Finanzabteilungen ist, vertritt er die Belange des Trägers, im Hinblick auf Wirtschaftlichkeit, innerhalb der Verwaltung, jedoch auch die Belange der Beschäftigten gegenüber dem Träger.

Aufgabe der Betriebsleitung ist es den reibungslosen Ablauf innerhalb des Krankenhauses unter den gegebenen Grundsätzen und Finanzvorgaben zu gewährleisten, die Beschlüsse des politischen Kontrollorganes umzusetzen und, soweit Kompetenzen des obersten Dienstherren delegiert wurden, Personal- und Sachentscheidungen des laufenden Dienstbetriebes zu treffen. Abteilungsübergreifende Regeln und Grundsatzentscheidungen werden in der Betriebsleitung erörtert, festgelegt und getroffen.

Unterhalb dieser Ebene befinden sich die einzelnen Abteilungen und Kliniken des Krankenhauses. Sie sind nach ihren fachlichen Ausrichtungen gegliedert. Im Schaubild sind dies von links nach rechts die einzelnen medizinischen Abteilungen, die Verwaltungsabteilungen, die jeweiligen Aus- und Weiterbildungsabteilungen, sowie die sonstigen Einrichtungen, die sich keinem der ersten drei Bereiche zuordnen lassen. Die einzelnen Abteilungen sollen im weiteren näher auf ihre Organisation untersucht werden.

2.2.3.1. Abteilungsorganisation

Die einzelnen medizinischen Abteilungen und Kliniken ergeben sich aus den zu behandelnden Krankheitsprofilen. So werden chirurgische Kliniken neben Kliniken der inneren Medizin oder Kinderkliniken geführt. Die Anzahl der Kliniken ergibt sich aus dem Versorgungsgrad des Krankenhauses. Sie werden jeweils von einem Chefarzt geleitet. Er ist letztendlich in allen medizinischen Fragen entscheidungsbefugt. An seine Weisungen sind demnach sowohl die untergeordneten Ärzte als auch das Pflegepersonal in den einzelnen Abteilungen gebunden. Die stationsinterne Organisation der mit der Pflege Beschäftigten wird hingegen von der jeweiligen Stationsleitung in Absprache mit der Pflegedienstleitung geregelt. Auf dieser Ebene findet ein regelmäßiger Austausch zwischen Ärzten und Pflege statt.
Der Chefarzt legt die zeitlichen Arbeitsabfolgen in den Abteilungen fest (z.B. festgelegte Zeiten für Visiten, oder bestimmte Operationen an bestimmten Tagen etc.) und berät die Betriebsleitung in ärztlichen Personalentscheidungen der jeweiligen Abteilung. Desweiteren ist er für die medizinisch-technische Ausrüstung in der Abteilung zuständig. Auch hier berät er die Betriebsleitung über geänderte medizinische Abläufe und Erkenntnisse und beantragt notwendige Neuanschaffungen. Desweiteren ist der Chefarzt für die Ärzteausbildung in seinem Bereich verantwortlich. Da er bei der Besetzung von AIP und PJ Stellen[50] mitentscheiden kann, wird die Abhängigkeit angehender Ärzte von den Chefärzten deutlich.

Die Verwaltung gliedert sich ebenfalls nach fachlichen Kriterien in einzelne Abteilungen. So wird in der Regel zwischen Personalabteilung, allgemeiner Verwaltung, Finanzabteilung, Wirtschaftsabteilung und sonstigen unterschieden. Der Verwaltungsdirektor ist Leiter der gesamten Verwaltung, die einzelnen Abteilungen werden von Abteilungsleitern geführt.
Die Organisationsstruktur ähnelt der der kommunalen Verwaltungen sehr stark. Dies ist aufgrund der eingangs erwähnten Personalpolitik in diesem Bereich nicht weiter verwunderlich. Desweiteren wurde diese Art der Organisation und Aufgabenverteilung zu einer Zeit von den Kommunalverwaltungen abgekupfert, als diese sich noch nicht im Blickpunkt der Kritik und der Neustrukturierung befand.
Innerhalb der einzelnen Abteilungen wird nach Bereichen differenziert. Diese werden von Bereichsleitern geführt. Die einzelnen Beschäftigten sind demnach an die Weisungen des

[50] AIP = Arzt im Praktikum, PJ = Angehender Arzt im praktischen Jahr

Bereichleiters gebunden, diese wiederum an die der Abteilungsleiter. Im folgenden ist dies für die Finanzabteilung grafisch dargestellt.

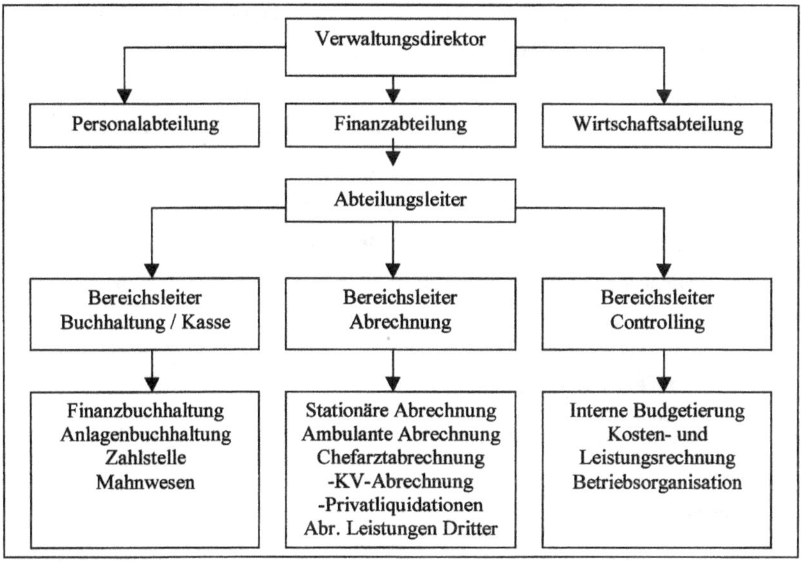

Abb. 10 Verwaltungsorganisation im Krankenhaus

Quelle: Eigener Entwurf Verwaltungsgliederungsplan Krankenhaus X[51]

Im unteren Teil der Grafik sind die Tätigkeitsmerkmale der einzelnen Bereiche dargestellt. An diesem Schaubild wird deutlich, das die einzelnen Bereichsleiter nur dann offiziell Informationen aus den anderen Bereichen erhalten, wenn dies auf der Abteilungsleiterebene gewollt ist. Ebenso stellt sich die Situation auf der Abteilungsebene dar. Ein offizieller Informationsfluß auf horizontaler Ebene ist maßgeblich von den Entscheidungsträgern auf vertikaler Ebene abhängig.

Die Schulen an den Krankenhäusern werden von Schulleitern geführt. Sie sind für die jeweiligen Ausbildungspläne und Curricula zuständig. Ebenso müssen sie die theoretische Ausbildung gewährleisten und die praktische mit den betroffenen Stationen/Abteilungen koordinieren. Administrativ sind sie dem Verwaltungsdirektor unterstellt.

[51] Zu Krankenhaus X siehe Kap. 5

Diese Ausführungen zu der Organisation in den einzelnen Abteilungen werden an dieser Stelle beendet. Die Betrachtung der weiteren Abteilungen und Bereiche würde keine neuen Erkenntnisse vermitteln, da der funktionale Organisationsaufbau mit zentralistischen Hierarchiestrukturen in allen Abteilungen ähnlich ist.

Im Organisatorischen Zusammenhang der Krankenhäuser müssen noch die Stabsstellen angesprochen werden, da sie in fast allen Häusern vorzufinden sind. In den Stabsstellen werden Entwicklungen für das gesamte Krankenhaus geplant oder vorbereitet. Die Stabsstellen unterstehen direkt der Betriebsleitung und arbeiten unabhängig von den sonstigen Abteilungen. In Stabsstellen werden zum Beispiel Vorarbeiten zur Einführung von Qualitätsmanagement geleistet. In manchen Krankenhäusern ist die Fort- und Weiterbildung als Stabsstelle in die Organisation eingebunden.

2.2.3.2. Die Personengruppen

Betrachtet man ein Krankenhaus aus einem anderen Blickwinkel, so kann man seine Organisation auch an den angetroffenen Personengruppen festmachen. In diesem Fall ist zu klären welche Personengruppen in welcher Form miteinander arbeiten, bzw. welche hierarchischen Strukturen zwischen den einzelnen Personengruppen und innerhalb dieser Gruppen vorhanden sind. Aus diesem Grund wird zuerst die Zusammensetzung der Beschäftigten in Krankenhäusern aufgezeigt.

	1991		1994	
Ärzte	95.000	**95.000**	97.000	**97.000**
Allg. Pflegedienst	326.000		342.000	
Funktionsdienst	79.000	**527.000**	81.000	**543.000**
Med. techn. Dienst	122.000		120.000	
Verwaltung	60.000		60.000	
Wirtschafts- und Versorgungsdienst	96.000	**223.000**	89.000	**207.000**
Klin. Hauspersonal	42.000		36.000	
Techn. Dienst	25.000		22.000	
Sonstige	31.000	**31.000**	33.000	**33.000**
Summe	**876.00**	**876.000**	**880.000**	**880.000**

Tab. 5 Beschäftigte im Krankenhaus nach ausgesuchten Berufsgruppen

Quelle: Eigener Entwurf nach DKG, 1996

In einem Krankenhaus der Maximalversorgung sind alle aufgeführten Personengruppen vertreten. Die Verteilung der einzelnen Personengruppen auf die Gesamtbeschäftigten ist in

den Krankenhäuser in ähnlicher Ausprägung vorhanden wie in Tabelle fünf ersichtlich. 3/4 der Beschäftigten sind in der medizinischen Versorgung und der Pflege beschäftigt. Das letzte Viertel ist in der Verwaltung und den Hauswirtschaftsdiensten beschäftigt.
Die Detailbetrachtung der ersten Gruppe zeigt, das der überwiegende Teil der Beschäftigten in der Pflege und der Pflege nahestehenden Bereichen beschäftigt ist. Bezogen auf die Gesamtbeschäftigten sind dies ca. 60%.
Diese Zahlen legen den Schluß nahe, daß diese Beschäftigtengruppe aufgrund ihrer Größe die vorherrschende Zielbestimmung eines Krankenhauses determiniert. Doch in der Realität ist dies nicht der Fall. Vielmehr bestimmen die Ärzte, die ca. 10% der Beschäftigten ausmachen, die Zielbestimmungen und Strukturausprägungen in den Krankenhäusern. Dies resultiert zum einen aus der unbestreitbar vorhandenen Fachkompetenz der Ärzte in medizinischen Fragen, beruht zum anderen jedoch auch auf einer geschichtlich bedingten Tradition in der Krankenhausversorgung. Dieser Tradition liegt die medizinisch-technische Ausrichtung der Krankenhäuser zugrunde.[52]

2.2.3.3. Die Hierarchiestrukturen

Diese traditionellen Hierarchiestrukturen sind in starken Maße heute noch vorhanden. Innerhalb des Krankenhauses gibt es neben der medizinisch-technisch bedingten Hierarchiestruktur jedoch auch noch die wirtschaftlich bedingte. Dies in der Form, daß Aufgaben und Leistungen mittlerweile nicht nur medizinischen Grundsätzen genügen müssen, sondern darüber hinaus innerhalb bestimmter wirtschaftlicher Vorgaben vollzogen werden müssen. Den Ärzten wird die medizinisch Entscheidungskompetenz nicht abgesprochen, im Extremfall werden jedoch einzelne medizinische Leistungen von der Verwaltung untersagt, wenn diese mit den Sozialversicherungen nicht abgerechnet werden können, da sie über die Normalversorgung hinausgehen, oder aber, weil die Erfolge dieser Behandlungsmethoden versorgungsrechtlich nicht anerkannt ist.[53] Diese Verschiebung innerhalb der Hierarchie wird von vielen Ärzten skeptisch oder abwertend betrachtet. Die Ärzte stehen zum ersten Mal seit langem in der direkten Deckelung durch die Verwaltung.
Der landläufig benutzte Ausdruck "Halbgötter in Weiß", entspricht bestimmt nicht mehr der vorherrschenden Medizinlehre, spiegelt jedoch eine Wahrnehmung der Menschen von den

[52] Vgl. Kapitel 2.1
[53] Vgl. Fachvereinigung der Verwaltungsleiter deutscher Krankenanstalten e.V., 1988, S. 112

Ärzten wieder. Jeder Wahrnehmung geht eine Selbstdarstellung des Wahrgenommenen voraus, und da die Ärzte in den Krankenhäusern über einen langen Zeitraum Inhaber der formellen Autorität waren und dieses auch innerhalb und außerhalb der Organisation herausgestellt haben, ist die Wahrnehmung im weitesten Sinne nachvollziehbar. Sie soll hier nicht verallgemeinert werden, zeigt jedoch die herausragende Rolle der Ärzte innerhalb der Krankenhäuser auf.

Die Pflege und die Verwaltung, sowie die restlichen Berufsgruppen waren und sind häufig Erfüllungsgehilfen der medizinischen Versorgung[54]. Diese Hierarchiestruktur ist am wanken, da in den Pflegeberufen eine eigene Tätigkeitsdefinition und Pflegephilosophie vollzogen wird, und da als Nebeneffekt der immer stärker ausgeprägten wirtschaftlichen Einschränkungen neue Formen der Organisation und Hierarchien entstehen.

2.2.3.3.1. Ärztlicher Bereich

Im ärztlichen Bereich herrscht die bereits angedeutete zentralistisch geprägte hierarchische Struktur.

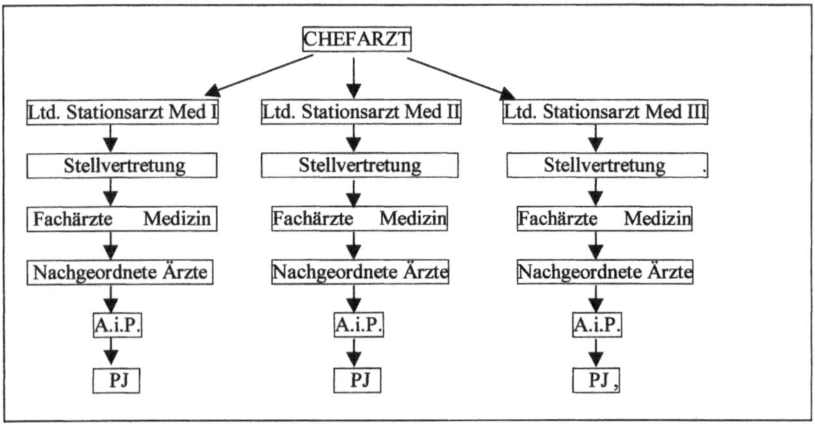

Abb. 11 Ärztliche Hierarchiestruktur am Bsp. einer Medizinischen Klinik

Quelle: Eigener Entwurf

In der ärztlichen Organisationsstruktur hat sich über die Jahre eine genau fixierte Amts- bzw. Autoritätshierarchie mit einem festgelegten Instanzenzug ausgebildet, die mit einer festen

[54] Vgl. Badura, Prof. Dr. B., S. 28f

Kompetenz und Arbeitsverteilung einhergeht.[55] Die linearen Strukturen sind als formelle Anordnungsbefugnisse zu verstehen. In diesem Zusammenhang fällt auf, das diese Anordnungsbefugnisse von der obersten bis zur untersten Ebene durchgängig sind. Horizontale Verknüpfungen existieren, jedoch eher auf der informellen Ebene. So hat der Leitende Stationsarzt der Med III keine direkte Anordnungsbefugnis für nachgeordnete Ärzte der Med I oder Med II.. Da die Stellenpläne der Ärzte jedoch knappgehalten werden, und auf dem freien Markt zwar mehr verdient werden kann, das Stellenangebot dort jedoch immer schlechter wird, sind Arztstellen im Krankenhaus in den letzten Jahren wieder sehr begehrt. Darüber hinaus werden die Ärzte in ihrer Ausbildung und der späteren Weiterqualifizierung von übergeordneten Ärzten betreut und gefördert.

Im ärztlichen Bereich spielt also die Hierarchiestruktur und die Ausprägung der formalen Autorität eine entscheidende Rolle in der Ausbildung und der Weiterqualifizierung (bis hin zum Chefarzt). Zu den vertikal ausgeprägten formalen Hierarchiestrukturen kommen so noch abteilungsübergreifende, formale Autoritäten hinzu, welche auf allen Ebenen der ärztlichen Hierarchiestruktur wirken.

2.2.3.3.2. Pflegerischer Bereich

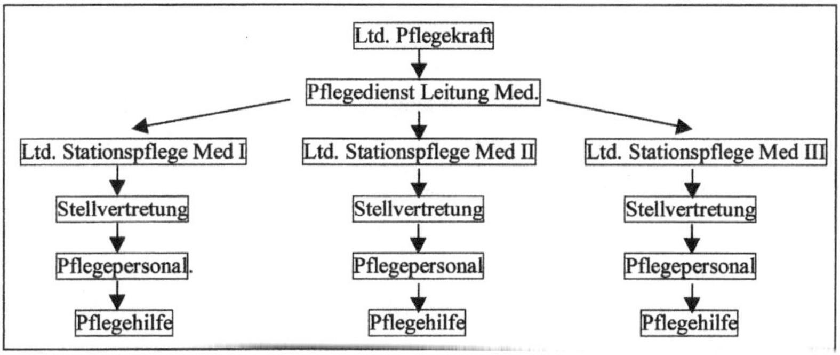

Abb. 12 Hierarchiestruktur im Pflegebereich am Bsp. einer Medizinischen Klinik

Quelle: Eigener Entwurf

Die Hierarchiestrukturen im Pflegebereich ähneln denen der Ärzte sehr stark. Ausschlaggebend hierfür ist auch hier die geschichtliche Tradition. In dem Maße, in dem

[55] In Anlehnung an den Idealtypus der Bürokratie bei Max Weber. Zur weiteren Betrachtung:

Pflegetätigkeiten als Exekutivtätigkeit der Ärzte definiert wurde, paßten sich die Strukturen innerhalb dieser Berufsgruppe denen der Ärzte an. Und zwar in der Arbeitsorganisation als auch in der Hierarchie. Die leitende Pflegekraft ist die direkte Vorgesetzte der Pflegenden. Sie hat die formale Autorität in der Pflege. In den einzelnen Kliniken sind ihr verschiedene Pflegedienstleitungen unterstellt. Ihr Autoritätsbereich umfaßt die Pflege in den einzelnen Kliniken. Im Beispiel ist dies die Medizinische Klinik. Auf den einzelnen Stationen ist dann die Hierarchie an die formale Aus- und Weiterbildung der einzelnen Akteure gekoppelt. Auch dieser Punkt läßt sich mit Max Weber seinem Idealtypus der Bürokratie vergleichen. Danach bestimmen unter anderem folgende Merkmale diesen Idealtypus:

- Die Besetzung der Positionen nach durch Prüfung ermittelter und durch Diplom beglaubigter Fachqualifikation, und
- eine Laufbahn, d.h. der vom Urteil des Vorgesetzten abhängige Aufstieg nach Lebensalter und/oder Leistung.[56]

Zwar hat er noch mehrere Merkmale aufgeführt, die nicht alle erfüllt werden. Die angeführten Merkmale verdeutlichen jedoch den temporären Ursprung der vorhandenen hierarchischen Strukturen. Die Weiterbildung in der Pflege ist auf diese Struktur ebenso aufgebaut wie auch die Arbeitsorganisation.

In den letzten Jahren haben in der BRD Pflegekonzepte mit weniger hierarchischen Strukturen und veränderten Arbeitsabläufen Fuß gefaßt. Die beschriebene Hierarchiestruktur wird aus diesem Grunde langsam aber kontinuierlich aufgebrochen und abgebaut.[57]

Die beiden Bereiche Ärzte und Pflege können jedoch nicht getrennt von einander gesehen werden. Eine Verknüpfung ist allein aus der Tätigkeit heraus unerläßlich. In dem Maße, in dem sich die Konzeptionen der Pflege aber auch der ärztlichen Behandlung verändern, verändern sich auch die Hierarchiestrukturen zwischen diesen Berufsgruppen. In den Fällen, in denen die Pflege als Exekutivtätigkeit der Ärzte begriffen wird, ist die Hierarchiestruktur sehr stark von den Ärzten bestimmt[58]. Im weitesten Sinne also formal, vertikal und zentralistisch.[59]

Vgl. Weber, M., 1964, S. 164ff

[56] Vgl. Weber, M., 1964, S. 164ff

[57] Vgl. hierzu Kapitel 4.1.2.

[58] Vgl. Elkeles, T., 1993, S. 23f

[59] Vgl. Badura, Prof. Dr. B., 1996, S. 29

Dahingegen wirken sich neue Konzeptionen auf diese Strukturen in der Herausbildung von dezentralen und horizontalen Hierarchiestrukturen aus.

2.2.3.3.3. Kritik an den Hierarchiestrukturen

Überall wo hierarchische Strukturen vorgefunden werden, läßt sich auch Kritik an diesen erkennen. Zum Teil ist sie auf einzelne Personen gerichtet, oder geht nur von einzelnen Personen aus, in anderen Fällen umfaßt die Kritik jedoch die gesamte Struktur. Die grundsätzlichen Mängel des hierarchischen Systems lassen sich folgendermaßen beschreiben und zusammenfassen.

Das hierarchische System

- ist mit einer Überbetonung des Standpunktes der Spitze verbunden;
- siedelt die Zuständigkeitsverteilung zu weit oben an;
- mißachtet die Tatsache, daß Untergebene oft sachverständiger sind als die Vorgesetzten;
- konzentriert Innovation ebenso wie Unfähigkeit auf die Spitze;
- be- und verhindert die horizontale Kooperation;
- blockiert die Initiative von unten;
- vernachlässigt die Bildung eines Konsens über die Ziele des Systems;
- begünstigt Tendenzen;
  - zur Vermehrung des Personals und der Dienststellen;
  - zum Fortbestehen von funktionslos gewordenen Stellen und Abteilungen;
  - zur doppelten Ausführung bestimmter Arbeiten;
  - zu einem Übermaß an Vorschriften;
  - zur überflüssigen Präzision und
  - zur überflüssigen gegenseitigen Kontrolle. [60]

Diese Kritik spiegelt sich in den neuen Konzeptionen der Arbeitsorganisation in den unterschiedlichen Bereichen wieder. Es ist jedoch ein langer Weg von der theoretischen Erkenntnis bis zur praktischen Umsetzung in den Krankenhäusern. In diesem Veränderungsprozeß lassen sich zwei Hauptrichtungen feststellen.

[60] Vgl. Bosetzky, Prof. Dr. H. und Heinrich, Prof. Dr. P., 1994, S. 61ff

Die erste kommt aus den Reihen der Veränderer, welche die althergebrachten Strukturen am liebsten komplett abschaffen würden.
Die andere läßt sich mit Verweigerung gegenüber jeglichen Neuerungen sowie Bestandswahrung in dieser Struktur beschreiben. Einen Königsweg gibt es nicht, und von daher ist eine Neustrukturierung in jedem Krankenhaus von unterschiedlicher Intensität und Ausrichtung.

3. Allgemeine Reformen im Gesundheitswesen

Die allgemeinen Reformstrategien der letzten Jahre im Krankenhausbereich wurden durch die Veränderungen im gesamten Gesundheitssystem mit verursacht und/oder vorangetrieben. Dies ergibt sich allein aus der Betrachtung des Krankenhausbereiches als Subsystem des Gesundheitssystems. Von daher wirkt jede Änderung innerhalb des Gesundheitssystems auch auf das Krankenhaus. Bei den allgemeinen Reformen im Krankenhausbereich gibt es zwei Hauptansätze, welche aus unterschiedlichen Richtungen und in unterschiedlicher Ausprägung auf die Organisation Krankenhaus wirkten und heute noch wirken. Die externen Reformansätze und die internen.

Allgemeine Reformen im Krankenhaus

I.	II.
Externe Reformansätze	**Interne Reformansätze**
Ökonomische Bedingungen	Ökonomische Orientierung
Rechtliche Bedingungen	Strukturelle Orientierung
Gesellschaftliche Bedingungen	Funktionale Orientierung

Der Ausgangspunkt jeglicher externer Reformansätze im Gesundheitswesen ist in der demographischen Entwicklung, den Änderungen der allgemeinen Umweltbedingungen und den daraus resultierenden gesetzlichen und ökonomischen Rahmenbedingungen für die Finanzierung der Krankenhäuser zu suchen.

Bei den internen Reformansätzen spielt zusätzlich eine inhaltliche Auseinandersetzung ,der am Pflegeprozeß beteiligten Akteure, mit den bestehenden Pflegeparadigmen eine entscheidende Rolle. Mit dem Aufbau ambulanter Versorgungsstrukturen in der BRD Anfang der 80er Jahre, der sicherlich in erster Linie ökonomisch bedingt war, entwickelten sich pflege- und gesundheitswissenschaftliche Institutionen, sowohl im klassischen Bildungssystem (z.B. der Studiengang Pflegewissenschaft), als auch in der Aus-, Fort- und

Weiterbildung.[61] Die Orientierung der Gesundheits- und Pflegewissenschaften an der traditionellen Institution Krankenhaus ging verloren und bereitete den Weg für eine theoretische Auseinandersetzung mit Pflegephilosophien und Pflegemodellen und führte zudem zu umfassenden Strukturanalysen des gesamten Gesundheitssystems. Damit ging eine Selbstreflexion der einzelnen Akteursgruppen einher. Der holistische Gedanke des ganzheitlichen Pflegeprozesses wurde ebenso ausgebildet[62], wie eine neue Selbstbetrachtung der eigenen Arbeit und der eigenen Position innerhalb des Systems. Dieser Bereich wird im weiteren anhand des Pflegeberufes in Krankenhäusern betrachtet.[63]

Diese Berufsgruppe unterliegt aufgrund der zuvor beschriebenen Veränderungen einem immer noch anhaltenden Reformprozeß, der bei der Ausbildung und ihren Inhalten beginnt und von einer berufsspezifischen Tätigkeitsdefinition und deren Organisation bis zu einer allgemeinen Standortbestimmung innerhalb vorhandener und weitgehendst akzeptierter Strukturen und Hierarchien im Arbeitsprozeß reicht. Natürlich unterliegen auch alle anderen Berufsgruppen im Gesundheitswesen diesen Veränderungen, doch lassen sich im Rahmen dieser Arbeit nur einige herausarbeiten.

3.1. Externe Reformansätze

Unter den externen Reformansätzen können sowohl die fortschreitende medizinisch-technische Entwicklung verstanden werden, als auch gesellschaftliche und politische Entwicklungen und damit einhergehende rechtliche Veränderungen.

Letztere wirken direkt oder indirekt auf die ökonomischen Bedingungen, welche für die Ausprägung des Gesundheitssystems mitentscheidend sind und unter Punkt 2.1.3. bereits angerissen wurden. Im folgenden sollen die Entwicklungen in den drei Bereichen (Ökonomie, Recht, Gesellschaft) auf ihre Bedeutung für die Reformansätze im Gesundheitssystem und damit auf die organisatorischen Reformen in den Krankenhäusern untersucht werden.

3.1.1. Die ökonomischen Bedingungen

Den Ansatz, das ökonomische Überlegungen zu Reformen innerhalb des Systems Krankenhaus führten, bzw. führen werden, sollte jeder, der die gesundheitspolitischen Diskussionen der letzten Jahre verfolgt hat, nachvollziehen können.

---

[61] Vgl. Moers, M. und Rosenbrock, R., 1996, S. 39ff

[62] Vgl. Juchli, L., 1993, S. 65ff

Die Diskussionen über ein Gesundheitssystem, das zu teuer ist, Lohnnebenkosten in Form von Krankenkassenbeiträgen, welche die Unternehmen und somit die Wirtschaft zu stark belasten, also letztendlich die Frage nach der Bezahlbarkeit des Gesundheitssystems und vor allem des Subsystems Krankenhaus sind noch lange nicht abgeschlossen und werden uns wohl auch noch in einigen Jahren beschäftigen.
Manche mögen sagen, daß dies nicht nur eine ökonomische, sondern eher eine grundsätzliche, also gesellschaftliche Bedingung für Reformen im Gesundheitswesen ist, da es vorrangig um den Wirtschaftsstandort Deutschland und die Anforderungen einer modernen Gesellschaft an die Gesundheitsversorgung im Ganzen geht.[64] Dem soll hier grundsätzlich gar nicht widersprochen werden, doch wird die inhaltliche Ebene der Reformdiskussion nicht an medizinisch-technischen Veränderungen in der Gesundheitsversorgung und auch nicht an der Festlegung von Qualitätsstandarts im Gesundheitswesen festgemacht.

Es herrscht Zerrissenheit, wenn es um die Frage nach dem Stellenwert von Gesundheit und Pflege in der Gesellschaft geht. Der Kern dieser Diskussion lautet: Welcher ökonomische Spielraum existiert, um eine (ethisch vertretbare?) Krankenversorgung und Gesunderhaltung zu gewährleisten? Und führt der momentane Trend, die Reformdiskussion an monetären Begrifflichkeiten und Notwendigkeiten festzumachen, nicht zu einer Aushöhlung der Solidargemeinschaft und des Sozialstaats?

Letztendlich wird zwischen den ethischen und ökonomischen Argumentationen abgewogen werden müssen - mit unbestimmten Ausgang. Die grundlegenden ökonomisch bedingten Reformen im Gesundheitssystem und dort besonders im Subsystem Krankenhaus werden im folgenden dargestellt.

3.1.1.1. Kosten im Gesundheitssystem

Wurden unter Punkt 2.1.3. bereits die Entwicklung der Gesetzlichen Krankenkassenausgaben in einzelnen Bereichen des Gesundheitssystems betrachtet, und unter Punkt 2.2.1. die Komplexität der Krankenhausfinanzierung angesprochen, so werden hier die Ausgaben im Gesundheitswesen allgemein betrachtet.

---

[63] Ausführlich in Kapitel 4
[64] Vgl. Stegemüller, K., 1998, S. 25ff

Die Frage, ob es relevante Veränderungen in den Ausgaben im Gesundheitswesen gibt, und wenn ja, worin diese begründet liegen und wie sie sich im Detail darstellen, steht hierbei im Vordergrund. Die monetäre Entwicklung im Gesundheitssystem wird anhand der folgenden Grafiken aufgezeigt. Hierzu wird zuerst die grundsätzliche Entwicklung der Ausgaben im Gesundheitssystem der BRD dargestellt. Das Datenmaterial ist den statistischen Jahrbüchern des Statistischen Bundesamtes aus den Jahren 1992 und 1999 entnommen. Unter den Ausgaben werden hier alle Ausgabenträger zusammengefaßt. Dies sind die Sozialversicherungen, die Arbeitgeber, die privaten Haushalte und die öffentliche Hand. Eine Aufspaltung nach Trägern ist nicht vorgenommen worden, die Sozialversicherungen tragen jedoch den größten Anteil an den Ausgaben (346 MRD. DM in 1996[65]), gefolgt von den Arbeitgebern (74 Mrd. DM in 1996), der öffentlichen Hand (63,7 Mrd. DM in 1996) und den privaten Haushalten (41,9 Mrd. DM in 1996).

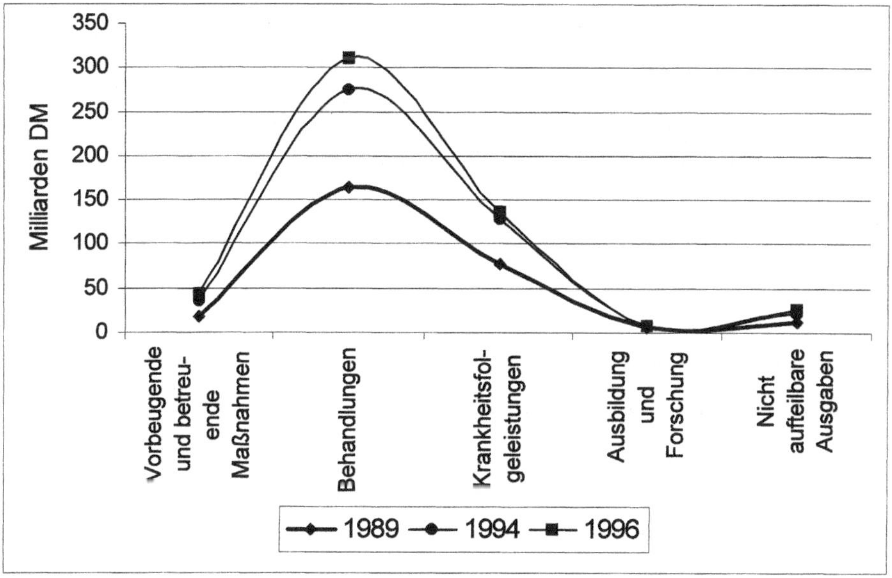

Abb. 13 Ausgaben im Gesundheitswesen nach Leistungsarten

Quelle: Eigener Entwurf nach Statistischem Bundesamt, 1992 und 1999

[65] Vgl. Statistisches Bundesamt, 1999, S. 443

Ein Vergleich der Ausgabenkurven von 1989 und 1996 zeigt eine Verdoppelung der Ausgaben auf. Bei dieser Betrachtung muß jedoch der Vereinigungsprozeß der ehemaligen DDR mit der BRD berücksichtigt werden. Aus diesem Grund ist der Vergleich der Jahre 1994 und 1996 aussagekräftiger, da hier gleiche Voraussetzungen herrschen. Innerhalb von zwei Jahren haben sich die Gesamtausgaben im Gesundheitswesen um 12% erhöht und dies überproportional im Bereich der Behandlungen. Der Bereich Ausbildung und Forschung ist seit 1989 fast gleich geblieben, und auch die vorbeugenden und betreuenden Maßnahmen sind seit der Wiedervereinigung nur unwesentlich gestiegen.

Eine detailliertere Betrachtung des Bereiches Behandlungen zeigt, daß der größte Teil der Ausgaben auf die stationären Behandlungen entfällt.

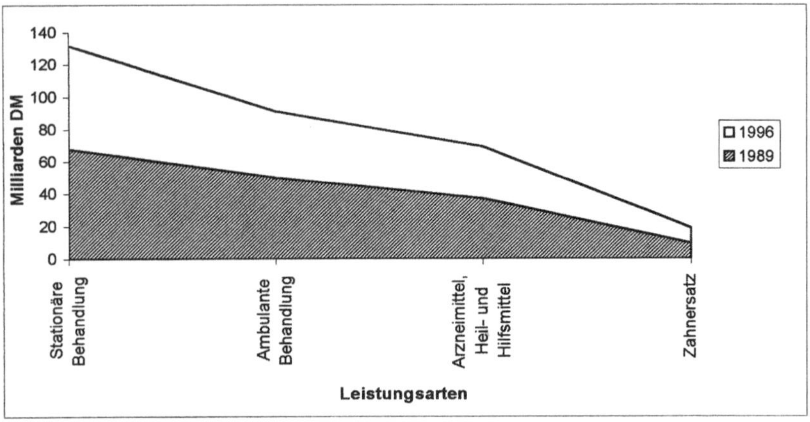

Abb. 14 Ausgaben im Gesundheitswesen im Bereich Behandlungen

Quelle: Eigener Entwurf nach Statistischem Bundesamt, 1992 und 1999

Die Ausgaben innerhalb des Bereiches Behandlungen haben sich relativ gleichmäßig erhöht.. Die herausgehobene Stellung der Ausgaben für stationäre Behandlungen ist jedoch nicht von der Hand zu weisen. Insgesamt betragen die Ausgaben in der stationären Behandlung 25% der Gesamtausgaben im Gesundheitswesen.[66] Dieser Betrag wird zu 83% von den Sozialversicherungen getragen, zu 4% von den Arbeitgebern, zu 2% von den privaten

[66] Vgl. ebd.

Haushalten und zu 11% von der öffentlichen Hand. Das bedeutet für die öffentliche Hand Ausgaben in Höhe von ca. 14 Milliarden DM für die stationäre Behandlung im Jahr 1996.

Der Trend zur Ausgabensteigerung im Gesundheitswesen und besonders in den Bereichen Behandlung und Krankheitsfolgeleistungen ist seit Jahren ungebrochen. Die Folge war der Versuch, auf der politischen Ebene, die Ausgabenentwicklung zu beeinflussen und somit eine Trendwende herbeizuführen. Die Maßnahmen reichen dabei von der Einführung der Pflegeversicherung und dem damit einhergehenden Ausbau der ambulanten Pflege, den einzelnen monetären Maßnahmen im Krankenversicherunsbereich (Zuzahlung bei Medikamenten oder Zahnersatz, etc.) oder der Globalbudgetierung der niedergelassenen Ärzte. Diese Aufzählung könnte noch über einige Seiten fortgeführt werden, soll an dieser Stelle jedoch beendet werden, da sie nur rudimentär zum Thema gehören.[67]

Wesentlich ist dagegen die Tatsache, daß der Hauptteil der Gesamtausgaben für das Gesundheitswesen in der BRD im Bereich der Krankenhausbehandlung angesiedelt ist. Aus diesem Grund wurde dieser auch als wesentliche Quelle der Kostensteigerung im Gesundheitswesen von, vorwiegend aus der Politik kommenden, externen Entscheidungsträgern identifiziert , wodurch er ungleich stärker in die Überlegungen über Sparmaßnahmen einbezogen worden ist, als der ambulante Bereich.

3.1.1.2. Kosten im Krankenhausbereich

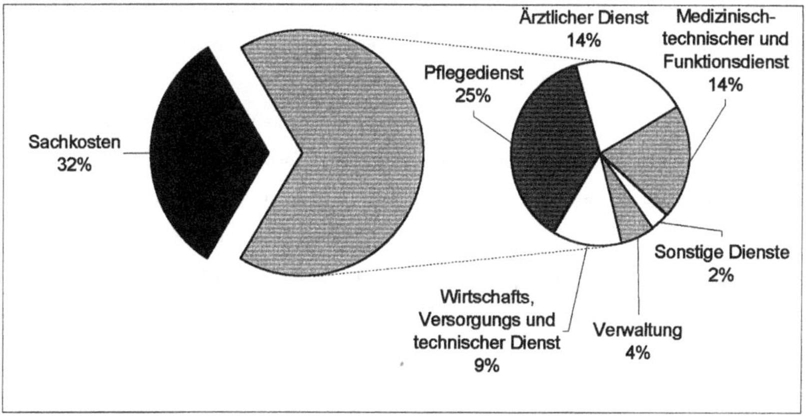

Abb. 15 Betriebskosten im Krankenhaus
Quelle: Eigener Entwurf nach Deutsche Krankenhausgesellschaft 1994/95 und 1996

[67] Siehe auch Kap. 3.1.2.1. und 3.1.2.2.

Um das ökonomische Einsparpotential in den Krankenhäusern zu eruieren, ist eine Betrachtung der Gesamtausgaben im Krankenhaus unerläßlich. Anhand der Separierung des Subsystemes Krankenhaus aus dem Gesundheitssystem und der Betrachtung dieses unter ökonomischen Gesichtspunkten läßt sich feststellen, daß die Personalkosten mit mittlerweile annähernd 70 % den größten Teil der Krankenhausbetriebskosten ausmachen.

Die Personalkosten wurden in Abb. 15 nach Berufsgruppen unterteilt, wodurch ersichtlich wird, daß der Hauptanteil der Personalkosten im Pflegebereich (25% der Betriebskosten) anfällt.

Ein Vergleich der Sach- und Personalkosten zwischen 1992 und 1994 zeigt auf, daß die Personalkosten in diesem Zeitraum insgesamt leicht rückläufig waren (67,7% in 1992 entgegen 67,3% in 1994[68]). Da dieser absolute Rückgang der Kosten trotz tariflicher Lohnerhöhungen erzielt wurde, muß er entweder auf Personalabbau, oder der Beschäftigung angelernter (günstigerer) Kräfte beruhen.

Insgesamt läßt sich ein Stellenabbau in sämtlichen Berufsgruppen mit Ausnahme des Pflegedienstes feststellen.[69] Ob darüber hinaus der Anteil an ungelernten oder angelernten Beschäftigten zugenommen hat, ließ sich anhand des zur Verfügung stehenden Datenmaterials nicht nachvollziehen.

Fakt ist jedoch, daß insgesamt 2/3 der Krankenhausbetriebskosten in Form von Personalkosten anfallen. Dies ist eine Faktorgröße, die, vor allem unter der Prämisse der Kosteneinsparung im Krankenhauswesen, nicht nur jeden Betriebswirt zum Nachdenken anregen muß. Der Personaleinsatz im Dienstleistungsgewerbe, und gerade im Gesundheitswesen, ist zwar grundsätzlich überproportional hoch[70], doch unter der Prämisse der Kostenreduzierung wurde überprüft, ob Leistungen notwendig sind. Desweiteren sollten Arbeitsstrukturen und Arbeitsinhalte, sowie deren Ausgestaltung, durchleuchtet werden.

Die Forderung der politisch Verantwortlichen und der Träger bzw. Betreiber der Krankenhäuser nach krankenhausinternen organisatorischen Reformen, zum Zweck der Personalkostenreduzierung, ist nachvollziehbar und verständlich. Es wurden daraufhin auch personelle Einsparungen in verschiedenen Bereichen und in unterschiedlicher Intensität durchgeführt. Die wichtigsten werden unter Punkt 3.2.1. aufgeführt. Doch ist der Anteil der Personalkosten an den Betriebskosten hierdurch nur sehr gering beeinflußt worden.

---

[68] Vgl. Deutsche Krankenhausgesellschaft 1994/95, S. 38 und 1996, S. 37

[69] Vgl. ebd., 1994/95 S. 51 und 1996, S. 54

Aus diesem Grund wurde auf Seiten der Gesetzgebung diverse Finanzierungsbestimmung für Krankenhäuser geändert, neu erlassen oder gestrichen. Die Personalkosten standen dabei zwar nicht direkt im Zentrum der Entscheidungsfindung, durch ihren überproportionalen Anteil an den Betriebskosten der Krankenhäuser wurden sie jedoch auch nie aus dem Blickpunkt verloren.

3.1.2. Die rechtlichen Bedingungen

Hier werden einige grundlegende und in ihrer Nachwirkung sehr weitreichenden Gesetzes- und Verordnungsänderungen der letzten Jahre vorgestellt. Die Vielzahl der für die Organisation und Finanzierung der Krankenhäuser verbindliche Gesetze erlaubt es jedoch nur eine beschränkte Auswahl zu betrachten. Im Vorschriften-Verzeichnis Krankenhaus werden allein 376 für das System Krankenhaus relevante Gesetze, Verordnungen und Richtlinien des Bundes aufgeführt, die Anzahl der einzelnen Landesgesetze und Landesverordnungen liegt bei 629.[71] Hieran wird die konkurrierende Gesetzgebung in der BRD im Gesundheitssystem deutlich. Grundsätzlich sind in der Bundesrepublik Deutschland die Landesgesundheitsämter für die Gesundheit der Bevölkerung in ihren Bereichen zuständig.

Da aber 88% der Bevölkerung Mitglieder bei den gesetzlichen Krankenversicherungen sind und der Bundesgesundheitsminister die Aufsicht über die gesetzliche Krankenversicherung hat, existiert in diesem Bereich eine Bundeskompetenz , die bis in die Länder hinein wirkt.

In dieser Arbeit werden überwiegend die Bundesgesetze behandelt, da sie für die Thematik der organisatorischen Reformansätze die weitreichendsten Folgen hatten, und die für die Thematik relevanten Landesgesetze und Verordnungen meist diesen Gesetzen nachgeschaltet sind und den bundesgesetzlichen Vorgaben entsprechend fortgeführt wurden.

Betrachtet werden die Veränderungen und ihre Wirkungen in dem bereits ausgeführten inhaltlichen Kontext. Von daher sind auch nur die letzten zehn Jahre ,als grober zeitlicher Rahmen, bei den Gesetzesänderungen berücksichtigt worden.

Als erste hervorzuhebende gesetzliche Änderung wird demnach das Gesundheits-Reformgesetz (GRG)[72] oder auch "Gesetz zur Strukturreform im Gesundheitswesen"

---

[70] Vgl. Pfaff, M. 1995, S. 33ff
[71] Vgl. Schneemann, R. 1999
[72] Vgl. Bundesgesetzblatt Teil I, No.62, Bonn 1988, S.2477

betrachtet, welches am 1.1.1989 in Kraft trat. Es war der erste Schritt zu einer grundsätzlichen Neustrukturierung des Gesundheitssystems als auch der Krankenhäuser.
Die Ziele lassen sich folgendermaßen zusammenfassen.

- ➔ Eine Begrenzung der Leistungen auf das medizinisch Notwendige
- ➔ Eine Stärkung der Gesundheitsvorsorge und der vorbeugenden Leistungen
- ➔ Die Übernahme von Leistungen in die häusliche Pflege, und damit verbunden der Abbau von Krankenhausbetten.
- ➔ Mehr Transparenz bei Krankenkassen, Ärzten und Arzneimittelherstellern
- ➔ Eine Modernisierung der Struktur der Krankenversicherung[73]

Mit dem Gesundheits-Reformgesetz der CDU, CSU, FDP Regierung, dessen Gesetzesinitiative sich über fast zwei Jahre erstreckte, sollte ursprünglich ein regelmäßiger Jahreswert von 14 Milliarden DM eingespart werden. Diese Zahlen wurden jedoch rasch revidiert. Im Rahmen der Gesundheitsreform wurden in den folgenden Jahren jedoch fast alle bestehenden gesetzlichen Bestimmungen , die indirekt oder direkt die Finanzierung des Krankenhauses, also auch Personalausstattung und die Personalsituation und somit auch die Organisation in den verschiedenen Arbeitsfeldern der Krankenhäuser betreffen, geändert bzw. neue erlassen.
An dieser Stelle wird ein Überblick über die wichtigsten Gesetze und Verordnungen vermittelt. Eine abschließende Betrachtung der Gesetzesänderungen muß eher in der Sozialgesetzgebung der juristischen Fakultät bearbeitet werden. Darüber hinaus besteht die Schwierigkeit der Auswahl von Gesetzesstellen, da nur in den wenigsten Fällen eine direkte Beziehung zur Personalrelevanz oder Organisationsrelevanz in den Gesetzen und Rechtsvorschriften herstellen läßt.

3.1.2.1. Geänderte Gesetze und Verordnungen

Nachfolgend aufgeführte Gesetze und Verordnungen[74], die heute noch in Kraft[75] sind, beinhalten die gravierendsten Änderungen für die Krankenhäuser:

---

[73] siehe auch Claessens u.a. S330 ff
[74] Siehe auch MAGS NRW, Strukturreform der Pflegeausbildung, S. 167ff
[75] Mit Ausnahme der PPR., die mittlerweile zwar ausgesetzt ist, als interner Berechnungsschlüssel jedoch weiter benutzt wird. Dies auch von den Krankenkassen

1) die gesetzliche Krankenversicherung, Sozialgesetzbuch Fünftes Buch (SGB V) vom 20.12.1988[76], zuletzt geändert am 08.05.1998, einschließlich des zweiten Buches der Reichsversicherungsordnung (RVO II) vom 19.07.1911, zuletzt geändert am 08.05.1998,

2) die Verordnung über Maßstäbe und Grundsätze für den Personalbedarf in der stationären Psychiatrie (Psychatrie-Personalverordnung - Psych-PV) vom 18.12.1990[77],

3) das Gesetz zur wirtschaftlichen Sicherung der Krankenhäuser und zur Regelung der Krankenhauspflegesätze, (Krankenhausfinanzierungsgesetz - KHK) vom 10.04.1991[78], zuletzt geändert durch das Pflege-Versicherungsgesetz vom 26.05.1994,

4) das Gesetz zur Sicherung und Strukturverbesserung der gesetzlichen Krankenversicherung (Gesundheitsstrukturgesetz - GSG) vom 21.12.1992[79],

5) das Gesetz zur sozialen Absicherung des Risikos der Pflegebedürftigkeit (Pflege-Versicherungsgesetz - Pflege-VG, SGB XI) vom 26.05.1994[80], zuletzt geändert am 05.06.1998,

6) Verordnung zur Neuordnung des Pflegesatzrechts (Bundespflegesatzverordnung vom 25.03.1973), vom 26.09.1994[81], zuletzt geändert durch die Fünfte Verordnung zur Änderung der Bundespflegesatzverordnung vom 09.12.1997,

7) die Regelung über Maßstäbe und Grundsätze für den Personalbedarf in der stationären Krankenpflege (Pflege-Personalregelung - Bestandteil des GSG) vom 30.10.1992 sowie die Verordnung zur Änderung der PPR vom 17.04.1996[82],

---

[76] Vgl. Bundesgesetzblatt Teil I, No.62, Bonn 1988, S.2477ff
[77] Vgl. Bundesgesetzblatt Teil I, No.72, Bonn 1990, S.2930ff
[78] Vgl. Bundesgesetzblatt Teil I, No.24, Bonn 1991, S.886ff
[79] Vgl. Bundesgesetzblatt Teil I, No.59, Bonn 1992, S.2266ff
[80] Vgl. Bundesgesetzblatt Teil I, No.30, Bonn 1994, S.1014ff
[81] Vgl. Bundesgesetzblatt Teil I, No.22, Bonn 1994, S.2750ff
[82] Vgl. Bundesgesetzblatt Teil I, No.22, Bonn 1996, S.620f

Die Auflistung ist in chronologischer Zeitabfolge sortiert, die Fundstellen in den Fußnoten beziehen sich auf die Erstveröffentlichung und nicht auf die letzte Änderung. Dies ist aus Gründen der Überschaubarkeit geschehen, da manche Gesetze/Verordnungen im jährlichen Turnus geändert werden, auf diesem Wege jedoch der Ursprung der Gesetze/Verordnungen nachvollzogen werden kann.

Diese Liste der geänderten Gesetze und Verordnungen ist nicht vollzählig, und erhebt diesen Anspruch auch nicht. Sie verdeutlicht jedoch, das innerhalb einer relativ kurzen Zeitspanne von einigen Jahren weitreichende gesetzliche Änderungen vollzogen wurden. Die Auswahl reicht von den allgemeinen Strukturreformen im Gesundheitswesen, den Änderungen der Pflegesatzfestlegung, der Einführung der Pflege-Versicherung bis zu detaillierten Verordnung über die Höhe des Pflegepersonals in Abhängigkeit von Pflegefällen und Pflegetagen. Alles in allem also ein Katalog, der einen erheblichen Einfluß auf die ökonomische Eckdaten in der Krankenhausfinanzierung hat. Manche betrachten diese Gesetzesänderungen als Schritt in ein zukünftiges gesichertes Gesundheitssystem. Für andere ist es ein Katalog der sozialen Grausamkeiten. Um sich eine dementsprechende Meinung bilden zu können, werden nun die Auswirkungen dieser Gesetze/Verordnungen auf die Krankenhausfinanzierung betrachtet.

3.1.2.2. Änderungen für die Krankenhausfinanzierung

Im weiteren werden die Änderungen nicht explizit an den einzelnen Gesetzen/Verordnungen abgearbeitet, sondern vielmehr werden die, durch eben diese aufgetretenen, Hauptveränderungen in der Krankenhausfinanzierung und die damit einhergehende Krankenhausumorganisation aufgezeigt.

Wichtigste Neuerung der Krankenhausfinanzierung ist die Abkehr vom Kostendeckungsprinzip[83] hin zum leistungsorientierten Vergütungssystem mit einem zunehmenden Anteil an Fallpauschalen und Sonderentgelten.[84] Laut Angaben des Bundesministeriums für Gesundheit liegt der Anteil derjenigen Krankenhausleistungen, die über Fallpauschalen und Sonderentgelte abgerechnet wird, derzeit bei 25%. Geplant ist die Einführung eines vollständig pauschalierendes Entgeltsystem zum 01.01.2003.[85] Über

[83] Vgl. Fachvereinigung der Verwaltungsleiter deutscher Krankenanstalten e.V., 1988, S. 138f
[84] Vgl. Breyer, F. und Zweifel, P., 1997, S. 345ff
[85] Vgl. Bundesministerium für Gesundheit, 1999, http://www.dialog-gesundheit.de

Fallpauschalen und Sonderentgelte werden z.B. Operationen abgerechnet. Die konservative Medizin (z.B. die innere Medizin) wird nach Abteilungspflegesätzen abgerechnet. Hierbei werden Patientenanzahl, Umfang der Behandlung und notwendiges Personal als Berechnungsgrundlagen benutzt. Dazu kommt dann noch der sogenannte Basispflegesatz, der die Hotelkosten in den Krankenhäusern abdeckt.
Er ist demnach ebenfalls aufgrund Patientenaufkommen und benötigtem Personal und Sachmitteln berechnet. Aus diesen drei Einheiten ergibt sich das Budget für die einzelnen Krankenhäuser[86]. Dieses Budget wird im Vorfeld ermittelt, und ist für einen bestimmtem Zeitraum (in der Regel ein Jahr) verbindlich festgeschrieben.
Die Krankenhäuser müssen ihre Funktionsfähigkeit innerhalb dieses Budgets sicherstellen. Wird das Budget überschritten, müssen die Träger der Krankenhäuser diese Defizite ausgleichen.
Der Vorteil dieser Abrechnungsmodule liegt in der Transparenz der Leistungsabrechnung und der leistungsorientierten Abrechnung, sowie der Bereitstellung relativ klare Daten zur Wirtschaftlichkeitsberechnung in den einzelnen Krankenhäusern. Der Nachteil liegt dementsprechend ebenfalls in genau diesen Punkten. So einfach dieses Abrechnungssystem sich darstellt, so ungenügend ist es in der Lage Differenzierungen in der Patientenausprägung oder den vorhandenen Strukturmerkmalen einzelner Krankenhäuser vorzunehmen. Ebenso berücksichtigt es krankenhausindividuelle Kostenunterschiede nicht.[87]

Als weitere wichtige Neuerung muß der Grundsatz: "Ambulant vor Stationär" gesehen werden. Dieser Grundsatz soll langfristig flächendeckend durchgesetzt werden. Ziel ist eine integrierte Gesundheitsversorgung, in der die jetzige Bundesregierung den Hausarzt als Lotsen durch das immer komplexere Gesundheitssystem definieren will.
Hat dieser Grundsatz bereits Auswirkungen auf die Krankenhäuser in Form von Einrichtungen zur ambulanten Behandlung, oder auch in der Schließung einzelner Abteilungen und der Überführung dieser Abteilungen in Pflegeeinrichtungen, so soll dieser Grundsatz in Zukunft noch weiter ausgebaut werden.[88]
Ein Ausgangspunkt dieses Grundsatzes war die steigende Anzahl von pflegebedürftigen Personen im Krankenhaus, und die damit verbundene Abrechnung über die Krankenkassen.

---
[86] Vgl. Gausmann, H., 1995, S. 13f
[87] Vgl. ebd. S.15

Nach der Verabschiedung der Pflege-Versicherung soll in Pflegefällen die ambulante Pflege der teilstationären Pflege, sowie der stationären Pflege, soweit wie möglich vorgezogen werden.[89] In den Fällen, in denen eine stationäre Behandlung durchgeführt wird, obwohl das Behandlungsziel durch teilstationäre, vor- und nachstationäre oder ambulante Behandlung des Patienten einschließlich häuslicher Krankenpflege erreicht werden kann, wird von einer Fehlbelegung ausgegangen.

Bei der Möglichkeit unterschiedlicher Pflegemöglichkeiten wird der häuslichen Pflege in § 3 SGB XI prinzipiell Vorrang eingeräumt.[90] Der Bereich Krankenhaus ist hierdurch zwar nicht direkt betroffen, da aber die häusliche, sowohl der teilstationären, als auch der stationären Pflege, vorgezogen werden soll, hat dies Auswirkungen auf das Verhältnis Pflegefälle pro Pflegetag[91] im Krankenhaus und damit direkt auf die Krankenhausfinanzierung sowie die Personalbelastung.

Denn in dem Maße, in dem die Pflege nach Möglichkeit im häuslichen Bereich durchgeführt werden soll, erhöhen sich die kurzfristigen Krankenhausaufenthalte bei gleichzeitiger, gewollter, Reduzierung der vollstationären Krankenhauspflege, die zur Bettenauslastung der Krankenhäuser in vielen Fällen an der Tagesordnung war.[92]

Darüber hinaus wurden organisatorische Veränderungen in der Art durchgeführt, daß Nachbehandlungen bzw. Einweisungen in medizinisch-pflegerische Handgriffe, die von Patienten mittel- oder langfristig durchgeführt werden müssen (z.B. Umgang mit künstlichen Darmausgängen, oder Umgang mit Diabetes) nicht mehr im komplett stationären Betrieb erläutert und beigebracht werden. Nach dem medizinischen Eingriff, bzw. der medizinischen Diagnose werden die Patienten so schnell wie möglich aus dem Krankenhaus entlassen. Die sich anschließenden Betreuungsarbeiten beim Umgang mit den Gerätschaften werden dann im teilstationären bzw. im häuslichen Bereich durchgeführt.

Im Krankenhausfinanzierungsgesetz (KHK) heißt es im § 17a:

"Der Krankenhausträger stellt sicher, daß keine Patienten in das Krankenhaus aufgenommen werden oder dort verbleiben, die nicht oder nicht mehr der stationären Krankenhausbehandlung bedürfen. Die Krankenkassen wirken insbesondere durch gezielte

---

88 Vgl. Bundesministerium für Gesundheit, 1999, http://www.dialog-gesundheit.de
89 Vgl. Schuhmacher, H., 1995, S. 29
90 Vgl. Bundesgesetzblatt Teil I, No.30, Bonn 1994, S.1014ff
91 Siehe Anlage 9.1.

Einschaltung des Medizinischen Dienstes der Krankenversicherung darauf hin, daß Fehlbelegungen vermieden und bestehende Fehlbelegungen zügig abgebaut werden" [93]

Dies bedeutet nicht nur eine generelle Stärkung der Krankenkassen bei der Einflußnahme auf die Krankenhausbelegung und damit auch die Krankenhausfinanzierung, sondern viele Abteilungen in Krankenhäusern der Maximalversorgung sahen ihre Belegepläne plötzlich einer vollkommen neuen Ausgangssituation der Finanzierung gegenüber. Während es in Fachkrankenhäusern noch relativ schnell klar war, ob sich die einzelnen Abteilungen in Zukunft rechnen werden oder nicht, und dementsprechend reagiert werden konnte, war es in Allgemeinkrankenhäusern der Maximalversorgung ungleich schwieriger.[94] Ein Grund ist sicherlich in der schlechten Ausstattung der Krankenhäuser in staatlichen Trägerschaft mit betriebswirtschaftlich orientierten Verwaltungsabteilungen zu sehen. Diese Abteilungen sind in vielen dieser erst in den letzten Jahren eingeführt bzw. ausgebaut worden.[95]

Ein weiterer und entscheidender Grund lag und liegt aber auch in der Breite des Behandlungsspektrums dieser Krankenhäuser. Die betriebswirtschaftliche Prüfung einzelner Kostenfaktoren stellt sich wesentlich komplexer dar, als in Fachabteilungen oder Fachkliniken mit einem beschränkten Leistungsspektrum. Zum einen aufgrund dieses unterschiedlichen Leistungsangebotes, zum anderen aufgrund der vorherrschenden Strukturen, welche in Krankenhäusern der Maximalversorgung wesentlich komplizierter aufgebaut sind.

Als letztes wird auf die Begrenzung des Leistungskataloges der gesetzlichen Krankenkassen auf das medizinisch notwendige eingegangen. Im Fünften Sozialgesetzbuch werden die gesetzlichen Krankenversicherungen dazu verpflichtet, daß alle Leistungen "*ausreichend, zweckmäßig und wirtschaftlich sein müssen, und das Maß des Notwendigen nicht überschreiten dürfen. Leistungen, die nicht notwendig sind, können demnach Versicherte nicht beanspruchen, dürfen Leistungserbringer nicht bewirken und die Krankenkassen nicht bewilligen"* [96] bzw. finanzieren. Um diese Regelung jedoch dauerhaft auf den neuesten Stand der Untersuchungs- und Behandlungsmethoden zu bringen, werden die Regelungen für die Krankenkassen in Selbstverwaltung überprüft. Für die Krankenhäuser wurde ein Gremium gebildet, welches die im Rahmen von Krankenhausbehandlungen erbrachten Untersuchungs-

---

92 Vgl. Henke, R. S. 44 f

93 KHG, §17a Abs.1 und 2

94 Vgl. Mayntz, R., 1985, S. 118ff

95 Vgl. Kap. 3.2.1.1.

96 SGB V, § 12 Abs. 1

und Behandlungsmethoden überprüft.[97] Dies bedeutet für die Organisation der Krankenhäuser, daß erbrachte Leistungen durch Dritte auf ihre Notwendigkeit hin überprüft werden, dies jedoch auf Dauer von den internen Wirtschaftsabteilungen geschehen wird, wenn die ersten Leistungen von den Krankenkassen, aufgrund von für unnötig beurteilter Untersuchungen und Behandlungen, nicht übernommen werden.

3..1.3. Gesellschaftliche Bedingungen

Als dritter Bereich, der die verschiedenen Reformansätze in den Krankenhäusern maßgeblich beeinflußt bzw. initiiert, ist der gesellschaftliche Wandel von Werten und Normen zu betrachten.[98] Inwieweit Werte und Normen die Hierarchien und die Ausgestaltung der Arbeit beeinflussen, wird anhand der nachfolgenden Grafik verdeutlicht.

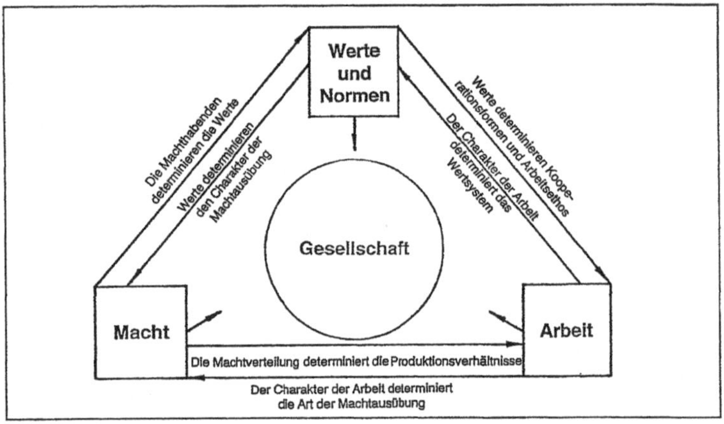

Abb. 16 Funktionen sozio-kultureller Werte und Normen

Quelle: Bosetzky und Heinrich, 1994

Demnach wird sowohl der Charakter der Machtausübung als auch die Kooperationsformen der Arbeit und das Arbeitsethos durch Werte und Normen determiniert. Folglich führt jede Änderung in den Werten und Normen zu einer Veränderung der Arbeit und der Machtausübung.

[97] Vgl. Bundesministerium für Gesundheit, 1999, http://www.dialog-gesundheit.de
[98] Vgl. Schäfers, B., 1990, S. 260ff

Die Ausprägung der Veränderungen können unter dem Oberbegriff postmaterialistische Veränderungen wie folgt zusammengefaßt werden:

- Abkehr von den klassischen, arbeitsidealisierenden Werten mit ihren Ausprägungsformen: Ordnungsliebe, Fleiß und Gehorsam.
- Das Streben nach Erfüllung, Leidenschaft und Selbstverwirklichung ersetzt die traditionellen Werte Erfolg, Leistung und materiellen Wohlstand.
- Der Anspruch an Arbeitsinhalte, Arbeitsformen und Arbeitsbedingungen orientiert sich eher an kommunikativen Tugenden, wie Teamarbeit oder Vertreten der eigenen Meinung und Offenheit in den Beziehungen. Den puritanischen Tugenden Präzision, Pünktlichkeit und Fleiß wird eine untergeordnete Rolle zugeschrieben.[99]

Diese Veränderungen werden von verschiedensten Autoren beschrieben. Strittig ist dabei, ob es sich um einem allgemeingültigen, eindeutigen Trend oder um partielle Erscheinungen handelt. So spricht z.B. Capra von einer "*Wendezeit der Menschheit, in der eine neues Weltbild gefordert ist, in dessen Mittelpunkt die Abkehr von der Instrumentalisierung der Natur einschließlich des Menschen selbst in Richtung einer stetigen Steigerung der Individualisierung, Herrschaft und Konsum stehen muß*"[100]

Dahingegen stellt Berkel ein Ansteigen fest:

- "*derjenigen, die sowohl materialistische wie postmaterialistische Wertvorstellungen hegen,*
- *als auch jener , für die Arbeit nicht an erster Stelle steht und doch als Zweck an sich betrachtet wird.*"[101]

Der Trend zum Zurückweichen der konventionellen Pflicht- und Akzeptanzwerte zugunsten der Selbstentfaltungswerte ist jedoch unbestritten, auch wenn die Intensität unterschiedlich interpretiert und beschrieben wird. Diese gesellschaftlichen Veränderungen finden immer größeren Einzug in die einzelnen Organisationen, und somit auch in der Arbeitsorganisation.[102] Neue Managementmethoden und Führungsstrategien aber, auch eine grundlegende Neuorganisation von Arbeitsteilungen sind die Folgen. Die Neuorganisation der

[99] Vgl. Bosetzky, Prof. Dr. H., und Heinrich, Prof. Dr. P., 1994, s. 31f
[100] Capra, F., 1982
[101] Berkel, K., 1983, S. 150f
[102] Vgl. Baecker, D., 1994, S. 46f

Arbeit wird anhand der Pflegetätigkeiten im Krankenhaus im Kapitel vier beschrieben. Auf die Managementmethoden wird nicht weiter eingegangen, da sie zum einen sehr unterschiedlich sind, und sich innerhalb der Krankenhäuser stark unterscheiden, zum anderen wird in der Praxis eine Mischung unterschiedlichster neuer und alter Methoden angetroffen.

> "Eine Mischung aus Management by Budget und Management by Delegation unter zentralistisch linearen Hierarchiebedingungen auf den oberen Entscheidungsebenen, gepaart mit Teamarbeit in einzelnen Berufsgruppen unter dem Anspruch der Qualitätssicherung" ist eine mögliche Erscheinungsform.

So unterschiedlich die Managementmethoden auch sind, so kann doch eine grundsätzliche Bereitschaft zu Veränderungen festgestellt werden. Diese Veränderungen sind zwar unterschiedlich geartet, jedoch beziehen alle neueren Managementmethoden jeden einzelnen Mitarbeiter und seine Bedürfnisse stärker in ihre Handlungsstrategien ein als dies noch vor Jahren der Fall war. Aus diesem Grund soll in aller Kürze auf die Bedürfnisse und somit die Beweggründe menschlichen Handelns eingegangen werden.

Maslow teilt diese Beweggründe in fünf Bedürfnisgruppen ein.[103] Die physiologischen Grundbedürfnisse (V), das Bedürfnis nach Sicherheit (IV), das Bedürfnis nach Kontakt (III), das Bedürfnis nach Anerkennung (II) und letztendlich das Bedürfnis nach Selbstverwirklichung (I). Wobei eine höhere Bedürfnisgruppe erst dann verhaltensbestimmend wird, wenn die unter ihr liegenden Bedürfnisse befriedigt sind bzw. als befriedigt erlebt werden.

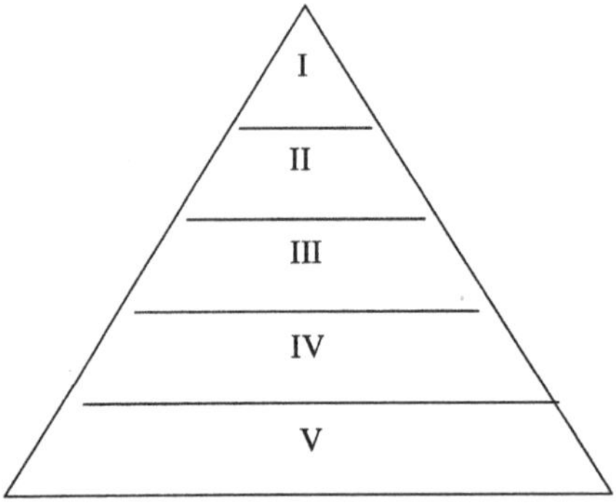

I Bedürfnis nach Selbstverwirklichung

II Bedürfnis nach Anerkennung

III Bedürfnis nach Kontakt

IV Bedürfnis nach Sicherheit

V Physiologischen Grundbedürfnisse

Abb. 17 Maslows Bedürfnispyramide

Quelle: Nach Maslow, A.H., 1978

[103] Vgl. Maslow, A. H., 1978, Kap. 4, S. 74ff

Unter diesem Gesichtspunkt müssen die Veränderungen in den Organisationen und den einzelnen Tätigkeitskonzeptionen auf die vorgefundenen Sättigungsgrade der Bedürfnisse abgestimmt sein, um eine Motivationssteigerung und somit eine funktionstüchtige Organisation sicher zu stellen.

3.1.3.1. Qualitätssicherung

Als letzter Punkt in diesem Abschnitt wird der Begriff der Qualitätssicherung als gesellschaftliche Bedingung für Veränderungen in den Organisationen behandelt. Sie ist eng verbunden mit der Ausrichtung, das Krankenhaus als Dienstleistungsbetrieb zu betrachten, in dem der Patient Kunde und gleichzeitig Souverän ist.[104] Da die Rahmenbedingungen dieses Dienstleistungsbetriebes grundsätzlich geändert wurden, mußte eine Instanz zur Sicherstellung der Qualität der Gesundheitsversorgung in den Krankenhäusern eingeführt werden. Die Qualitätssicherung wurde in Krankenhäusern jedoch anfänglich lediglich als Möglichkeit der Qualitätserhaltung unter wirtschaftlichen Beschränkungen verstanden. Diese Wahrnehmung hat sich mittlerweile gewandelt, da in den Krankenhäusern die Dimension von Qualitätsmanagement erkannt worden ist. Qualitätsmanagement führt nicht automatisch zu einer Qualitätserhaltung, sondern fordert grundsätzliche Organisations- und Strukturveränderungen in den Krankenhäusern ein.[105] Als diese Erkenntnis in das Bewußtsein der Entscheidungsträger rückte, machte sich vielfach Zurückhaltung bei der Einführung von Qualitätsmanagement breit. Da auf gesellschaftlicher Ebene der externe Vergleich der Krankenhausleistungen jedoch immer stärker eingefordert wird, ist eine neue Tendenz zur Einführung von Qualitätsmanagement und einer Zertifizierung der Krankenhäuser zu erkennen.

Das Bundesministerium für Gesundheit fördert z.Z. die Einführung von umfassendem Qualitätsmanagement in ca. 30 Krankenhäusern über drei Jahre, um gutes Qualitätsmanagement im Krankenhaus vorzeigbar zu machen.

Auf die Ausschreibung zu diesem Projekt hatten sich ca. 680 Krankenhäuser beworben - das ist jedes 4. deutsche Krankenhaus.[106] Daran wird der Stellenwert der Qualitätssicherung für die Krankenhäuser deutlich. Es wird jedoch auch die gesellschaftliche Bedeutung herausgestellt, die der Qualitätssicherung und der Zertifizierung nach DIN EN ISO 9000ff

[104] Vgl. Bundesministerium für Gesundheit, 1999, http://www.dialog-gesundheit.de
[105] Vgl. Krankenhaus Umschau Spezial Nr. 2, S. 3f

beigemessen wird. Die DIN ISO 9004 Teil 2 "Qualitätsmanagement und Elemente eines Qualitätssicherungssystems. Leitfaden für Dienstleistungen" ist dabei die Spezialform für Dienstleistungsbetriebe und wird derzeit versucht in einzelnen Krankenhäusern umzusetzen.[107]

Die Maßnahmen zur Qualitätssicherung und die Zertifizierungen nach DIN ISO 9004 Teil 2 sollen dabei immer stärker die Vergleichbarkeit von Leistungen mit denen anderer Einrichtungen ermöglichen. Die Bundesregierung hat im Sozialgesetzbuch V die Qualitätssicherung in der stationären Versorgung festgeschrieben, wobei die vergleichende Prüfung mit im Vordergrund stand.[108] Auf diesem Wege sollen die einzelnen Leistungen in den Krankenhäusern transparenter werden, und ebenfalls auch die grundsätzliche Versorgung gesichert werden.

Im folgenden wird aus einer Rede der Bundesgesundheitsministerin Andrea Fischer zur 2./3. Lesung des Gesetzes zur Reform der gesetzlichen Krankenversicherung ab dem Jahr 2000 in Berlin zitiert:

"Sehr geehrte Damen und Herren,

wir haben eine hochwertige Gesundheitsversorgung, die wir auch für die Zukunft erhalten wollen. Angesichts der Herausforderungen, vor denen wir stehen - ich nenne die Themen demographischer Wandel, medizinischer Fortschritt und veränderte Einstellung der Versicherten zum System -, sind Reformen jedoch unabdingbar.....

***Mehr Qualität in der Versorgung** durch die Orientierung an anerkannten Leitlinien und durch die Einführung verbindlicher Verfahren des Qualitätsmanagements - auch hier hat das deutsche Gesundheitswesen erheblichen Nachholbedarf. Nur eine qualitätsgesicherte Versorgung ist eine wirtschaftliche Versorgung. Alle reden über ökonomische Instrumente - und ignorieren dabei vollkommen, was für ein bedeutsames Steuerungsinstrument die Qualitätssicherung ist. Für eine bessere Steuerung des Gesundheitssystems brauchen wir bessere Daten, die vor allem auch kassenartenübergreifend zusammengeführt werden müssen. Gemeinsam mit dem Datenschutzbeauftragten haben wir inzwischen Lösungen gefunden, wie wir dem Gesichtspunkt des Datenschutzes besser als bislang Rechnung tragen*

[106] Vgl. Österreichisches Bundesministerium für Arbeit, Gesundheit und Soziales, Wien 1998, S. 66ff
[107] Vgl. Krankenhaus Umschau Spezial Nr. 2, S. 3f
[108] Vgl. Bundesgesetzblatt Teil I, No. 62, Bonn 1988, S. 2477ff

und gleichzeitig die Informationen erhalten, um die Steuerung im Bereich der ambulanten und stationären Versorgung erheblich verbessern zu können.
Mehr Patientenorientierung *des gesamten Gesundheitssystems ist ebenfalls ein seit langem überfälliges Projekt. Denn in der Praxis ist das paternalistische Verhältnis zwischen Arzt und Patient längst out. Die Menschen engagieren sich für ihre Gesundheit und sie wollen einbezogen werden. Dann müssen sich aber auch die Strukturen des Systems so verändern, dass die Interessen der Patientinnen und Patienten stärker zur Geltung kommen."* [109]

Dieser Auszug verdeutlicht, welchen Stellenwert die Qualitätssicherung und das betriebliche Qualitätsmanagement hat und welcher ihnen in Zukunft von der Bundesgesundheitsministerin zugedacht wird.

3.2. Interne Reformansätze im Krankenhaus

Von den internen Reformansätzen werden zum einen die Veränderungen in der Arbeitsorganisation, welche durch die externen Veränderungen bedingt wird, zum anderen aber auch die Neuorientierung in der Pflege (dem größten Berufszweig im Krankenhaus) zu einer eigenständigen Berufsdefinition und den damit einhergehenden Veränderungsprozessen im Organisationsbereich der Krankenpflege betrachtet.
Es wurde versucht die Veränderungen innerhalb der ökonomischen und der strukturellen, sowie funktionalen Ausprägung zu gliedern. Diese Gliederung stößt jedoch in einigen Fällen an ihre Grenzen, da die Bereiche eng miteinander verbunden sind und sich in großem Maße bedingen. So führt Outsourcing in medizinisch-technischen Abteilungen zu organisatorischen Änderungen, sowohl auf den einzelnen Stationen, als auch in der Verwaltung und der allgemeinen Betriebsstruktur.
Die finanziellen Beschränkungen und rechtlichen Änderungen in den letzten Jahren führten zu krankenhausinternen Organisationsreformen in unterschiedlicher Ausprägung. Die wichtigsten werden an dieser Stelle angeführt. Sie sind allgemein gehalten, da sie in allen Krankenhäusern unabhängig von der Trägerschaft in unterschiedlicher Intensität durchgeführt wurden. Probleme, die bei den Organisationsreformen aufgrund kommunaler Trägerschaft entstanden sind, werden im einzelnen hinter den Reformansätzen erläutert.

---

109 Vgl. Bundesministerium für Gesundheit, 1999, http://www.dialog-gesundheit.de

3.2.1. Ökonomische Orientierung

Unter diesem Punkt sind die Einführung bzw. der Ausbau von betriebswirtschaftlichen Kontroll- und Planungsabteilungen in den Krankenhäusern, sowie die weiteren Auswirkungen der gesetzlichen Finanzierungsvorgaben auf das System Krankenhaus zusammengefaßt. Diese sind sowohl durch die Budgetierung der Krankenhausfinanzierung, als auch durch die Doktrin "Ambulant vor Stationär" determiniert und führten neben den Änderungen innerhalb der Verwaltung zu einer Umstrukturierung und Neuorganisation der medizinischen Abteilungen und zu einer generellen Überprüfung der erbrachten Leistungen. Das Leistungsangebot der einzelnen Krankenhäuser wurde dabei auf drei Faktoren untersucht.

- Welche Leistungen fallen nach der Gesetzesdefinition unter den Begriff Fehlbelegung und müssen demnach abgebaut werden?
- Welche Leistungen müssen aufgrund der vorgegebenen Finanzieringspauschalen neu organisiert oder aber in geänderter, kostengünstigerer Form durchgeführt werden?
- Und welche Leistungen können von Privatunternehmen erbracht werden, und somit aus dem Krankenhausbetrieb ausgegliedert werden (Outsourcing)?[110]

Nach der Eruierung des Leistungsangebotes mußte natürlich auch die Organisation in entsprechendem Maße auf die Ergebnisse umgestellt werden. Die Erfahrung zeigt jedoch daß die betriebswirtschaftliche Erkenntnis nicht unabdingbar mit der organisatorischen Neuorganisation gekoppelt ist. Vorhandene Hierarchien und persönliche Präferenzen spielen bei den Reformen ein nicht zu unterschätzendes Entscheidungskriterium.

3.2.1.1. Betriebswirtschaftliche Regelinstrumentarien

So viel- oder nichtssagend dieser Oberbegriff auch sein mag, in der ihm zugedachten Bedeutung läßt er sich auf einen einfachen Nenner reduzieren. In dem Maße, in dem die Finanzierung der Krankenhäuser von einer absoluten Kostendeckung zu einem Krankenhausbudget mit krankenhausunabhängig verhandelten Fallpauschalen[111]und

[110] Vgl. Gausmann, H., 1995, S. 14f

[111] Als Fallpauschalen bezeichnet man pauschale Preise für die gesamte stationäre Behandlung des Patienten einschließlich Operationsmaterial, Hotelkosten und Pflege
Vgl. Bundesministeriums für Gesundheit, 1999, http://www.dialog-gesundheit.de

Sonderentgelten[112] geändert wurde, wurden in den einzelnen Krankenhäusern die betriebswirtschaftlichen Kontroll- und Planungsabteilungen verstärkt ausgebaut. In diesem Zusammenhang ist in den Krankenhäusern ein stetiges Anwachsen der Verwaltungsbeschäftigten bis 1992 zu verzeichnen.[113]

Die vorgegebene Budgetierung der Krankenhäuser mußte in der Praxis umgesetzt werden, und da die Krankenhäuser bis zur Einführung der leistungsorientierten Abrechnung über Tagespflegesätze finanziert wurden, die Anzahl der Patienten / Tage also Grundlage für die Finanzierung war, konnten die neuen Berechnungsgrundsätze anfänglich nur über eine Erfassung der erbrachten Leistungen, also der Ausweitung des Verwaltungspersonals aufgefangen werden.[114]

Um die Tragweite der Veränderungen der Finanzierungsgrundlagen zu verdeutlichen, werden einige Passagen aus einem Referat von Stefan Achner, Leiter des Dezernates Krankenhausfinanzierung bei der Deutschen Krankenhausgesellschaft, im Rahmen eines Workshops zum Thema "Hat die Zukunft in deutschen Krankenhäusern schon begonnen?" am 08.09.1994 in Düsseldorf zitiert:

"Die Wirkung des (zu erstattenden Kosten-)*Deckels ist nach der Logik der Betriebswirtschaft denkbar einfach. Leistungsniveau Stand '92, Kostenentwicklung im Rahmen der Grundlohnsummensteigerung der Kasseneinnahmen plus die wenigen Ausnahmetatbestände, die zusätzlich zu finanzieren sind. Darüber hinaus gibt es nichts mehr, und das führt ...zu wesentlichen Konsequenzen .... um das Krankenhaus überleben zu lassen. Ich denke insbesondere, und das ist betriebswirtschaftlich logisch, ... man kann keine Mehrleistungen mehr erbringen, dies wird nicht finanziert. Das System tendiert dazu, möglichst wenige Leistungen zu erbringen. Wenn der sogenannte Versorgungsauftrag nicht mehr erfüllt wird, kann es Kürzungen des Budget geben. Die nächste Konsequenz: Kosten drücken, wo immer es geht. .... grundsätzlich kann das Krankenhaus nicht mehr ausgeben, als es einnimmt.*

Wichtig ist, daß das Finanzierungssystem auf eine völlig neue Grundlage gestellt wird mit Fallpauschalen und Sonderentgelten. Im Klartext bedeutet dies, das dem einzelnen

---

112 Als Sonderentgelte bezeichnet man Erstattungen für bestimmte Leistungskomplexe im Rahmen eines Behandlungsfalles
Vgl. Bundesministeriums für Gesundheit, 1999, http://www.dialog-gesundheit.de

113 Vgl. Deutsche Krankenhausgesellschaft, 1994/95, S. 55

114 Vgl. Kühn, Dr. H., 1995, S. 62f

Krankenhaus Verhandlungskompetenz über Erlöse und vorauskalkulierte Kosten entzogen wird, weil Fallpauschalen und Sonderentgelte nicht mehr im einzelnen Krankenhaus kalkuliert, verhandelt und vereinbart werden können, sondern auf Landesebene.
Das heißt, ... hier in NRW die KGNW (Krankenhausgesellschaft Nordrhein-Westfalen) *verhandelt und vereinbart für* Krankenhaus X, *die Fallpauschalen und Sonderentgelte. Damit muß* Krankenhaus X *auskommen, ob* es *will oder nicht. ...Unabhängig davon....., ob es ein 1500-Betten -Universitätshaus ist oder eine 100-Betten-Privatklinik, sie bekommen immer den gleichen Preis. .....*
Das heißt natürlich, daß der Druck auf Kostenminimierung im einzelnen Haus im Bereich der Fallpauschalen und Sonderentgelte massiv zunimmt. Es gibt daneben Abteilungspflegesätze und Basispflegesätze, die sind noch krankenhausindividuell zu verhandeln und zu vereinbaren. Wichtig: Mit diesem System wird das Dogma vom Gesetzgeber aufgehoben, daß auch unrentable Krankenhausleistungen kostendeckend erbracht werden können." [115]

Unter diesen Voraussetzungen wurden als erste Reaktion der Krankenhäuser die Finanzabteilungen personell aufgestockt. In der Grafik der Verwaltungsorganisation im Krankenhaus[116], ist der Bereich Controlling innerhalb der Finanzabteilung neben den Bereichen Buchhaltung/Kasse sowie Abrechnung angesiedelt.[117] Diese Organisationsstruktur wurde in den meisten Fällen beibehalten. Die Abteilungsgröße wurde also geändert, nicht jedoch die Struktur. Dies führt langfristig zu Problemen, da der herausragenden Bedeutung des Wirtschaftlichkeitsgebotes nicht entsprechend Rechnung getragen wird.
Das größte Problem bei der Einführung bzw. dem Ausbau der Controllingabteilungen lag in der Datenerfassung. Obwohl im Krankenhaus das Erfassen von Daten in schriftlicher Form und großem Umfang eine lange Tradition hat, war es auf die vorhandenen Organisationsstrukturen ausgerichtet. Medizinische Daten wurden auf den Stationen gesammelt und ausgewertet, abrechnungsrelevante Daten in der Finanzabteilung, Daten über Umfang und Art von Sachmitteln für das gesamte Krankenhaus in der Wirtschaftsabteilung, und die Personalkosten in der Personalabteilung. Diese dezentralisierte Erfassung von kostenrelevanten Daten war unter den Voraussetzungen des Kostendeckungsprinzips durchaus angemessen, führt jedoch unter den geänderten Bedingungen zu Problemen.

---

[115] Vgl. Achner, S., 1995, S. 48ff
[116] Siehe Abb. 10, S. 38

Der Bereich Controlling mußte demnach Wege finden, die unterschiedlichsten Daten zu bekommen und war dabei auf die Zuarbeit der anderen Abteilungen angewiesen. Das technische Problem wurde in den Krankenhäusern durch den Ausbau der EDV gelöst. Die Datenerfassung in Papierform ist mittlerweile in den meisten Krankenhäusern und fast allen Bereichen durch EDV ersetzt worden. Unterscheidungen lassen sich zwischen den einzelnen Häusern in der Geschwindigkeit der Umstellung feststellen. Diese war von den finanziellen Voraussetzungen und der Investitionsbereitschaft der einzelnen Träger abhängig.

Controlling ist also nur möglich, wenn der Datenaustausch und die Zugriffsmöglichkeit auf die reellen Daten gewährleistet ist. Neben der technischen Voraussetzung mußte also auch noch die organisatorische Voraussetzung, nämlich die Informationspflicht der einzelnen Abteilungen und Personen geschaffen werden. Hier kann es zu Problemen kommen, da jede Offenlegung von Informationen verbunden ist mit möglicher Kontrolle, Maßregelung und eventuellem Machtverlust. Diese Probleme sind beriebsübergreifend, doch dementsprechend auch im Krankenhaus anzutreffen. Und da die Krankenhausorganisation auf zentralistischen Hierarchien aufgebaut ist, sind sie hier besonders ausgeprägt.

Die Controllingbereiche wurden jedoch ausgebaut und erfüllten in den vorgefundenen Strukturen ihre Arbeit. Nach der Definition der KGSt[118] besteht diese Arbeit in der Unterstützung der Führungsaufgaben und der Bereitstellung von Rückkopplungsinformationen. Die Führungsaufgaben werden dabei als Zielsetzung, Planung, Realisation und Kontrolle beschrieben.[119] Wobei die zur Kontrolle notwendige Datenauswertung wiederum in den Controllingbereichen durchgeführt wird. Controlling beinhaltet also Planungsvorbereitung und Kontrollauswertung. Diese müssen in den hergebrachten Organisationsstrukturen durchgeführt werden, was zwangsläufig zu Reibungen führt, da die betriebswirtschaftliche Notwendigkeit in Konkurrenz zu medizinischen Notwendigkeiten oder traditionellen Arbeitsabläufen steht.[120]

In diesem Spannungsfeld muß die Betriebsleitung Entscheidungen aufgrund der vorbereiteten Daten treffen. Dabei sind die Entscheidungsabläufe und die Ergebnisse oftmals sowohl für

[117] Vgl. Mayntz, R., 1985, S. 106
[118] Kommunale Gemeinschaftsstelle für Verwaltungsvereinfachung
[119] Vgl. KGSt-Bericht 15, 1994, S. 16ff
[120] Vgl. Kühn, Dr. H., 1995, S. 64f

den Controllingbereich, als auch für die medizinischen Abteilungen unzureichend und zum Teil schwer nachvollziehbar. Neben diesen Reibungen kommt es aufgrund der sich aus dem System ergebenen Kommunikations- und Entscheidungswege zu Zeitverzögerungen.
Erst wenn die Dienstleistung erbracht wurde, wird sie auf Wirtschaftlichkeit überprüft. Diese Ergebnisse werden der vorgeschalteten Organisationsebene vorgelegt. Hier werden sie sondiert, bevor sie zu der letzten Entscheidungsebene gelangen. Unter Umständen werden die erhobenen Daten zu einer weiteren Interpretation und Berechnung den beschriebenen Weg zurückgesandt, bevor sie letztendlich bestimmte Entscheidungen nach sich ziehen. Diese wiederum müssen jedoch in den einzelnen medizinischen Abteilungen umgesetzt werden. Hierbei kommt es zu Neuinterpretationen der getroffenen Entscheidung oder auch zu halbherzigen Umsetzungen. Der Kreislauf von Controlling, Planung, Entscheidung und Umsetzung beginnt von Neuem.
So kann es sein, muß es jedoch nicht. Aufgrund der Tatsache, daß der Finanzierungsrahmen der Krankenhäuser durch das externe Budget festgelegt ist, können interne Budgetvorgaben für einzelne Bereiche berechnet werden. Dies bedarf natürlich einer grundsätzlichen Analyse der Kostenstruktur in den einzelnen Bereichen, als auch einer umfassenden Planung. Dabei reichen Daten über die Sachkosten jedoch nicht mehr aus, da auch die Kosten einer bestimmten Arbeitsorganisation mit möglichen Alternativen verglichen werden müssen. Ebenso müssen die Kosten vorhandener Strukturen auf ihre Zweckmäßigkeit überprüft werden.

3.2.1.2. Interne Budgetierung

Da die Budgetvorgaben der Krankenhäuser unter dem Begriff der externen Budgetierung behandelt wurden, wird für die Budgetierung einzelner Leistungen oder auch einzelner Abteilungen der Begriff "interne Budgetierung" benutzt. Das interne Budget ist dabei in Abhängigkeit des Gesamtbudgets des jeweiligen Krankenhauses zu betrachten. Es gilt demnach eine bestimmte Geldmenge X auf eine gegebene Leistungsmenge Y zu verteilen. Dabei soll die Qualitätssicherung der Leistungen gewährt bleiben.
Interne Budgetierung ist aus der Diskussion über neue Steuerungsmodelle in der öffentlichen Verwaltung bekannt. Sie läßt sich anhand folgender Merkmale beschreiben.

- Eigenverantwortlichkeit und Kompetenz der Fachbereiche werden gestärkt.
- Mittelanmeldeverfahren jeglicher Art entfallen.

- Outputorientierung durch Ermittlung der Kosten und Einnahmen nach Art, Umfang und Qualität der Leistungen.
- Die nicht beeinflußbaren Einnahmen und Ausgaben werden im Vorfeld ermittelt und festgelegt. Aus der verbleibenden Finanzmasse wird der Rahmen für die Fachbereichsbudgets abgeleitet.
- Einbeziehung der Personalausgaben in die Fachbereichsbudgets.
- Selbständige Erarbeitung des Haushalts im Rahmen des Budgets. [121]

Die Schwierigkeiten in der öffentlichen Verwaltung bei der Umsetzung dieser Vorgaben sind hinlänglich bekannt. Und so verwundert es auch nicht, wenn die interne Budgetierung in den Krankenhäusern an ähnlichen Problemen krankte.
Aufgrund des GSG wurde das Leistungsniveau 1992 bei der Berechnung des Gesamtbudgets zugrunde gelegt. Ausgehend von diesen Daten wurden die internen Budgets festgelegt.[122] Die Aufteilungsebenen waren die vorhandenen Kliniken. Die medizinische Klinik bekam also ein festgelegtes Budget für die zu erbringenden Dienstleistungen. Diese werden auf den Stationen jedoch von den Ärzten, dem Pflegepersonal, dem medizinisch-technischem Personal und dem Hauspersonal erledigt.
Alle genannten Berufsgruppen werden unterschiedlich organisiert und finanziell verwaltet. Es existieren demnach sowohl Personalbudgets für das Pflegepersonal und die Ärzteschaft sowie die restlichen Bereiche. Innerhalb dieser Budgets hat die jeweilige Leitung (z.B. Pflegedienstleitung) das Personal auf die einzelnen Kliniken zu verteilen. Über das interne Budget für die einzelnen Kliniken werden also die Leistungen und die Sachmittel geregelt. Zur Budgetkontrolle werden den einzelnen Chefärzten für die jeweilige Klinik und den einzelnen Leitungen für das Personal in regelmäßigen Zeiträumen Daten aus den Controllingabteilungen zur Analyse der Budgets übermittelt. Größere technische Anschaffungen werden wiederum über Sonderbudgets oder aber unabhängig vom Gesamtbudget des Krankenhauses abgerechnet bzw. finanziert.[123]
Diese Art der internen Budgetierung müßte zu einer stärkeren Kommunikation innerhalb der einzelnen Kliniken unter den verschiedenen Beschäftigtengruppen, als auch zwischen den Kliniken und der Verwaltung führen. Denn nur auf diesem Wege ist eine qualitätssichernde

[121] Vgl. KGSt - Bericht 6, 1993, S. 7ff
[122] Vgl. Achner, S., 1995, S. 49

Versorgung unter dem gegebenen Budget möglich. Diese Art der Budgetierung ist natürlich nicht in allen Krankenhäusern gleich ausgeprägt. Unterschiede gibt es in der Budgetkompetenz sowohl in der Einbeziehung von Investitionskosten als auch im Umfang und den möglichen Veränderungskompetenzen in den einzelnen Kliniken. Ebenfalls unterschiedlich ist der Informationsumfang der Daten aus den Controllingbereichen. Je nach Philosophie der Betriebsleitung sind diese möglichst umfassend oder auf das angeblich notwendige begrenzt. Die eingeforderte Kommunikation zwischen den Beschäftigtengruppen und den einzelnen Verwaltungen ist ebenfalls sehr unterschiedlich ausgeprägt. Eine Einbeziehung der Personalausgaben in das interne Budget ist dem Autor nicht bekannt.

Diesen Ausführungen kann man entnehmen, daß die (theoretische) Budgetierung in den öffentlichen Verwaltungen, nach KGSt, mit der Budgetierung in den Krankenhäusern in der Praxis doch nicht mehr allzuviel gemein hat. Die interne Budgetierung kann letztendlich als Versuch gewertet werden, die Kostensituation irgendwie in den Griff zu bekommen. Aber in der vorherrschenden Form ist sie weder als Steuerungsinstrument zu betrachten, noch kann sie als motivationsfördernd angesehen werden.

Zum Schluß muß noch die Frage gestellt werden, was passiert wenn einzelne Budgets oder das gesamte Hausbudget überschritten wird. Zum einen werden sich die einzelnen Akteursgruppen gegenseitig die Schuld zuschieben, und zum anderen muß der Träger das Defizit tragen und refinanzieren.[124] Die Folgen sind dann häufig rigoros geforderte Stellenkürzungen und Outsourcing Bestrebungen der Träger.[125] Als kurzfristige Finanzierungslösung durchaus geeignet, fehlt diesen Ansätzen jedoch die perspektivische Ausrichtung.

3.2.1.3. Outsourcing

Dieser Begriff wird vorwiegend im Gesundheitsbereich für eine Maßnahme benutzt, welche in der öffentlichen Verwaltung unter dem Oberbegriff Privatisierung geläufig ist. Es geht beim Outsourcing also um nichts anderes, als die Privatisierung bestimmter Organisationseinheiten innerhalb der Gesamtorganisation Krankenhaus

Bei genauerer Betrachtung der durchgeführten Maßnahmen, lassen sich bestimmte Bereiche separieren, die für diese Möglichkeit besonders geeignet erscheinen.

---

[123] Vgl. Fachvereinigung der Verwaltungsleiter deutscher Krankenanstalten e.V., 1988, S. 151f

[124] Vgl. Kap. 2.2.1.

Krankenhausübergreifend läßt sich jedoch beobachten, daß die Weite der zu privatisierenden Bereiche in zwei Wellen beschrieben werden kann.

Von der ersten Outsourcingwelle wurden vorwiegend Bereiche des klassischen Arbeiterbereichs der Krankenhäuser erfaßt. Diese Tendenz läßt sich analog bei den öffentlichen Verwaltungen beobachten. Betroffen waren die Reinigungsbereiche sowohl der Gebäudereinigung, als auch der Material- und Instrumentenreinigung. Hier also Wäschereien, Sterilisationsabteilungen und denen nachgelagerte Bereiche wie z.B. die Nähereien. Desweiteren wurden Versorgungsabteilungen, sowohl im Technik-, als auch im Ernährungsbereich privatisiert. Alle anderen klassischen Arbeiterbereiche, die je nach Krankenhaus unterschiedlich vorhanden waren (z.B. Gärtner, Fahrdienst u.a.) waren von dieser ersten Welle ebenfalls betroffen.

In der zweiten Welle wurden Bereiche privatisiert, die man mit dem Begriff medizinisch technischer Dienst umschreiben kann. Darunter sind die unterschiedlichsten Zuarbeiten zu der rein medizinisch / pflegerischenen Tätigkeit zu verstehen. .[126] Von Röntgenabteilungen über die Apotheke, bis hin zu Analyseabteilungen . Diese Bereiche wurden meistens nicht komplett in privatwirtschaftliche Unternehmen überführt, sondern aufgesplittet. Die Abteilungen wurden personell reduziert, und ein Großteil der Arbeit außerhalb des Krankenhauses erledigt.

Die zweite Welle ist z.Z. ebensowenig abgeschlossen, wie die erste. Festhalten kann man zum jetzigen Zeitpunkt lediglich, das die Gründe für das Outsourcing dieselben sind. Durch die Überführung dieser unterschiedlichen Tätigkeiten hat die Krankenhausverwaltung verläßliche Zahlen über die zu erwartenden Kosten innerhalb eines bestimmten Zeitraumes, da unvorhersehbare Komponenten, wie erhöhter Krankenstand, unvorhergesehene Tariferhöhungen o.ä. auf die privaten Betreiber übergegangen sind. Ein weiterer Grund waren die tariflichen Voraussetzungen. Gerade die öffentlichen Träger wiesen immer wieder darauf hin, daß bestimmte Leistungen in der freien Wirtschaft um bis zu 30% billiger sind. [127] Wenn diese Differenz durch interne Rationalisierung nicht aufgefangen werden konnte, war der Weg zum Outsourcing nicht mehr weit.

Inwieweit die Kosten in der Privatwirtschaft unter denen im Krankenhausbetrieb liegen, ist sehr unterschiedlich und stark abhängig von den Anforderungen der Krankenhausträger (wird

[125] Vgl. Achner, S., 1995, S. 48f
[126] Vgl. Gausmann, H., 1995, S15

der gleiche Standard wie vor dem Outsourcing erwartet und eingefordert), aber auch von den einzelnen Privatbetrieben (existieren Tarifvereinbarungen, werden ältere Arbeitnehmer im Betrieb gehalten oder aber in die Arbeitslosigkeit oder Frührente gedrängt, etc.). Die Politiker haben die Verantwortung für die Arbeitsverträge in der freien Wirtschaft in der Regel von sich gewiesen. Daß im privaten Reinigungswesen niedrige Tarife gezahlt werden, und dies in der Regel auf der Basis von sozialversicherungsfreien 640,-DM Verträgen[128] ist ein offenes Geheimnis. Ebenfalls die Tatsache, daß viele dieser Verträge befristet sind und je nach Bedarf und Einsatz verlängert oder erneuert werden.

Aus diesem Grunde kam es bei den meisten Outsourcing Prozessen zu erheblichen Konflikten zwischen den Personalvertretungen in den Krankenhäusern und den politisch Verantwortlichen, aber auch mit den Gewerkschaften im Öffentlichen Dienst und den Trägern. Ein Hauptargument gegen das Outsourcing war dann auch der befürchtete Qualitätsverlust. Dieser konnte in der Regel das verlockende Einsparpotential jedoch nicht beeinflussen.

Insgesamt werden die Outsourcingbestrebungen mittlerweile von den unterschiedlichen Personengruppen in den Krankenhäusern z.T. skeptisch bewertet, da die wirtschaftlichen Größen nun zwar planbarer und berechenbarer werden, in vielen Bereichen aber Qualitätseinbußen bzw. längere Erledigungszeiten bereits feststellbar sind. Doch lassen sich diese Beobachtungen nicht verallgemeinern, da es sehr stark von den alten Strukturen (vor dem Outsourcing) abhängig ist. Bewahrheitet hat sich in der Regel das Sprichwort: Qualität hat seinen Preis.

3.2.1.4. Ambulant vor Stationär

Eine weitere Organisationsreform in den Krankenhäusern läßt sich unter dieser Überschrift in zwei Komplexen zusammenfassen:

1) Zum einen der Grundsatz, daß in den Krankenhäusern keine Pflegetätigkeiten durchgeführt werden, die auch in der häuslichen Pflege oder in speziellen Pflegeeinrichtungen geleistet werden können.[129]

---

[127] ebd.

[128] Mittlerweile sind Einkünfte aus geringfügiger Beschäftigung ebenfalls sozialversicherungspflichtig. Von daher werden die nächste Jahre zeigen, inwieweit die günstigen Preise der Privatwirtschaft zu halten sind.

[129] Vgl. Krankenhausfinanzierungsgesetz, § 17a

2) Zum anderen die Ausweitung von ambulanten Behandlungen und Operationen sowohl bei niedergelassenen Ärzten als auch innerhalb der Krankenhäuser.[130]

Auf die für die Umsetzung dieser Grundsätze notwendigen Gesetzesänderungen ist bereits in Punkt 3.1.2.1. eingegangen worden. An dieser Stelle werden die Auswirkungen auf die Krankenhausorganisation behandelt.

Der Abbau von Krankenhausbetten und die Überführung dieser in spezielle Pflegeeinrichtungen ist gekoppelt mit der notwendigen Feststellung, ob eine stationäre Krankenhausbehandlung notwendig ist, oder ob ein Pflegefall vorliegt. Diese Entscheidung mußte in der Vergangenheit ebenfalls getroffen werden,. Dies geschah in den Krankenhäusern durch die Ärzte. Die Entscheidungskriterien lagen dabei nach Meinung der Krankenkassen und der Gesetzgeber nicht immer im ärztlichen Bereich, sondern waren auch betriebswirtschaftlich bedingt, da über den Tagespflegesatz nur belegte Betten finanziert wurden.[131]

Das hat sich verändert. Mittlerweile werden die Tagespflegesätze durch Fallpauschalen und Sonderentgelte, sowie Abteilungspflegesätze ersetzt. Ziel ist es bis 2003 alle Krankenhausleistungen über Fallpauschalen und Sonderentgelte abzurechnen.[132] Dann sind die Ärzte, das Pflegepersonal und die Verwaltung dafür verantwortlich, daß keine Fehlbelegung mehr vorliegt. Doch wie bereits an anderer Stelle beschrieben, wird die Größenordnung der finanzierten Leistungen eines Krankenhauses durch das Gesamtbudget der einzelnen Krankenhäuser festgeschrieben. Auf diesem Wege wird die Interpretation der Fehlbelegung in den Krankenhäusern belassen.

Das heißt, daß sich die Betriebsleitung mit den Ärzten über eine Fehlbelegung einigen muß. Daß dabei verschiedene Interessen vorliegen, liegt auf der Hand. Doch auch unter den Ärzten herrscht zwischen den einzelnen Kliniken ein Konflikt über die Frage, auf welcher Station denn welche Betten in welcher Anzahl abgebaut werden müßten. Bei Krankenhäusern in kommunaler Trägerschaft kommt zu diesen Problemen noch ein weiteres hinzu.

Gesetz dem Fall, innerhalb des Krankenhauses haben sich alle beteiligten Gruppen auf eine bestimmte Anzahl von Betten geeinigt, die, aufgrund tatsächlicher oder errechneter Fehlbelegung, abgebaut werden könnten, müssen nun die Politiker diesen Vorschlag in die Tat umsetzen.

---

[130] Vgl. Sozialgesetzbuch Fünftes Buch, § 39

[131] Vgl. Kühn, Dr. H., 1995, S.59

Dabei treten zwei Probleme auf. Erstens das Mitbestimmungsrecht in den Krankenhäusern in kommunaler Trägerschaft, in der Regel das jeweilige Landespersonalvertretungsgesetz, welches der Interessenvertretung Mitbestimmung bei Umsetzung und Entlassung aufgrund von Übertragungen von Arbeiten an wirtschaftliche Unternehmen.[133] Dieses Problem ist jedoch krankenhausinterne durch die Nichtwiederbesetzung freiwerdender Stellen innerhalb relativ kurzer Zeit aufzufangen.

Das zweite Problem ist dabei schon schwieriger. Die Politiker müssen einen Bettenabbau bzw. eine Umwandlung dieser Betten in Pflegeeinrichtungen gegenüber den Wählern vertreten. Sind die betriebswirtschaftlichen und medizinischen Grundsätze bei solch einem Bettenabbau noch so klar und deutlich formuliert, besteht immer die Gefahr das ein Bettenabbau als Verschlechterung der medizinischen Versorgung in den Krankenhäusern ausgelegt wird. Da die Politiker jedoch sowohl ihr Amt behalten wollen (auch nach der nächsten Wahl, in dessen Vorfeld die Opposition den Bettenabbau mit Sicherheit als unverantwortlichen Versorgungsabbau hinstellen wird), als auch eine ausgeglichene Finanzierung der Krankenhäuser anstreben, ist es von den Mehrheitsverhältnissen in der jeweiligen Kommune, aber auch von den einzelnen Politikern abhängig, welcher Weg beschritten wird.[134] Die Erfahrung aus der Vergangenheit zeigt lediglich, daß egal welcher Schritt gewählt wird, er im nachhinein der falsche war.

Der zweite Komplex, der unter der Überschrift Ambulant vor Stationär betrachtet wird, ist die ambulante Behandlung bzw. die ambulante Operation bei den niedergelassenen Ärzten und vor allem in den Krankenhäusern. In den Fällen, in denen bei niedergelassenen Ärzten Leistungen angeboten werden, die vorher in Krankenhäusern durchgeführt wurden, existieren dieselben Zusammenhänge wie bei der Fehlbelegung. Denn letztendlich verringert sich hierdurch in den Krankenhäusern lediglich das Patientenaufkommen.

Anders sieht es bei der ambulanten Leistungserbringung in den Krankenhäusern aus. Diese führt zu strukturellen und funktionellen Veränderungen in den Krankenhäusern.

3.2.2. Strukturelle und funktionelle Reformen

Die funktionellen Veränderungen beruhen vorwiegend auf der Tatsache, daß die Arbeitsabläufe in der ambulanten Behandlung von denen der stationären stark abweichen. In

---

[132] Vgl. Bundesministeriums für Gesundheit, 1999, http://www.dialog-gesundheit.de

[133] Vgl. z.B. für das Land Nordrhein Westfalen, Welkoborsky, H., 1996, S. 168ff

der stationären Pflege macht die Grundpflege und Behandlungspflege[135] den überwiegenden Anteil der Pflegetätigkeiten aus. Dies ändert sich in der ambulanten Behandlung grundlegend und setzt eine intensive Schulung der Mitarbeiter in den neuen Tätigkeitsprofilen voraus. Es bedeutet für die betroffenen Abteilungen aber auch eine grundsätzliche Umstrukturierung. Die Abteilungsstruktur wechselt von den Vorgaben der stationären Versorgung zu den Strukturen eines Praxisbetriebes. Dies bedeutet, daß von den administrativen Arbeiten, über die medizinisch-technischen und die pflegerischen, bis hin zu den Arbeiten der Wirschafts- und Versorgungsdienste und des Hauspersonals alle Prozeßabläufe neu geregelt werden müssen.
Mit all diesen Änderungen muß zusätzlich eine Qualitätskontrolle oder zumindest Qualitätssicherungsmaßnahmen einhergehen, da gerade im Bereich der ambulanten Behandlungen eine spätere Überprüfung schwierig wird oder sogar unmöglich ist.

3.2.2.1. Qualitätsmanagement

Diese Qualitätssicherungsmaßnahmen werden jedoch nicht nur in den ambulanten Behandlungen notwendig. Vielmehr wird, durch die geänderten externen Regelungen und internen Organisations- und Funktionsreformen, der Anspruch an Qualität immer höher. Die Qualitätsanforderungen reichen dabei von der Qualität der eigentlichen Arbeit (der ausgeführten Tätigkeit) bis zur Qualität des Arbeitsprozesses.
Unter dem Begriff Total Quality Management wird dabei ein strategie- und wertorientierter Veränderungsprozeß durch ein Personalmanagement, welches sich an den Zielen und Werten der umfassenden Qualität [136]orientiert, verstanden. Im Vordergrund steht dabei die qualitätsförderliche Bewußtseins- und Verhaltensänderung eines jeden Mitarbeiters.[137]
Diesen anvisierten Änderungen gehen einige grundsätzliche Überlegungen voraus, über die sich alle Beteiligten im Klaren sein sollten. In erster Linie eine Abkehr von der zentralistischen Hierarchie. Vielmehr erfordert jede Art von Qualitätsmanagement eine Abstimmung der Paradigmen Diktat und Mitbestimmung. Denn in einem gelebten Qualitätsmanagement ist eine individuelle Analyse der Organisationsstrukturen auf allen vorhandenen Ebenen unter Einbeziehung aller (in Abschwächung immer noch fast aller) Mitarbeiter unausweichlich. Die Individuen in der Organisation und deren Rolle sind der

[134] Vgl. Luhmann, N., 1976, S. 23ff
[135] Vgl. MAGS NRW, Strukturreform der Pflegeausbildung, 1996, S118ff
[136] Vgl. Naschold, F., 1995, S. 30ff
[137] Vgl. Kaminski u.A., 1997, S.125

gemeinsame Nenner und somit Ausgangssituation für angestrebte Entwicklungen. Der Mensch, als gestaltender Mitarbeiter in der Führung, dem Arbeitsprozeß oder der Dienstleistungserbringung am Kunden, ist der strategische Mitgestalter. Dabei ist zu berücksichtigen, daß das Verhalten der Individuen nicht allein durch die Organisationsziele determiniert ist, sondern auch durch die Strukturen, die zur Erreichung dieser Ziele geschaffen werden oder sich herausgebildet haben.[138]

Voraussetzung eines Total Quality Management ist eine einheitliche Bereitschaft in den vorherrschenden Entscheidungsebenen zu diesem Führungswechsel. Darüber hinaus müssen den Mitarbeitern Möglichkeiten zur Identifikation mit, und der Gestaltung von, Arbeitsprozessen und letztlich der gesamten Organisation eingeräumt werden. Dazu bedarf es einer intensiven Gruppenarbeit auf den Ebenen Geschäftsführung, Bereichs- und Abteilungsleitung, Berufsgruppenleitung und Personalvertretung; eine grundsätzliche Bereitschaft zur Veränderung, um den Prozeß des Qualitätsmanagement voranzutreiben.

Dies ist grundsätzlich auch in Teilbereichen der Krankenhäuser möglich, doch macht ein umfassendes Qualitätsmanagement (Total Quality Management) mehr Sinn.

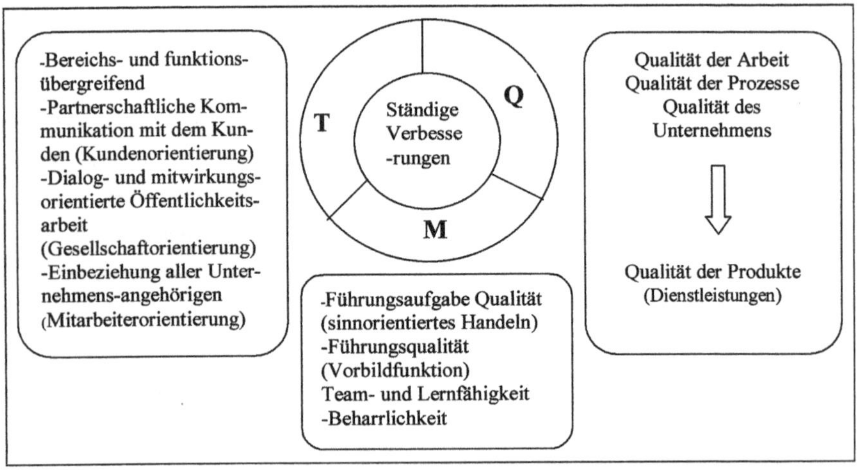

Abb. 18 Führungsmodell im Total Quality Management

Quelle: Kaminske, u.a. 1997

[138] Vgl. Büschges, G und Abraham, M 1997, S.159

Aus Sicht der Unternehmen kann TQM demnach als Führungsmodell betrachtet werden, wobei die drei Buchstaben T Q M für die drei wichtigsten Inhalte stehen:

- **T** für Total, daß heißt Einbeziehen aller Mitarbeiter, aber auch ganz besonders der Kunden; weg vom isolierten Funktionsbereich, hin zum ganzheitlichen Denken.

- **Q** steht für Qualität. Qualität der Arbeit, der Prozesse und des Unternehmens, aus denen heraus die Qualität der Produkte wie selbstverständlich erwächst.

- **M** steht für Management und hebt schließlich die Führungsaufgabe Qualität und die Führungsqualität hervor. [139]

Durch die Methoden der Gruppenarbeit und -gestaltung, durch Mitbestimmung aller am Arbeitsprozeß beteiligten Mitarbeiter, zielorientierter Handlungsweise und letztendlich Kompetenzzuweisungen soll die Qualität der Arbeit, des Prozesses und des Unternehmens gewährleistet werden.
Dazu bedarf es neben der grundsätzlichen Bereitschaft der Führungsebenen einer verbindlich formulierten Betriebsphilosophie. Eine Willenserklärung mit Leitbild und Leitlinien, die die tragenden Aussagen zum Selbstverständnis der Firma und den dazugehörigen Ansprüchen an alle Mitarbeiter enthält. Diese Willenserklärung stellt den Rahmen der Veränderungen und Verbesserungen dar ohne einzelne Arbeitsschritte vorzugeben. Dabei kann sie, je nach Festlegungsgrad, auf den Veränderungsprozeß förderlich oder hemmend wirken.

"Hemmend: *Durch das Fehlen einer Aussage oder der vagen bzw. unverbindlichen Formulierung zum Sinn und Zweck der Mitarbeiterbeteiligung sowie zur Bereitstellung von Ressourcen*

Förderlich: *Durch verbindlich formulierte und kommunizierte Ziele, Zusagen einer vorbehaltlosen Unterstützung und der Bereitstellung der erforderlichen Ressourcen sowie Betonung des langfristigen Charakters."* [140]

---

[139] Vgl. Kaminske, u.A., 1997, S. 125 ff
[140] Kaminske u.A., 1997, S. 754

Auf Basis dieser festgelegten Grundsätze soll die Qualität in allen angesprochenen Bereichen verbessert und ausgebaut werden. Dabei geht es nicht mehr um präventive Fehlervermeidung, sondern vielmehr um Perfektion. Das heißt Erhöhung der Wirksamkeit auf Basis innovativer Lösungen in Führung, Technologie und Organisation.[141]

Organisationsprinzip **Betrachtungsaspekt**	**Taylorsche Organisationsstruktur**	**Qualitätsförderliche Reorganisation**
Reproduktionsbedingungen	langfristige Erzeugnisstabilität, Economies of Scale / Standartproduktion	hohe Marktdynamik, kurze Innovationszyklen, Flexibilität/ Produktmodifikation
Paradigma	Verkäufermarkt (Nachfragedominanz)	Käufermarkt (Angebotsdominanz)
Zielfunktion	Produktivitätsentwicklung	Wirtschaftlichkeit durch Qualitätsverbesserung
Wesen	funktionsorientierte strukturierte Arbeitsteilung	systemorientierte Geschäftsprozeß-Organisation
Qualitätsbezug	Erzeugnisqualität	Unternehmensqualität
Spezifik	Qualität und Kosten konkurrieren	Qualität und Kosten korrelieren
Merkmale	zentralisierte Qualitätsverantwortung	integriertes Qualitätsmanagement
Methoden/Formen	Post-Erzeugnisqualitätskontrolle	In-Prozeß-Selbstprüfung Prozeßregelung
Probleme	obj. Grenzen partizipativer Qualitätsverbesserung, Asymmetrie von Verantwortung und Kompetenz	traditionelle Denk- und Verhaltensweisen (Barrieren) Machtstrukturen, Arbeitsgestaltung
Organisationsprinzip - Wandel		

Abb. 19 Wandel des Organisationsprinzip

Quelle: Kaminske u.a. 1997

Die obige Abbildung zeigt, wie eine durchgehende Qualitätssicherung der zu erbringenden Leistungen, sowie Kunden- (Patienten) und Mitarbeiterzufriedenheit unter Nutzung der persönlichen Fähigkeiten eines jeden Mitarbeiters steigen und gesichert werden können.

3.2.2.2. Hierarchieabbau

Qualitätsmanagmentkonzepte im Krankenhaus umfassen demnach sämtliche materiellen und immateriellen Leistungen des gesamten Hauses. Das Prinzip der vorbeugenden Fehlervermeidung wird durch Instruktion, Schulung und Motivation, sowie die Installation kurzer Regelschleifen, die vom Fehler zu seiner Ursache zurückführen und dessen

[141] Vgl. ebd. S. 950

Beseitigung sicherstellen, realisiert. Und letztendlich wird die Verantwortung für die Qualität einer Leistung demjenigen übertragen, der die Leistung erbringt.
Das bedingt jedoch Vertrauen zwischen den einzelnen Beschäftigten und zwischen Beschäftigten und Vorgesetzten. Da jedoch gerade im Krankenhaus die Hierarchie innerhalb der Organisationsstruktur und zwischen den einzelnen Berufsgruppen sehr stark ausgeprägt ist, werden sich an diesem Punkt die Umsetzungsmöglichkeiten von Qualtätsmanagementkonzepten im Krankenhaus herausbilden.

Die vorhandenen formalen Autoritäten, welche sich aufgrund unterschiedlicher Zusammenhänge gebildet haben, müssen überprüft und eventuell zugunsten, bereits heute vorhandener, informeller Autoritäten abgeschafft werden. Teamarbeit aufgrund berufsübergreifender Vertrauensbasis ist eine tragende Säule innerhalb der Qualitätsmanagementkonzepte.
Die heutigen Hierarchiestrukturen sind in diesen Konzeptionen nicht mehr tragbar, da sie kontraproduktiv ausgebildet sind und oftmals einseitige Entscheidungen treffen, die dann lediglich angewandt werden müssen, und nicht mehr hinterfragt werden sollen, unabhängig von eventuell vorhandenen Kompetenzen auf untergeordneten Hierarchieebenen.[142]

4. Reformen im Pflegeprozeß der Krankenpflege

In diesem Teil werden die Arbeitsabläufe innerhalb der Pflege, aber auch die Organisationszusammenhänge zwischen Ärzteschaft, Pflege und Verwaltung aufgezeigt. Außerdem werden mögliche und tatsächliche Probleme im Pflegeablauf aufgrund der Arbeitsorganisation und hierarchischen Strukturen dargestellt.
Ausgehend von dem vorherrschenden Pflegekonzept mit seinen Problemen und den, aufgrund der Reformansätze, notwendigen Änderungen in diesem Konzept, über die Darstellung alternativer Pflegekonzepte, wird zum Schluß auf die Fort- und Weiterbildung im Pflegebereich, sowie die, aufgrund der geänderten Pflegekonzepte, notwendigen Entwicklungen in diesem Bereich eingegangen.

---

[142] Vgl. Probst, G.J.B., 1993, S. 194ff

4.1. Arbeitsablauf und Organisation der Pflegetätigkeit

Die Grundlage für konzeptionelle Arbeitsabläufe ist ein bestimmtes Pflegeverständnis. Dies kann im traditionellen Sinne, von der medizinisch-technischen Unterstützung der Ärzteschaft, geprägt sein.[143] Es kann jedoch auch ein holistisches Pflegeverständnis zugrunde liegen, in dem sich die Pflegekraft als emanzipierter und vollwertiger Teil des Gesundheitssystems wahrnimmt und definiert und der Patient und seine Anamnese ebenfalls in einem holistischen Bezugsrahmen betrachtet wird[144]. Den vorgestellten alternativen Pflegekonzepte der Bereichs- und Bezugspflege gehen diese ganzheitlichen Pflegemodelle voraus.
Die Differenzierung von Pflegekonzepten und Pflegemodellen ist in der Literatur unterschiedlich ausgeprägt. Während manche Autoren durchweg von Pflegemodellen sprechen, und darunter sowohl den abstrakten Bezugsrahmen von Weltbildern, die Einbeziehung unterschiedlichster Konzepte und Theorien aus der Psychologie, Soziologie etc., als auch die daraus resultierende funktionalen Organisationsmodelle der Pflegepraxis verstehen[145], treffen andere Autoren hier eine Differenzierung, indem sie die funktionalen Organisationsmodelle gesondert betrachten.[146]
Im weiteren Verlauf der Arbeit wird die Unterscheidung Pflegemodelle und Pflegekonzepte in der folgenden Begriffsdefinition benutzt.

- **Pflegemodelle** Die theoretische Betrachtungsweise der Pflegetätigkeit im Hinblick auf das zugrundeliegende Weltbild, übergeordnete Philosophien sowie angewandte wissenschaftliche Ansätze.
- **Pflegekonzepte** Sie sollen die funktionale Arbeitsorganisation innerhalb der Pflegetätigkeit verdeutlichen. Pflegekonzepte sollten auf Pflegemodellen basieren.

Geklärt werden muß die Frage, inwieweit die vorhandenen Hierarchiestrukturen in den Gesundheitsberufen im Krankenhaus[147] und die Aufgaben und Auswirkungen einer angewandten Qualitätssicherung[148] die tatsächlichen Arbeitsabläufe und organisatorischen Zusammenhänge in der Pflegetätigkeit beeinflussen. Dazu wird als erstes das lange Zeit vorherrschende Pflegekonzept der Funktionspflege aufgezeigt.

---

[143] Vgl. Sprondel, W. M., 1972, S. 20
[144] Vgl. Kühnert, Dr. S. und Naegele, Prof. Dr. G., 1996, S. 31ff
[145] Vgl. Fawcett, J., 1996, S.16ff
[146] Vgl. ebd. S. 44f
[147] Vgl. Kapitel 2.2.3.3.f

4.1.1. Tayloristisch geprägte Funktionspflege

Die Funktionspflege kann durchaus als das vorherrschende Pflegekonzept dieses Jahrhunderts bezeichnet werden. Auch wenn sich die realen Konzepte in fast allen Bereichen der Pflege mittlerweile von den tätigkeitsorientierten Ausprägungen der Funktionspflege entfernen, ist sie vielerorts noch in Ansätzen vorhanden. Entweder in Mischformen mit anderen Konzepten oder aber als Teilkonzept in einzelnen Bereichen.
Die funktionale Krankenpflege basiert auf einem Modell tayloristischer Arbeitsteilung. Die tägliche Pflegearbeit verläuft in der Regel tätigkeitsorientiert und in ihrer Ausprägung eher medizinorientiert als pflegespezifisch. Liliane Juchli schreibt von einem Verhältnis von 80 zu 20 in Akutkrankenhäusern zugunsten der medizinorientierten Pflege.[149] Diese Ausprägung bildete sich im Laufe dieses Jahrhunderts heraus. Sie befindet sich jedoch an einem Scheideweg, da die Forderungen nach einer intensiveren Pflegeorientierung immer stärker werden.

Die tayloristische Arbeitsteilung der Funktionspflege läßt sich am plastischsten anhand verschiedener Pflegemaßnahmen bei einem Krankenhausaufenthalt verdeutlichen. Bei diesen Maßnahmen handelt es sich um rein funktionale und medizinisch-technische Maßnahmen. Von der Aufnahme der Patientendaten und Krankheitsdaten durch das Aufnahmepersonal, die medizinisch notwendigen Vorbereitungen der Behandlung durch das Stationspersonal, eventuelle weitere Vorbehandlungen durch das Pflegepersonal in Funktionsbereichen (OP-Pflegepersonal o.ä.), Nachbehandlungen in medizinisch-technischen Abteilung bis hin zu den unterschiedlichen pflegerischen Arbeiten auf der Verweilstation (die Station, auf der sich der Patient befindet), werden die einzelnen Pflegearbeiten in kleine Arbeitsabläufe gesplittet und dann von unterschiedlichen Pflegepersonen durchgeführt. Die Arbeitsteilung stellt sich folgendermaßen dar:

- Spezialqualifizierung der Pflege in unterschiedlichen Funktionsbereichen
- Arbeitsaufsplittung der Pflege innerhalb dieser einzelnen Bereiche.[150]

---

[148] Vgl. Kapitel 3.2.2.1.
[149] Vgl. Liliane Juchli, Ganzheitliche Pflege, Basel 1993, S. 31f
[150] Vgl. Elkeles, T., 1993, S. 65ff

4.1.1.1. Tätigkeitsorientierung und Standardisierung

Die Arbeitsaufsplittung auf den Stationen bewirkt, daß die einzelnen Pflegekräfte eine bestimmte Leistung (z.B. Blutdruckmessen) an allen Patienten einer Station, zu vorgegebenen Zeiten, erbringen. Die Planung der Tätigkeiten obliegt den Stationsleitungen ebenso, wie die Datenerfassung und Auswertung. Das folgende Schema verdeutlicht den Arbeitsprozeß (—), als auch die Hierarchiestrukturen (—▶) in der Funktionspflege.[151]

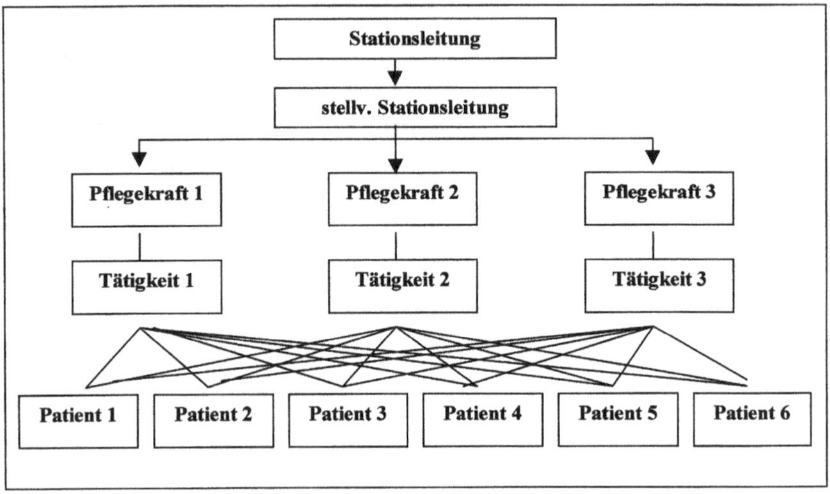

Abb. 20 Arbeitsprozeß und Hierarchie in der Funktionspflege

Quelle: Eigener Entwurf

Dieses stark hierarchisch und tätigkeitsorientierte Pflegekonzept hat sich im Laufe dieses Jahrhunderts weitgehend durchgesetzt. Die Beweggründe für diese standardisierte Arbeitsweise waren mit denen in der Wirtschaft identisch. Intensivierung und Fehlerreduktion durch Fremdbestimmung der Arbeitsabläufe, zentrale Lenkung und Kontrolle der Beschäftigten und der Arbeitsabläufe sowie Arbeitszerstückelung.[152]

Waren in den Anfängen der Krankenhäuser noch patientenbezogene, ganzheitliche Pflegekonzepte (geschichtlich bedingt durch die Heilspflege - Stichwort christlich karitativ)

---

[151] Vgl. ebd.

[152] Vgl. Bosetzky, Prof. Dr. H. und Heinrich, Prof. Dr. P., 1994, S. 187f

vorrangig[153], so wurden sie, durch die kontinuierliche Entwicklung der klinischen Medizin, der zunehmenden Ausrichtung der Krankenhäuser auf medizinische Zwecksetzungen und der zunehmenden Technisierung der Medizin allmählich durch die Funktionspflege ersetzt. Das bedeutet jedoch auch, daß sich die Pflege den medizinischen und auch technischen Anforderungen zu unterstellen hatte und noch weitgehend zu unterstellen hat. Pflege wurde als Heil- und Hilfstätigkeit im Schatten der Medizin betrachtet.[154]

Wobei die Medizin durch eine funktionsdifferenzierte Sichtweise determiniert wurde, die sich mit

- organorientiert,
- krankheitsorientiert und
- symptomorientiert

beschreiben läßt. Darüber hinaus war sie naturwissenschaftlich und technisch bestimmt.[155]

4.1.1.2. Spezialisierung und administrative Arbeiten

Diese medizinisch-technische Zielsetzung, sowie die rasante Entwicklung diagnostischer und therapeutischer Verfahren und deren Anwendung bei immer mehr Patienten, führten zu zwei großen Veränderungen in der Arbeitsorganisation der Krankenhäuser.

- Zum einen zu einer Veränderung innerhalb des Pflegeberufes. Auf horizontaler Ebene entstanden durch die Spezifizierung pflegenahe Berufe wie MTA, MTR, Diätassitenten, Krankengymnasten, Ergotherapeuten usw. . Auf der vertikalen Ebene wurde durch die Herausbildung der einzelnen medizinischen Fachrichtungen eine berufsinterne Differenzierung und Spezialisierung eingeleitet. Dazu gehört hierarchisch betrachtet die Ausbildung der Leitungsstruktur[156] auf der Pflegestation, aber auch tätigkeitsbezogen betrachtet die Entstehung von Funktionsbereichen wie z.B. Intensiv- und Anaesthesiebereiche.

- Zum anderen wuchs die Bürokratie im Krankenhaus. Sämtliche Daten und Untersuchungsergebnisse wurden verwaltungstechnisch erfaßt und gesammelt. Dies war

[153] Vgl. Kapitel 2 und Kapitel 4.1.2.3.
[154] Vgl. MAGS NRW, 1996, S. 5f
[155] Vgl. Meyfort, B., 1995, S. 21f
[156] Siehe Abb. 20, S. 84 und Abb. 12, S. 42

notwendig, da nur so ein Informationsfluß zwischen den unterschiedlichen Arbeitsprozessen bzw. zwischen den einzelnen Abteilungen und Personengruppen gewährleistet werden konnte.[157]

Die Funktionspflege schien die administrativen, als auch die medizinisch - technischen Bedürfnisse dieses Pflegekonzeptes am besten zu befriedigen. Es wurde jedoch versäumt, eine eigene Definition von Pflegetätigkeit, welche über die Heil- / Hilfstätigkeit im Schatten der Medizin hinausgeht[158], herauszuarbeiten (Stichwort Pflegeleitbild). Desweiteren wurde die individuelle und psychosoziale Versorgung der Patient ebenso aus dem Blickwinkel verloren, wie die psychische Arbeitssituation der einzelnen Pflegekräfte.

4.1.1.3. Kritik an der Funktionspflege

Anhand der Ausführungen zur Tätigkeitsorientierung und der Spezialisierung innerhalb des Pflegekonzeptes der Funktionspflege sind erste Kritikpunkte bereits ersichtlich geworden. Weiterere Kritik entstand durch den Werte- und Normenwandel in den sozialen Berufen in den 70. Jahren[159]. Begriffe wie

- Ganzheitlichkeit und Patientenorientierung
- Prävention und Rehabilitation sowie
- Teamarbeit

symbolisierten zunehmend die Forderungen nach einer Veränderung der Arbeitsansätze und der beruflichen Handlungsweisen im Gesundheitswesen. Die Ablösung der Funktionspflege begann. Doch war diese sehr stark von Persönlichkeiten abhängig, da innerhalb der aufgebauten Strukturen am Arbeitsplatz eine Umwälzung von unten nach oben, aufgrund der vorhandenen Hierarchieausprägungen nur schwer durchzusetzen war. Einzelne Krankenhäuser ersetzten die Funktionspflege recht schnell durch andere Pflegekonzepte[160], und vollzogen diesen Umgestaltungsprozeß auch flächendeckend. In den meisten anderen Krankenhäusern ist der Prozeß immer noch nicht abgeschlossen. Da die Kritik an der Funktionspflege den Blick für die alternativen Pflegekonzepte und deren Vorteile schärft, wird sie noch einmal detaillierter betrachtet.

---

[157] Vgl. Elkeles, T., 1993, S. 34ff
[158] Vgl. MAGS NRW, 1996, S. 5f
[159] Vgl. Meyfort, B., 1995, S. 22
[160] Verschieden Pflegekonzepte werden auf den nächsten Seiten dargestellt

Die Nachteile der Funktionspflege lassen sich wie folgt zusammenfassen:

- fehlende Verantwortung
- mangelnder Informationsfluß
- Monotonie
- Sinnentleerung
- qualitative Unterforderung

Alles in allem kann also von einer ökonomischen Entfremdung der Pflegekräfte im Marxsschen Sinne gesprochen werden.[161] Darüber hinaus birgt die Funktionspflege ebenfalls diverse ökonomische Nachteile in sich. Diese möchte ich wie folgt zusammenfassen:

- unnötige Wege = Wegezeiten
- ablaufbedingte Wartezeiten
- erhöhter Koordinationsaufwand
- ständige Unklarheit, wer mit welchen Aufgaben beauftragt ist
- Unterlassung vorgesehener Verrichtung bzw.
- mehrfache Ausführung vorgesehener Verrichtungen
- Kommunikationsprobleme zwischen den verschiedenen Verrichtungsebenen
- negative Beeinflussung des Gesundungsprozesses der Patienten aufgrund fehlender Schwestern/Pfleger - Patient - Beziehung[162]

Bei der Betrachtung der Veränderungen im Pflegeaufkommen[163], und der damit einhergehenden Arbeitsintensivierung wird vor dem Hintergrund der oben aufgeführten Kritik an der Funktionspflege ersichtlich, warum ein Reformansatz hin zu alternativen Pflegekonzepten gesucht wurde. Geschah dies anfangs um des Inhalts willen, separiert in den Pflegeberufen, so traten im Laufe der Zeit die erhofften ökonomischen Vorteile der alternativen Pflegekonzepte in den Vordergrund. Es sollten ökonomische Vorteile und eine umgesetzte Qualitätssicherung durch die alternativen Arbeitsorganisationsprozesse erreicht werden.[164] Diesen Argumenten konnten sich auf Dauer weder die Ärzte noch die Verwaltungen oder die Träger verschließen.

---

[161] Vgl. Israel, J., 1972, S. 45ff
[162] Vgl. Ekleres, T., 1993, S. 106ff
[163] Vgl. Tab. 3, S27 und Abb. 6, S26
[164] Klages, H. und Hippler, G., 1993, S.145ff

4.1.2. Alternative Pflegekonzepte

Aus der Kritik an der Konzeption der Funktionspflege, aber auch aus dem Wunsch heraus, dem Gedanken der Ganzheitlichkeit, sowohl im Privatbereich als auch im Arbeitsprozeß einen höheren Stellenwert einzuräumen, entwickelten sich auf der Grundlage verschiedener Pflegemodelle alternative Pflegekonzepte. Der Ausdruck alternativ bezieht sich auf die Funktionspflege, da sie über Jahrzehnte, sowohl in der Hierarchiestruktur als auch in der Organisationsstruktur des Pflegebereichs, die vorherrschende Form war.[165]
Allen hier aufgeführten alternativen Pflegekonzepten ist der Gedanke der ganzheitlichen Pflege gemein. In der praktischen Umsetzung ist die ganzheitliche Pflege als zwingende Bedingung für die einzelnen Konzepte jedoch nicht unbedingt notwendig. Einzelne Veränderungen im Arbeitsprozeß aber auch in der Hierarchiestruktur lassen sich zwar innerhalb der Funktionspflege umsetzen, der Sinn wäre dann jedoch fraglich. Die Grundgedanken der alternativen Konzepte gehen von einer ganzheitlichen Pflegephilosophie aus und werden von daher im weiteren als ganzheitliche Pflegekonzepte bezeichnet.

Wesentliche Merkmale dieser Konzepte sind :

1. gleichmäßige Verteilung von Kompetenzen (Tätigkeitsprofil)
2. Informationsanspruch und -gleichheit
3. patientenorientierte Arbeitsaufteilung nach Anzahl ganzheitlich zu betreuender Patienten (keine Trennung von Pflegeplanung und Ausführung)
4. dezentrale Koordination
5. Selbstverantwortlichkeit und Eigenkontrolle eines jeden in seinem Bereich
6. direkte Kommunikation zwischen Ärzten und Pflegekräften und erhöhter Informationsfluß in beiden Richtungen[166]

Die Orientierung zur Teamarbeit und Steigerung der Einzelverantwortung ist in den Merkmalen klar zu erkennen. Ebenso die Notwendigkeit der Kommunikation und Information.

---

[165] Vgl. Ekleres, T., 1993, S. 64f
[166] Vgl. ebd., S. 82ff

4.1.2.1. Elagitäre - dezentrale Ausrichtung

Kann das Konzept der Funktionspflege als hierarchisch-zentralistisches Konzept charakterisiert werden, so träfe für die ganzheitlichen Pflegekonzepte wohl eher die Beschreibung elagitär und dezentral zu.

Die unter 4.1.2. beschriebenen Merkmale der alternativen Pflegekonzepte können als gemeinsamer Nenner aller, unter dem ganzheitlichen Gesichtspunkt konzipierten Pflegekonzepte gelten. Daran gekoppelt waren und sind natürlich Veränderungen im Arbeitsprozeß, in der Arbeitsorganisation, sowie in der grundsätzlichen Organisationsstruktur. Zusammengefaßt können diese Veränderungen folgendermaßen beschrieben werden:

- Organisatorische Ebene — Der Pflegeprozß besteht nicht mehr aus funktionell ausgerichteten Einzelleistungen eines Beschäftigten an allen Patienten einer Station (Abteilung). Nach dem Prinzip teilautonomer Arbeitsgruppen erbringen vielmehr einzelne Pflegekräfte oder ein Pflegeteam alle notwendigen Pflegeleistungen für eine definierte Anzahl von Patienten.
- Inhaltliche Ebene — Zum einen findet eine Abgrenzung pflegerischer Tätigkeiten gegenüber anderen Berufsgruppen statt. Also eine Positivdefinition von Aufgaben ersetzt die bisherige Restkategoriedefinition (alles was andere Bereiche nicht machen oder nicht machen wollen, wird vom Pflegedienst erledigt). Dies bezieht sich auf den " handwerklichen" Anteil pflegerischer Arbeiten. (Sachkompetenz). In Form von Pflegestandards (Qualitätsstandards in der Pflege) werden diese Tätigkeiten festgelegt, um einen verbindlichen Charakter zu erlangen. Darüber hinaus soll der emotionale Anteil pflegerischer Arbeit, über lehr- und lernbare (Fort- und Weiter-) Bildungsinhalte, zu praktizierter Psychosozial - Kompetenz entwickelt und in Pflegestandards überführt werden.[167]

[167] Vgl. Kühnert, Dr. S. und Naegele, Prof. Dr. G., 1996, S. 31f

Bei den Veränderungen auf der inhaltlichen Ebene wird deutlich, daß es bei diesen Konzepten nicht nur um eine Neuorganisation bisheriger Tätigkeitsprofile und Arbeitsprozesse geht. Vielmehr gehen diesen konzeptionellen Überlegungen grundsätzliche Betrachtungen im Hinblick auf Pflegedefinition, Pflegeaufgaben sowie Aus-, Fort- und Weiterbildung voraus. An dieser Stelle sollen jedoch zunächst die organisatorischen Veränderungen betrachtet werden. Die Anforderungen an die Fort- und Weiterbildung werden in Kapitel 4.2. und 5.2. aufgezeigt.

4.1.2.2. Die Bereichspflege

Die Pflegekonzepte, die unter dem Oberbegriff Bereichspflege dargestellt werden, haben bei allen vorhandenen organisatorischen Unterscheidungen eine Gemeinsamkeit: Die Schaffung von überschaubaren Bereichen. Im Gegensatz zu der Funktionspflege, wo die zugrundeliegende Bereichseinheit die Station oder Abteilung ist, beinhaltet die Bereichspflege nur einige Patienten einer Station bzw. Abteilung.
Durch die Verkleinerung der zu bearbeitenden Bereiche wird von dem Pflegepersonal eine intensivere und umfassendere Tätigkeitsausprägung gefordert. Diese soll sowohl den Patienten, als auch der Arbeitsmotivation und der Arbeitszufriedenheit der Beschäftigten förderlich sein.

4.1.2.2.1. Die Gruppenpflege

Die Gruppenpflege wird als Pflegekonzept beschrieben, bei dem je nach Stationsgröße 4 - 6 Pflegegruppen gebildet werden, die dann jeweils 12 - 18 Patienten betreuen.[168]
Durch die Bildung dieser Pflegegruppen müssen von den einzelnen Beschäftigten mehrere unterschiedliche Tätigkeiten an den Patienten vollzogen werden. Der Bezugsrahmen zwischen dem einzelnen Patienten und dem ihn pflegenden Personal wird erhöht, die Monotonie im Arbeitsprozeß der Pflegekräfte wird abgebaut. Ziel des Konzeptes ist es die Schwester - Patienten Beziehung zu steigern. Bei dieser Pflegekonzeption erhält die Kommunikation zwischen den einzelnen Pflegepersonen eine wesentlich stärkere Bedeutung als in der Funktionspflege, da die Informationen innerhalb der Gruppe erfaßt und analysiert werden.

---

[168] Vgl. Ministerium für Arbeit, Gesundheit und Soziales NRW, 1994

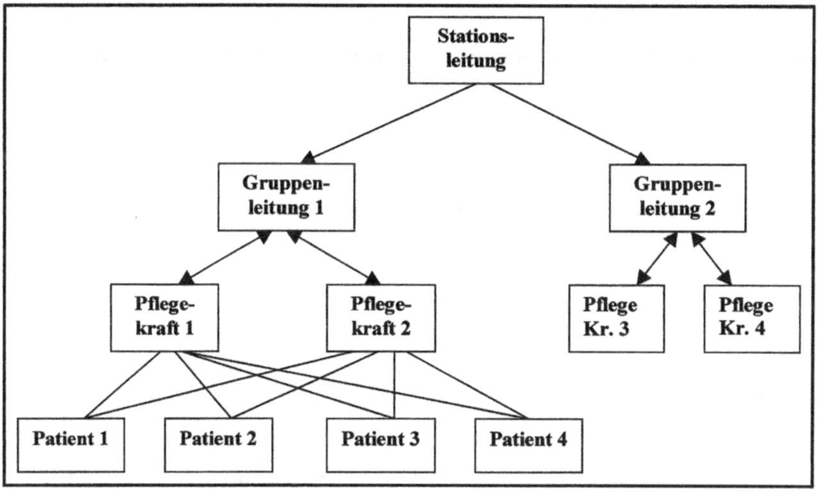

Abb. 21 Arbeitsprozeß und Hierarchie in der Gruppenpflege

Quelle: Überarbeitet vom Autor nach MAGS NRW, 1994

Ähneln die Hierarchiestränge im unten aufgezeigten Schaubild auch denen der Funktionspflege, so ist die Besonderheit in den kommunikativen gruppeninternen Ausprägungen zu suchen. Die Arbeitsorganisation verläuft nicht nur linear von oben nach unten, sondern innerhalb der einzelnen Gruppen findet ein Informationsaustausch statt. Durch diesen Informationsaustausch nehmen die einzelnen Pflegekräfte direkten Einfluß auf den patientenbezogenen Pflegeprozeß.

4.1.2.2.2. Die Zweierpflege

Die Zweierpflege ist ein Konzept, das sehr stark patientenorientiert ist. Eine examinierte Pflegekraft und eine Pflegehelferin versorgen acht Patienten (am Wochenende und Nachts 12). Geht man von einem dreigeteilten Schichtbetrieb in der Pflege aus, so bedeutet dies, das der Patient während der einzelnen Schichten eine einzige Ansprechperson hat. Dies ist weder in der Funktionspflege noch in der Gruppenpflege der Fall. Voraussetzung für solch eine Konzeption ist natürlich ein umfassendes Wissen um die verschiedenen Pflegetechniken und deren Anwendung, als auch eine gute medizinisch-diagnostische Ausbildung.

Bei einem Vergleich der Arbeitsbelastung (Pflegekraft / Patienten) läßt sich feststellen, daß dieses Verhältnis höher ist als bei der Gruppenpflege. Also de facto die Arbeitsbelastung für die einzelnen Pflegekräfte höher ist. Dieses Verhältnis müßte verringert werden, um eine optimale Versorgung der Patienten zu gewährleisten. Darüber hinaus wird die examinierte Pflegekraft durch eine Pflegehelferin (mit entsprechend geringerer Qualifikation) unterstützt. Das führt in letzter Konsequenz zu einer doppelten Belastung für die ausgebildete Pflegekraft, da sie sowohl die Verantwortung für die Pflegehelferin bzw. die ihr zugeteilten Arbeiten, als auch die für ihre eigene Arbeit trägt. Der Informationsaustausch verbunden mit Analysen des Pflegeprozesses findet von daher vorwiegend auf der linearen Hierarchielinie statt. Das Konzept wird als Schwedisches Modell bezeichnet, da es dort in einigen Stationen Anwendung findet.[169]

4.1.2.2.3. Die Zimmerpflege

Im Gegensatz zur Zweierpflege, ist dieses Pflegekonzept auf der räumlichen Organisationsebene Zimmer aufgebaut. Hier ist eine examinierte Pflegekraft für eine festgelegte Anzahl von Zimmern, also für die dort untergebrachten Patienten zuständig. Wird ein Patient innerhalb einer Station verlegt, wechselt unter Umständen auch die ihn betreuende Pflegekraft.[170]

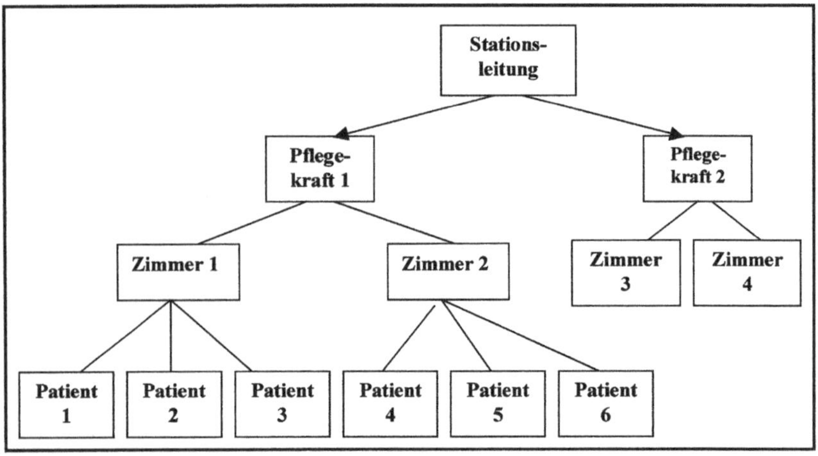

Abb. 22 Arbeitsprozeß und Hierarchie in der Zimmerpflege

Quelle: Überarbeitet vom Autor nach MAGS NRW, 1994

[169] Vgl. ebd.
[170] Vgl. Ekleres, T., 1993, S. 83f

Die Pflegekraft ist für alle, auf einem Zimmer liegenden Patienten zuständig, während in der Zweierpflege durchaus zwei oder mehr Pflegekräfte für die auf einem Zimmer liegenden Patienten verantwortlich sind. Während also in der Zweierpflege die Zuordnung der Patienten zu einer Pflegekraft aufgrund bestimmter, notwendiger Pflegetätigkeiten (ähnlicher oder gleicher) durchgeführt werden kann, ist dies in der Zimmerpflege nur noch bedingt möglich. Eine Pflegekraft führt alle notwendigen und geplanten Tätigkeiten an den Patienten in den ihr zugeordneten Zimmern aus. Der Patienten - Pflegepersonal Bezug ist also zum einen sehr stark ausgeprägt, da immer nur zwei Akteure betroffen sind, zum anderen kann der Bezug jedoch durch Verlegungen jederzeit unterbrochen werden.

Um die eventuell auftretenden Problemen dieser intensiven Beziehung zwischen Patient und Pflegekraft im Vorfeld zu entschärfen, ist ein Zimmerwechsel der Pflegekräfte in einem festgelegtem Rhythmus vorgesehen. Solche möglichen Probleme können z.B. auf pflegeintensiven Stationen mit gleichzeitig hoher Sterberate auftreten (Krebs- oder auch Aidsstationen), da hier neben der alltäglichen psychischen Belastung im Pflegealltag noch eine besondere, nämlich die der Sterbebegleitung, hinzukommt.

4.1.2.3. Die Individualpflege

Laut Juchli das ursprünglichste, traditionellste Pflegesystem, bei dem eine Pflegekraft vollumfänglich für den /die Patienten sorgt.[171] Eine Pflegekraft ist in diesem Konzept einem einzelnem Patienten zugeordnet. Der Arbeitsprozeß gestaltet sich so, daß die Pflegekraft an ihrem Patienten alle notwendigen Arbeiten unter ganzheitlichen Gesichtspunkten durchführt. Kann man den geschichtlichen Ursprung dieses Pflegekonzeptes aus der karitativen, christlichen Heilslehre ableiten, so hat sie heute doch wieder eine starke inhaltliche Beachtung innerhalb des Gesundheitswesens bekommen.

Und zwar in der häuslichen Kranken- und Altenpflege. Aufgrund der "Anreizsysteme", sowie den Begründungen innerhalb des Pflegeversicherungskonzeptes für eine häusliche Pflege im Pflegefall, könnte man Individualpflege in der Familie (mit Unterstützung von häuslichen Pflegekräften je nach Pflegestufe) als das angestrebte Ziel betrachten. Auch wenn die letzten Sätze einen gewissen Zynismus beinhalten (da professionelle Pflege durch Laienpflege ersetzt werden soll), wird die Individualpflege in der professionellen Pflege (und auch in der Laienpflege) von vielen grundsätzlich als ein anstrebbarer Zustand betrachtet, der jedoch aufgrund des hohen finanziellen Aufwandes für den Krankenhausbetrieb z.Z. nicht denkbar ist. Auftretende Probleme bestehen ähnlich wie bei der Zimmer- und Zweierpflege in der psychischen Belastung für alle Betroffenen. In der Laienpflege kommt zusätzlich noch die fehlende oder ungenügende Ausbildung im medizinisch-therapeutschen Bereich als auch im Pflegebereich hinzu.

4.1.2.4. Primary Nursing oder Bezugspflege

Wörtlich übersetzt handelt es sich bei diesem Konzept um die "ursprüngliche Krankenpflege". Der größte Unterschied zu den einzelnen Pflegekonzepten innerhalb der Bereichspflege, besteht in der absoluten Patientenorientierung.

Während alle bisherigen Konzepte örtlich bzw. fachlich abgegrenzte Bereiche für ihre Konzeption geschaffen oder übernommen haben, wird diese Begrenzung bei der Primary Nursing nicht mehr benötigt, da der Bezug der Patient ist. Egal auf welchem Zimmer, welcher Abteilung oder Station der Patient gepflegt wird, die Primary Nurse ist für seine Pflege verantwortlich. Die Primary Nurse übernimmt für "ihre" Patienten die Pflegeverantwortung vom Tag der Aufnahme in einem Krankenhaus bis zum Tag der Entlassung.

Da dies nur in einem bestimmten Patienten/Pflegekraft Verhältnis möglich ist, muß die Anzahl der zu betreuenden Patienten pro Pflegekraft begrenzt werden. In der Literatur variiert diese Zahl zwischen 2 und 8, abhängig von der Pflegeintensität.[172] Wesentliches inhaltliches Element bei der Konzeption des Primary Nursing ist das festgelegte Modell des Pflegeprozeßes. Dieses stellt sich folgendermaßen dar:

- Erfassung von Pflegebedürftigkeit
- Erstellung einer Pflegeplanung
- Durchführung der Pflege (-planung)
- Pflegebeurteilung, Auswertung der Effektivität der Pflege

Pflege wird nicht intuitiv, sondern im Rahmen einer Aufgabenstellung durchgeführt. Alle Einzelaspekte dieses Pflegeprozeßes werden in einem Pflegedokumentationssystem schriftlich festgehalten. Unter dem Aspekt der Qualitätssicherung eine wesentliche Voraussetzung, um ziel- und erfolgsorientiertes Handeln in der Pflege zu gewährleisten.

---

[171] Vgl. Liliane Juchli, Ganzheitliche Pflege, Basel 1993, S. 25f

Die Primary Nurse ist Kommunikations- und Organisationszentrale. Ansprechpartnerin für Patient und Angehörige, aber auch für die Ärzte und Mitarbeiter anderer Berufsgruppen. Hier wird der kommunikative Austausch von der Erfassung der Pflegebedürftigkeit bis zur Auswertung der Pflegeeffektivität deutlich. Diese Kommunikation ist in diesem Pflegekonzept berufsgruppenübergreifend und kontinuierlich bei jedem Patienten vorgesehen. Unterstützt wird die Primary Nurse von einer Assistent Nurse.

Da sich der Arbeitsprozeß und die Hierarchiestrukturen in diesem Konzept differenzierter darstellen als in den bisherigen Konzeptionen, werden sie in zwei Grafiken aufgezeigt.

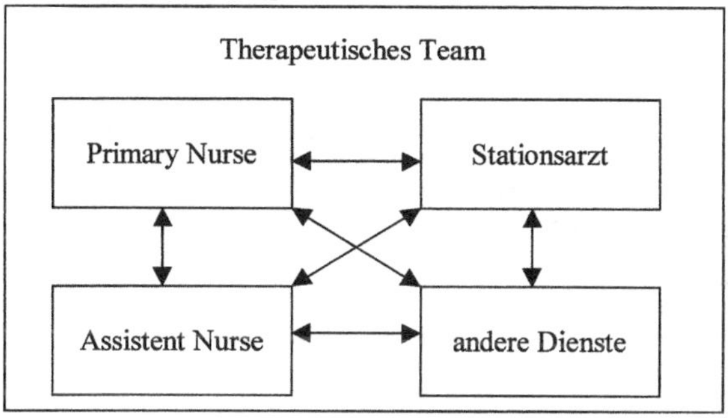

Abb. 23 Hierarchiemodell im Konzept des Primary Nursing

Quelle: : Überarbeitet vom Autor nach MAGS NRW, 1994

Der Begriff Therapeutisches Team wird an dieser Stelle zum ersten mal eingeführt,. und verdeutlicht den Stellenwert der Kommunikation, aber auch die angestrebte Gleichberechtigung der verschiedenen Berufsgruppen in diesem Pflegeprozeß. Fachlich ist die Primary Nurse in das therapeutisches Stationsteam entscheidungsbefugt eingebunden.

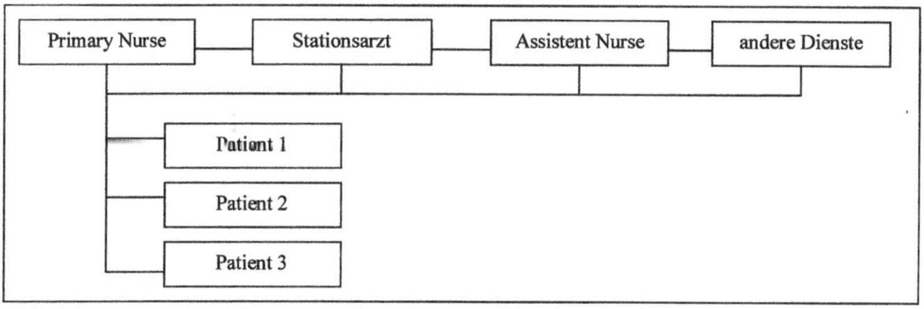

Abb. 24 Arbeitsprozeß im Primary Nursing

Quelle: : Überarbeitet vom Autor nach MAGS NRW, 1994

172 Vgl. Ministerium für Arbeit, Gesundheit und Soziales NRW, 1994

Im Arbeitsprozeß plant die Primary Nurse gemeinsam mit dem therapeutischen Team und dem Patienten die ganzheitliche Versorgung eines Patienten und führt alle wesentlichen Pflegearbeiten selber aus und dokumentiert diese und den Pflegeprozeß.
Die pflegerische Betreuung der Patienten wird nicht individuell und unterschiedlich, sondern kontinuierlich nach der konzipierten Pflegeplanung ausgeführt. Ein weiterer wesentlicher Unterschied zu den anderen Konzepten liegt in der Art der (Schicht-) Übergabe. Diese findet in Form eines Pflegegespräches mit dem Patienten statt und nicht, wie in der sonst üblichen Übergabe, in Abwesenheit des Patienten.

4.1.3. Zwischenfazit

Die vorgestellten Konzepte haben alle einen unterschiedlichen temporären und regionalen Entstehungszusammenhang. Das liegt zum großen Teil in der unterschiedlichen Tradition der regionalen Bedeutung der Pflegewissenschaften. Diese sind z.B. in den vereinigten Staaten und England seit Jahren etabliert, während sie sich in der BRD noch in der Entstehungsphase befinden.[173] So unterschiedlich sich ihre Entstehungszusammenhänge darstellen, so unterschiedlich stellt sich auch ihre Konzeption dar.
Da alle Konzepte Vorteile (z.B. in der Einbeziehung der Patienten oder der Einbeziehung angelernter Kräfte) aber ebenso Nachteile (z.B. in der Finanzierung oder dem Personalaufwand) mit sich bringen, stellt sich die vorgefundene Situation in den Krankenhäusern auch sehr unterschiedlich dar. Pauschalisiert könnte das vorherrschende Pflegekonzept in der BRD als "Übergang von der Funktionspflege zu der Bereichspflege, mit unterschiedlich gestalteten Bereichen, unter der Prämisse der Einbeziehung der Patienten" beschrieben werden.
Bei allen aufgeführten Konzepten ist jedoch klar zu erkennen, das durch eine reine Organisationsänderung der quantitativen Größen :Patienten, Pflegekräfte und lokaler Arbeitsbereich noch keine Veränderungen der qualitativen Aspekte der Pflege hin zur ganzheitlichen Pflege eingeleitet werden. Es ist demnach durchaus denkbar, die Organisationseinheiten zu verändern, und weiterhin funktionell bestimmte Pflege zu leisten.
Wichtig sind vielmehr Änderungen in den Arbeitsinhalten, der Zusammenarbeit zwischen Pflege, Ärzten und anderen Berufsgruppen, patientenbezogenes Handeln, Festlegung von Qualitätsstandarts etc..

4.2. Fort- und Weiterbildung im Pflegebereich

Um diese Änderungen durchzusetzen bedarf es mehrerer Voraussetzungen. Neben den organisatorischen und strukturellen Änderungen muß die Ausbildung auf die neuen Anforderungen in der Praxis ausgerichtet werden.[174] Da auf diesem Wege jedoch nur die Nachwuchskräfte erreicht werden können, spielt die Fort- und Weiterbildung in allen alternativen Pflegekonzepten eine entscheidende Rolle.

Um die notwendigen Änderungen in diesem Bereich aufzuzeigen, wird zuvor ein Überblick über die derzeitige Struktur der Fort- und Weiterbildung in der BRD vermittelt.

4.2.1. Aufstiegs- und Fachweiterbildung

Die rechtliche Regelung der Weiterbildung in der Krankenhauspflege unterliegt der Gesetzgebungskompetenz der Bundesländer. Sie haben die Möglichkeit, Rahmenordnungen und Weiterbildungsordnungen herauszugeben. Dies geschieht jedoch nur in einigen Fällen. So ist in Nordrhein-Westfalen die Weiterbildung zur Pflegedienstleitung sowie zur Fachkrankenschwester, -pfleger für Krankenhaushygiene und zur Fachkrankenschwester, -pfleger in der Psychiatriepflege, per Weiterbildungs- und Prüfungsordnung geregelt. In Niedersachsen existieren gar keine Regelungen. Länderübergreifend gibt es lediglich Muster für landesrechtliche Ordnungen für die Fachkrankenpflege im Operationsdienst, in der Psychiatrie und in der Intensivpflege. Diese Empfehlungen sind von der Deutschen Krankenhausgesellschaft (DKG) aufgestellt. Als Weiterbildung gelten dabei Maßnahmen, die

- zu einer Erhöhung der Berufsqualifikation führen,
- eine Abschlußprüfung und ein Abschlußzertifikat beinhalten,
- zu einer Erlaubnis führen, eine neue Qualifikations- bzw. Berufsbezeichnung zu führen.

Oder anders ausgedrückt: Weiterbildung ist *"organisiertes Lernen nach abgeschlossener Ausbildung zur Erreichung eines qualifizierten Abschlusses"* [175]

Hierdurch wird deutlich, daß die Weiterbildung in den Ländern zumeist ohne eigene rechtliche Regelungen, sondern nach den Richtlinien der DKG erfolgen. Darüber hinaus

---

173 Ministerium für Arbeit, Gesundheit und Soziales des Landes NRW, 1996, S.5f

174 Vgl. Gewerkschaft Öffentlicher Dienst, Transport und Verkehr, 1996, S. 9ff

175 Schelter, W., 1996, S. 458

werden Weiterbildungen (z.B. Fachkrankenschwester, -pfleger für Onkologie) durchgeführt, die weder landesrechtlich noch durch Empfehlung der DKG geregelt sind.
Dieser Umstand führt in der Praxis häufig zu dem Problem, daß keine verbindlichen Regelungen über eine, der Weiterbildung angepaßte, tarifliche Eingruppierung und Vergütung existieren. Außerdem bestehen für die Krankenhäuser keine Verpflichtungen, Stellen mit weiterqualifiziertem Personal zu besetzen.
Die angebotenen Weiterbildungen lassen sich in zwei Bereiche unterteilen.

- Zum einen die Aufstiegsweiterbildung (z.B. zur Stationsleitung oder Pflegedienstleitung)
- Zum anderen die Fachweiterbildung (z.B. Intensivpflege oder Operationspflege).[176]

Bei beiden Weiterbildungsformen wird ein Abschluß der Krankenpflegeausbildung und einige Jahre Berufserfahrung im Krankenhaus vorausgesetzt.
Da die Weiterbildung mit einem nicht unerheblichen finanziellen Aufwand verbunden ist, wird sie in den wenigsten Fällen privat finanziert. Vielmehr übernehmen die einzelnen Krankenhäuser die Kosten. Dadurch sichern sie sich jedoch auch die personelle Entscheidungskompetenz, wer, wann, an welcher Weiterbildung teilnehmen darf (Selektion innerhalb des Pflegebereichs) Eine weitere Finanzierungsmöglichkeit besteht darin, die Kosten über Drittmittel[177] der Ärzte zu tragen. In diesen Fällen sind die Pflegekräfte jedoch auf die Gunst des jeweiligen Chefarztes angewiesen (Selektion durch eine pflegefremde Instanz).

4.2.2. Unstrukturierte Fortbildung

Stellt sich die Weiterbildung im Hinblick auf rechtliche Regelungen, Empfehlungen der DKG, sowie die Regelungen in den einzelnen Krankenhäusern als stark heterogen dar, so kann in der Fortbildung nicht einmal mehr von Heterogenität gesprochen werden. Vielmehr existieren keine verbindlichen Regelungen oder Empfehlungen in diesem Bereich.
Unter Fortbildungen werden in diesem Zusammenhang die Auffrischung und Vertiefung beruflicher Kenntnisse und Fähigkeiten, sowie die Anpassung, der in der Aus- und Weiterbildung gewonnenen Qualifikationen an den aktuellen Stand der medizinisch-technischen und pflegerelevanten Erkenntnisse verstanden. Oder mit den Worten von W.

176 Ministerium für Arbeit, Gesundheit und Soziales des Landes NRW, 1996, S. 72ff
177 Unter Drittmitteln sind Privatliquidationen der einzelnen Chefärzte zu verstehen. Durch die Behandlung von Privatpatienten werden diese erwirtschaftet. Ein vorher festgelegter Teil wird mit dem Krankenhaus verrechnet, der verbleibende Teil steht den Chefärzten zur freien Verfügung.

Schelter: "Fortbildung dient der Aktualisierung, Erweiterung und Vertiefung des beruflichen Wissens, der Fähigkeiten und Fertigkeiten." [178]

Diese Erkenntnisse werden zum Teil von den einzelnen Berufsverbänden aufgezeigt. In diesen Fällen gibt es auch empfohlene Weiterbildungsträger, die diese neuen Erkenntnisse in Fortbildungsveranstaltungen vermitteln. Der Markt an Bildungsträgern und Bildungsangeboten hat sich in den letzten Jahren jedoch in solch einem Umfang vergrößert, daß selbst Fachleute keine definitiven Aussagen über die einzelnen Träger, geschweige die von ihnen angebotenen Veranstaltungen, machen können.

In der Regel haben sich in den einzelnen Krankenhäusern Präferenzen für bestimmte Fortbildungsanbieter und Veranstaltungen herausgebildet, die auf Erfahrungen und Erlebniswahrnehmungen einzelner Personen basieren. Die Position innerhalb der Hierarchie ist dann sehr oft Regulator bei der Ausbildung der Präferenzen. Da die Fortbildung oft "nebenher" organisiert wird, und in den Krankenhäusern häufig keine speziellen Konzeptionen und Organisatoren festgelegt sind, wird eine kritische Analyse des Marktes nicht durchgeführt.

Neben den externen Fortbildungen, die bei den verschiedensten Anbietern zu den unterschiedlichsten Themen besucht werden, wird in allen größeren Krankenhäusern eine interne Fortbildung angeboten und durchgeführt.

Die Konzeptionen und Inhalte dieser Fortbildungen sind ebenso unterschiedlich wie die externen. Im Kapitel 5 wird auf die Fort- und Weiterbildungssituation eines Allgemeinkrankenhauses der Maximalversorgung eingegangen. Die dort vorgefundene und beschriebene Ausgangssituation ist eine von vielen möglichen.

Aufgrund der nicht vorhandenen Strukturen im Fort- und Weiterbildungsangebot in den einzelnen Krankenhäusern, aber auch krankenhausübergreifend, haben sich in den letzten Jahren die Stimmen derjenigen gemehrt, die einheitliche Regelungen für diese Bereiche einfordern. Auf diesem Wege sollen Standards festgelegt werden und eine Transparenz und Vergleichbarkeit in den Abschlüssen der Weiterbildung, sowie den gewonnen Qualifikationen der Fortbildung erreicht werden. Im Bereich der Weiterbildung wird dieser Aspekt auch weitgehends anerkannt. Bei der Fortbildung scheiden sich hier jedoch die Meinungen. Die Argumente für Pluralität und Freiheit in den Fortbildungsinhalten und -angeboten, aufgrund

[178] Schelter, W., 1996, S. 458

unterschiedlicher Strukturen und Konzeptionen des Pfegeprozesses, sind nicht von der Hand zu weisen.

4.2.3. Anforderungen an eine neue Form der Fortbildung

Neben den beschriebenen Strukturen im Fort- und Weiterbildungsbereich existieren noch weitere Probleme, die sich aus den geänderten Arbeitsbedingungen der Beschäftigten ergeben. Die traditionellen Weiterbildungen, aber auch die meisten Fortbildungen orientieren sich an der medizinisch-technischen Ausrichtung des Berufsfeldes.
Die benötigten Sozialkompetenzen werden so gut wie gar nicht aufgegriffen, und Führungskompetenzen werden vorwiegend in technisch/organisatorischen Inhalten (z.B. Büroorganisation) vermittelt. Diese Tatsache kann man jedoch nicht den Bildungsträgern anlasten, da diese sich am Markt orientieren, sondern den Entscheidungsträgern in den jeweiligen Krankenhäusern.
Doch wäre es anmaßend, diesem Personenkreis Intoleranz gegenüber den geänderten Anforderungen zu unterstellen. Vielmehr beruht der Fort- und Weiterbildungsbereich in den einzelnen Krankenhäusern auf einer finanzielle Planung, welche den Anforderungen der Vergangenheit genügte. Eine quantitative Ausweitung des Fort- und Weiterbildungsbereiches stellt sich deshalb als schwierig dar. Die begrenzten Mittel sind oftmals verplant und neue Liquiditätsmittel lassen sich in den wenigsten Fällen erschließen. Es wird versucht Anbieter zu finden, die bei den Weiterbildungen für Leitungsaufgaben (Stationsleitung, Pflegedienstleitung) die Bereiche Sozialkompetenz und Führungskompetenz in ihre Konzeptionen integriert haben. Der darüber hinausgehende Bedarf wird zwar wahrgenommen, doch aus den beschriebenen Gründen oftmals nicht befriedigt. Eine Gesamtkonzeption, die den Fort- und Weiterbildungsbedarf analysierend lenkt und gestaltet, ist in den meisten Krankenhäusern nicht vorhanden, bzw. befindet sie sich im Aufbau.

1996 führte die UNI Bielefeld, Fakultät für Gesundheitswissenschaften, und die Wirtschaftsentwicklungs- und Marketinggesellschaft der Stadt Bielefeld in der Region Ostwestfalen-Lippe ein regionales Projekte zur Feststellung des zentralen Qualifizierungsbedarfs für nichtärztliche Beschäftigte im Gesundheitswesen durch. Der Bedarf an Qualifizierung wurde folgendermaßen definiert und gegliedert.[179]

---

[179] Vgl. Wilm, B., 1997, S. 28

Komtetenz-bereiche	Qualifikationsanforderungen			
	organisationsbezogen		patientInnenbezogen	
	1 Einrichtungs- u. bereichsübergreifende Vernetzung und Aufbau von Ergänzungsangeboten, insbesondere ambulanter Art	**2** Zunehmende Verdichtung, Komplexität und Prozeßabhängigkeit der Arbeitsabläufe	**3** Überalterung und Multimorbidität des Klientels und Chronifizierung der Krankheitsverläufe	**4** Mit zunehmender Marktorientierung setzen der Patient und seine Angehörigen als Konsumenten u. Koproduzenten neue Maßstäbe der Kundenorientierung
Fachspezifische Anforderungen	-Kenntnis pädagogischer und rehabilitativer Betreungskonzepte -Kompetenzen zur Arbeit im ambulanten Setting	-Pflegestandarts -Pflegeplanung -Pflegedokumentation	-Gerontologische und gerontopsychiatrische Arbeitskonzepte -aktivierende Pflege	-pädagogische und psychologische Kompetenzen der Gesundheitsförderung (Hilfe zur Selbsthilfe) in Prävention und Rehabilitation
soziale Kompetenzen	-interdisziplinäre Kooperationsfähigkeit -Interaktionssicherheit bei reduzierten Rückversicherungsmöglichkeiten	-Teamfähigkeit -Konfliktfähigkeit -Konfliktbewältigung -Streßreduktion u. -bewältigung -Sensibilität für eigene Gesundheitsförderung	-Einfühlungsvermögen -Sensibilität	-Motivationskompetenz -Selbstbewußtsein
Methodenkompetenzen	-Koordinationskompetenz -selbständiges Arbeiten -Übersicht über Versorgungsnetz	-Organisations- und Improvisationstalent -Reflexionsfähigkeit und Übersicht -Leitungskompetenz -Casemanagement	-Kenntnis von Gesprächsführungstechniken, Einzel- wie Gruppenarbeitsformen -Kenntnis spez. Trainings (z.B. Gedächtnis / Orientierung)	-Kompetenzen für Beratungs-, Informations-, Schulungs-, Verkaufs-, Befragungs- u. Beschwerdengesprächsführung
Managementaufgaben (für LeitungsmitarbeiterInnen)	-Organisationsentwicklung -Projektmanagement -Schnittstellenmanagement -Personalentwicklung	-Qualitäts- -sicherung -management -evaluation -Gesundheitsförderung der MitarbeiterInnen	-Leitbildentwicklung (Markt- und Kundenorientierung) -Konzepterstellung	-Marketing -Motivirung

Abb. 25 Die wichtigsten Qualifikationsbedarfe von Gesundheitsberufen

Quelle: Wilms, B., 1997

In der schriftlichen Erläuterung zu der Tabelle heißt es unter anderem.

" Aus der Perspektive der Bildungsanforderungen können vier bereichsübergreifende Entwicklungstendenzen beschrieben werden, die sich zum einen auf die Gesundheitseinrichtungen (Spalten 1 und 2) und zum anderen direkt auf die zu versorgenden PatientInnen (Spalten 3 und 4) beziehen lassen....Sowohl in Bezug auf die PatientInnen als auch auf die Gesundheitseinrichtungen lassen sich eher externe -z.T. politisch gesetzte- Einflüsse auf die Dienstleistungserbringung (1 und 4) von solchen unterscheiden, die eher einrichtungs- oder patientInnenimmanent erscheinen (2 und 3)". [180]

Die notwendigen Anforderungen an die Fort- und Weiterbildungen werden hier in zwei Hauptansätze unterteilt. Betrachtet man jedoch die Auswirkungen auf die Kompetenzbereiche, so wird deutlich, daß es für die Beschäftigten eine untergeordnete Rolle spielt, durch welche Bedingungen sich ihre Tätigkeitsanforderungen geändert haben.

Von Bedeutung ist, daß sie mit ihren erlernten Kompetenzen an einem Punkt gekommen sind, an dem sich die Versäumnisse in der Konzeption der Fort- und Weiterbildung der Vergangenheit zu rächen beginnen.

Der Umfang der notwendigen Fort- und Weiterbildungen vermittelt für einige Entscheidungsträger in den Krankenhäusern den Anschein, schier unüberwindlich zu sein. Aus diesem Grund ist ein umfassendes Fort- und Weiterbildungskonzept in den einzelnen Häusern von Nöten. In ihm müssen die geänderten Organisationsformen ebenso berücksichtigt werden, wie die neuen Pflegeanforderungen im Hinblick auf soziale Kompetenz als auch auf die Qualitätssicherung.

Desweiteren ist eine berufsübergreifende Weiterbildungskonzeption unumgänglich, da die einzelnen Berufsgruppen vermehrt in Kooperation arbeiten müssen. Um dies zu ermöglichen, müssen jedoch anerzogene Verhaltensmuster ebenso hinterfragt werden wie die traditionellen Kompetenzzuweisungen.

In der bereits erwähnten Analyse der Qualitätsanforderungen für nichtärztliche Beschäftigte im Gesundheitswesen heißt es:

> *"Die Ergebnisse dokumentieren, daß gute Fachkenntnisse allein längst nicht mehr ausreichen, um die Anforderungen im Gesundheitswesen zu bewältigen."* [181]

[180] ebd. S. 29, 30
[181] ebd. S. 29

5. Organisationsänderungen der Fort- und Weiterbildung

Eine praktische Betrachtung

Wurde im letzten Kapitel die Notwendigkeit von inhaltlichen Veränderungen in der Fort- und Weiterbildung im Pflegebereich behandelt, sollen in diesem Kapitel mögliche Konzeptionen sowie praktische Probleme bei der Erarbeitung und der Umsetzung dieser Konzeptionen dargestellt werden.
Dies geschieht anhand einer Bedarfserhebung zur Fort- und Weiterbildung in einem Krankenhaus in kommunaler Trägerschaft in NRW und den Ergebnissen eines Arbeitskreises zur Neuorganisation der innerbetrieblichen Fort- und Weiterbildung in dem selben Krankenhaus. Der Autor hatte die Möglichkeit im Rahmen eines studentischen Praktikums an diesem Arbeitskreis teilzunehmen. Im Rahmen dieser Teilnahme oblag ihm die Auswertung und Präsentation der Bedarfserhebung.[182] Desweiteren hatte er die Möglichkeit, mit der Moderatorin des Arbeitskreises eng zusammen zu arbeiten. Dies erwies sich im Laufe des Arbeitsprozesses für beide Seiten als sehr hilfreich.

5.1 Der Prozeß der Neuorganisation

An dieser Stelle soll eine Prozeßanalyse der Neuorganisation der Fort- und Weiterbildung aufgezeigt werden. Der bereits angesprochene Arbeitskreis bildete sich im Herbst 1997 und legte der Krankenhausdirektion im Frühjahr 1999 seine Ergebnisse vor. Allein anhand dieser zeitlichen Ausdehnung läßt sich vielleicht schon die Problematik als auch die Komplexität der Arbeit bzw. der Ermittlung und Ausformulierung von Lösungsstrategien absehen. Im ersten Schritt soll jedoch der Rahmen des Forschungsprozesses beschrieben werden.

5.1.1 Der Bezugsrahmen

Alle weiteren Ausführungen dieses Kapitels beziehen sich auf Erkenntnisse, die mit unterschiedlichen Methoden ermittelt wurden. Sie beziehen sich jedoch ebenso auf ein bestimmtes Krankenhaus. Aus diesem Grund soll an dieser Stelle der Bezugsrahmen aller weiteren Betrachtungen vorgestellt werden. Das oben genannte Krankenhaus[183] , welches zum Zeitpunkt der Erhebung ca. 2300 Mitarbeiter auf 1915 Stellen beschäftigte, setzt sich aus folgenden Berufsgruppen in der angegebenen Ausprägung zusammen:

---

[182] Auf die Konzeption des Fragebogens konnte kein Einfluß mehr genommen werden, da er bereits erstellt war
[183] im folgenden als Krankenhaus X bezeichnet

Allgemeiner Pflegedienst	690	1160
Funktionsdienst	200	
Medizinisch-technischer Dienst	270	
Verwaltung	100	471
Wirtschafts- und Versorgungsdienst	157	
Klinisches Hauspersonal	177	
Technischer Dienst	37	
Sonstige	54	54
Summe	1915	1915

Tab. 6 Beschäftigtenstruktur im Krankenhaus X

Quelle: Eigener Entwurf nach dem Stellenplan 1998, Krankenhaus X

Es ist als akademisches Lehrkrankenhaus für die praktische Ausbildung von angehenden Ärzten zuständig. Darüber hinaus werden pro Jahr etwa 200 Auszubildende an folgenden Schulen ausgebildet:

- Krankenpflegeschule
- Kinderkrankenpflegeschule
- Lehranstalt für medizinisch-technische Assistenten
- Lehranstalt für Diätassistenten
- Hebammenschule

Das Krankenhaus besitzt die staatliche Anerkennung zur Fachweiterbildung in den Bereichen Anaesthesie- und Intensivfachpflege sowie OP-Fachpflege.
Fachweiterbildungen in der Nephrologie wird in Kooperationen mit anderen Krankenhäusern durchgeführt. Weitere Weiterbildungen in den verschiedensten Bereichen (z.B. LehrerIn für Krankenpflege, Pflegedienstleitung, Stationsleitung, Mentoren etc.) werden extern durchgeführt.
Fortbildungen zu unterschiedlichen Themen (z.B. Hygieneregelungen, neue Erkenntnisse der Krankenpflege, CPW[184], neue Gesetzesvorgaben etc.) werden von einer Fortbildungs-AG geplant und vorbereitet und finden ca. monatlich statt. Diese Fortbildungsveranstaltungen können von allen Mitarbeitern des Hauses genutzt werden. Einzelne Fortbildungen ärztlichen oder auch pflegerischen Inhalts werden je nach Bedarf abteilungsintern durchgeführt.
Weiterhin werden externe Fortbildungen unterschiedlichster Art nach Bedarf bzw. Möglichkeit (zeitliche als auch finanzielle Möglichkeiten) besucht. Hierfür gibt es drei

[184] Cardio-Pulmonale Wiederbelebung, oder Herz-Lungen Wiederbelebung

Abrechnungsmöglichkeiten. Die volle Kostenübernahme des Trägers bei gleichzeitiger Freistellung, die Kostenübernahme der Bildungsveranstaltung inclusive Versicherungsschutz ohne Freistellung sowie die Gewährung von Versicherungsschutz ohne Kostenübernahme und ohne Freistellung. Die Analyse der Abrechnungsarten ergab, das alle drei Möglichkeiten genutzt werden , wobei die dritte vorwiegend im ärztlichen sowie im therapeutischen Bereich stark ausgeprägt ist. Ausschlaggebend hierfür ist die Finanzierungsmöglichkeit über Drittmittel bei den Ärzten, sowie der Bereitstellung von Drittmitteln des Chefarztes im therapeutischen Bereich.

5.1.2 Die vorgefundene Strukturen

Die unterschiedlichen Bereiche Ausbildung, Weiterbildung und Fortbildung werden unabhängig voneinander verwaltet. Innerhalb der einzelnen Bereiche wird dies oft genau so gehandelt (Fortbildungs-AG, externe Fortbildungen sowie abteilungs- und stationsinterne Fortbildungen werden unkoordiniert und nicht aufeinander abgestimmt durchgeführt). Transparenz über durchgeführte Fort- und Weiterbildungen ist nicht vorhanden, da keine berufsübergreifend und abteilungsübergreifende Übersicht bzw. keine koordinierende Stelle der Fort- und Weiterbildung existiert.

Das Genehmigungsverfahren für externe Fortbildungen stellt sich folgendermaßen dar. Die einzelnen Beschäftigten machen den Fortbildungsbedarf bei ihren Vorgesetzten geltend. Nach einer Vorauswahl nach nicht festgelegten und uneinheitlichen Präferenzen melden die Bereichsleitungen (z.B. Pflegedienstleitung) ihren Fortbildungsbedarf bei der Verwaltung bzw. der Direktion an, welche dann die finanziellen Zuweisungen für die einzelnen Bereiche (Berufsgruppen) beschließt. Daraufhin sprechen die Abteilungsleitungen die speziellen Fortbildungen mit der Bereichsleitung ab, und beantragen sie zusammen mit einer Empfehlung der Bereichsleitung dann bei der Verwaltung. Diese sind genehmigungspflichtig. Das bedeutet, daß die endgültige Entscheidung sowohl über die finanziellen Zuwendungen für bestimmte Fortbildungen als auch für die grundsätzliche Entscheidung der Freistellungsintensietät (Fortbildung während der Arbeitszeit mit Kostenübernahme oder lediglich Versicherungsschutz) letztendlich in der Verwaltung getroffen werden.

Eine Budgetierung in Form von Budgetvorgaben verbunden mit der uneingeschränkten autonomen Budgetverwaltung wurde weder im Bereich Fort- und Weiterbildung als Ganzes noch für einzelne Berufsgruppen oder Abteilungen durchgeführt.

Die betriebswirtschaftliche Neuorganisation des Hauses war zu jenem Zeitpunkt mit unterschiedliche Ausprägungstiefen bereits vorangeschritten. Es existierte eine interne Budgetierung in der Form wie in Punkt 3.2.1.2. vorgestellt, und auch die Controllinabteilung war den finanziellen Rahmenbedingungen entsprechend[185] vorhanden. Insgesamt befand sich der Umstrukturierungsprozeß jedoch in Arbeit und war noch nicht abgeschlossen.
In dieser Situation wurde nun versucht, in einem zweiten Schritt, Grundlagen zur Einführung von Qualitätsmanagement, Pflegeleitbildentwicklung, Personalentwicklungskonzeption etc. zu schaffen. Dies natürlich auch unter dem betriebswirtschaftlichen Aspekt, und keineswegs nur aus versorgungstechnischen Aspekten. Zu diesem Zweck wurden in einzelnen Projekten die notwendigen Voraussetzungen für ein Qualitätsmanagement geschaffen. Dies geschah sektoral, da auf diesem Wege Erfahrungen gesammelt werden sollten.
Das angewandte Pflegekonzept läßt sich am besten als Bereichspflege mit Ansätzen der Bezugspflege umschreiben. Doch auch hier war der Umstellungsprozeß noch nicht umfassend vollzogen. Es existierte eine Projektgruppe, die die Umstellung in der Praxis betreute und als Ansprechpartner für auftretende Probleme bereitstand. Das Hauptgewicht bei der Arbeit dieser Gruppe lag in der Anleitung des Pflegepersonals in der Pflegepraxis und in der Anpassung des bestehenden Formularwesens an die geänderten Arbeitsabläufe.
Als ein wichtiges Instrument all dieser organisatorischen Reformbemühungen wurde der Bereich Fort- und Weiterbildung gesehen. Die Fort- und Weiterbildung ist wie bereits unter Punkt 4.2. ausgeführt ein wichtiger Aspekt bei der Einführung neuer Pflegekonzepte. Darüber hinaus ist sie für die Qualitätsicherung unverzichtbar. Und bei der Festlegung und späteren Einhaltung von Pflegeleitbilder und Zielvorgaben ist eine koordinierte und zielgerichtete Fort- und Weiterbildung des Personals unentbehrlich. In diesem Punkt herrschte in dem betrachteten Krankenhaus zwischen den einzelnen Akteuren (Pflegedienstleitung, Verwaltung, Personalrat und Direktion) Einigkeit. Der Ansatz zu einer koordinierten Fort- und Weiterbildung ließ sich vom Autor bis in das Jahr 1993 zurückverfolgen. Doch blieben die einzelnen Ansätze oft nur Fragmente personenbezogener Sichtweisen oder wurden aus anderen Gründen nicht weiter verfolgt.
Dieses Phänomen läßt sich oft beobachten, da sich die Akteure über die Arbeitsintensität, die Reichweite der Auswirkungen oder aber die Koordinationsschwierigkeiten oftmals nicht bewußt sind, oder aber die Akzeptanz der Veränderungsmaßnahmen bei den Beteiligten

---

[185] Vgl. Punkt 3.1.2.2.

unterschiedlich stark ausgeprägt ist. Eine grundsätzliche Bereitschaft aller Akteure zur Veränderung sowie eine klare Definition des Umfangs der Veränderung ist deshalb unverzichtbar.

5.1.3 Die Rahmenbedingungen der Neuorganisation

Im betrachteten Krankenhaus konstituierte sich auf Initiative der Pflegedienstleitung und des Personalrates im Herbst 1997 ein Arbeitskreis zur Entwicklung einer innerbetrieblichen Fortbildungs-Abteilung. Zu diesem Zeitpunkt war der Umfang der Entwicklungseinheit noch nicht klar definiert. Die einzelnen Mitglieder des Arbeitskreises hatten stark differierende Meinungen über die Einbeziehung der unterschiedlichen Bereiche Ausbildung, Fortbildung und Weiterbildung. Ebenso war der zu betrachtende Personenkreis nicht eindeutig definiert. Die Frage an dieser Stelle war, ob der ärztliche Bereich sowie der Verwaltungs- und medizinisch-technische Bereich ebenso in eine Neukonzeption eingebunden werden sollten wie der Pflegebereich. Diese Definitionen wurden erst im späteren Verlauf der Konzeptionierung eingeführt.

Der Arbeitskreis setzte sich aus Mitgliedern der Pflegedienstleitungen, der Verwaltung, der Schulleitungen, der Fachweiterbildungsabteilung, des Personalrates sowie des Bereiches Qualtätssicherung zusammen. Er hatte die Vorgabe, die vorhandenen Organisationsstrukturen der Fort- und Weiterbildung zu analysieren, das aktuelle Fortbildungsangebot zu ermitteln sowie die vorhandenen Bedarfe zu eruieren, Erfahrungen anderer Häuser auszuwerten und Konzeptionen zur Neuorganisation der im Krankenhaus durchgeführten Fort- und Weiterbildungen zu erarbeiten.
Anhand dieser Aufzählung läßt sich die Dimension erkennen, in der die vorhandenen Strukturen der Fort- und Weiterbildung durch die Tätigkeit des Arbeitskreises berührt und hinterfragt werden mußten. Darüber hinaus war allen Beteiligten bewußt, daß eine Teilfinanzierung über die Krankenkassen nicht in Aussicht stand. Denn war in der PPR (Pflege Personal Regelung [186]) noch bis Ende 1996 ein kontinuierlicher Fortbildungsbedarf mit drei Min/Patient/Tag festgeschrieben und damit auch in der Finanzierung gesichert, wurde dies PPR mittlerweile außer Kraft gesetzt.[187] Zum anderen gab die PPR bis 1996 die

[186] vgl. hierzu Punkt 3.1.2
[187] Vgl. Kap. 3.1.2.1.

Möglichkeit, jeweils eine Stelle für 80 Beschäftigte des Pflegedienstes oberhalb der Stationsleitung zu besetzen.
Dies wäre im vorliegenden Zusammenhang die Möglichkeit gewesen, eine Fort- und Weiterbildungsabteilung mit finanzierten Personal zu besetzen. Doch auch diese Regelung ist mittlerweile gestrichen. Von daher kristallisierten sich die finanziellen Rahmenbedingungen dieser Neuorganisation relativ schnell heraus. Es galt Grundlagen zu schaffen, die in der Lage waren, mit den gegebenen finanziellen Mitteln, eine Effektivitätssteigerung im organisatorischen Bereich herbei zu führen als auch die eigentlichen Fort- und Weiterbildungsmaßnahmen effizienter zu gestalten.
Die grundlegenden Ziele des Arbeitskreises lassen sich demnach (unter den gegebenen Rahmenbedingungen) in folgenden Punkten zusammenfassen:

1. Optimierung der vorhandenen Fort- und Weiterbildung
2. Neustrukturierung der Fort- und Weiterbildung als auch der Entscheidungsbefugnisse
3. Evtl. Erweiterung und Ausbau der Fort- und Weiterbildung (Finanzierungsfrage!)
4. Ausarbeiten neuer Finanzierungsmöglichkeiten
5. Einbeziehung der Fort- und Weiterbildung in eine Personalentwicklung (Personalentwicklungskonzept)
6. Einbeziehung der Organisationsstruktur in das vorhandene Organisationskonzept

Die wirtschaftliche Aspekte des Krankenhauses, aber auch der Pflegefinanzierung allgemein bestimmten die Diskussion im Arbeitskreis von Beginn an maßgeblich. Dies wirkte sich nachhaltig auf den konzeptionellen Entwicklungsprozeß aus.
So wurde von Anfang an versucht, neben den fachlich und inhaltlich notwendigen Bedingungen für eine sachgerechte Neuorganisation der Fort- und Weiterbildung, die wirtschaftlichen (eher schlechter gestellten) Rahmenbedingungen nicht aus dem Blickwinkel zu verlieren und in die weiteren Ausarbeitungen mit einfließen zu lassen. Unter diesen Bedingungen entstand auch die im späteren Teil dieser Arbeit aufgezeigte Untersuchung zu Möglichkeiten des Sozialsponsoring im Fort- und Weiterbildungsbereich. Sozialsponsoring wurde als eine mögliche Finanzierungsmöglichkeit einer zukünftigen Fort- und Weiterbildung ebenso in Erwägung gezogen, wie die Einführung eines Fördervereins oder die Öffnung von Seminaren, u.ä. für externe Personenkreise bei dementsprechender finanzieller Beteiligung. Weiterhin wurden Kooperationen mit anderen Krankenhäusern angedacht. Die Bereitschaft,

einzelne oder auch mehrere dieser Möglichkeiten zu testen, war unterschiedlich stark ausgeprägt. Sie reichte von der absoluten Negierung bis zu einer uneingeschränkten Befürwortung. (in Abhängigkeit der jeweiligen Position innerhalb der Organisation)
Des weiteren sollte versucht werden, eine übersichtliche Verteilungsstruktur der vorhandenen bzw. bereitzustellenden Mittel für die Fort- und Weiterbildung zu erstellen. Eine den sachlichen und fachlichen Bedürfnissen Rechnung tragende Entscheidungsebene sollte konzipiert werden, in der sowohl eine abteilungsübergreifende Bedarfsplanung sichergestellt werden sollte als auch die dementsprechende Mittelabrechnung und Dokumentation durchgeführt werden sollte.
Diese beiden Punkte erwiesen sich im Laufe der Tätigkeit des Arbeitskreises als die am schwierigsten umzusetzenden, da sowohl über neue Verteilungsprioritäten der vorhandenen Mittel als auch über Kompetenzzuweisung bzw. Kompetenzentzug geredet und gegebenenfalls entsprechende Vorschläge für die Betriebsleitung erarbeitet werden mußten. Da dies immer auch personenbezogen ist, kam es fast schon zwingend zu einer Verknüpfung sachlich notwendiger Überlegungen und persönlich ausgeprägten Umsetzungsvorschlägen. Die Ziele und Erwartungen der einzelnen Mitglieder an die zukünftige Ausgestaltung des Bereiches Fort- und Weiterbildung spiegelte sich in den Umsetzungsvorschlägen wieder.
Eine weitere Anlaufschwierigkeit lag in der Vorgehenskonzeption des Arbeitskreises. In der Anfangszeit des Arbeitskreises wurden erlebte Hierarchiestrukturen aus der alltäglichen Arbeit von den einzelnen Akteuren (unbewußt) übernommen. Dementsprechend unterschiedlich ausgeprägt war die Einbringungsmotivation einzelner Mitglieder, aber auch die Frustrationsausprägung. Es bestand die Gefahr, daß ein weiterer Ansatz zur Konzipierung der Fort- und Weiterbildung im Sande verlaufen würde.
Nach diesen anfänglichen Anlaufschwierigkeiten, kristallisierte sich jedoch eine moderierte Arbeitsweise heraus, die dem weiteren Arbeitsablauf innerhalb der Arbeitsgruppe Struktur verlieh und den einzelnen Mitgliedern hierarchieunabhängige Aufmerksamkeit verlieh. Diese Arbeitsweise ermöglichte einen Prozeß und auch ein Ergebnis, mit dem sich die meisten Arbeitsgruppenmitglieder identifizieren konnten. Die Arbeitsweise durch die Technik der Moderation zu gestalten, war kein geplanter Prozeß, sondern ergab sich eher situationsbedingt. Ausschlaggebend hierfür war, das ein Mitglied des Arbeitskreises Seminare zur Moderationstechnik besucht hatte, und im weiteren Verlauf der Arbeit von der Gruppe als "Moderatorin" akzeptiert wurde. Bedenken, das diese Person Ihren eigenen Prioritäten mehr Gewicht verleihen könnte, als denen der anderen, oder aber diese vorrangig behandelt und

geklärt haben wolle, bewahrheiteten sich nicht. Vielmehr beschleunigte diese Art der Gruppenarbeit den konzeptionellen Entwicklungsprozeß, da strukturelle Vorarbeiten im Vorfeld der Arbeitsgruppensitzungen erledigt wurden, und die Protokolierung und Nachbereitung ebenfalls mit der "Moderatorin"[188] durchgeführt wurden.

5.2 Die Bedarfserhebung

Als einen der ersten Schritte wurden im Arbeitskreis die verschiedenen Möglichkeiten der Bedarfsermittlung im Bereich Fort- und Weiterbildung innerhalb des Hauses erörtert. Nach Abwegen der Alternativen auf ihre Umsetzungsmöglichkeiten sowie dem damit verbundenen Aufwand, entschied sich der Arbeitskreis für die Methode der schriftlichen Mitarbeiterbefragung in der speziellen Form der schriftlichen Gruppenbefragung. Auf diesem Wege sollte allen Beschäftigten im Krankenhaus die Möglichkeit gegeben werden, ihre Bedürfnisse und Anforderungen in der Fort- und Weiterbildung zu betiteln. Gleichzeitig sollte die Anzahl der Untersuchungseinheiten in einem überschaubaren Umfang gehalten werden.

5.2.1 Die Erhebungseinheit und Untersuchungseinheit

Die Erhebung in dem beschriebenen Krankenhaus verlangte eine differente Untersuchungseinheit, da eine beschäftigtenbezogene Erhebung aufgrund der Größe des Krankenhauses nicht realisierbar war. Da jedoch möglichst alle Beschäftigten erreicht werden sollten, und sich eine Stichprobenauswahl als schwierig darstellte, wurde ein Verteiler ausgearbeitet, der sich im Groben an den vorhandenen Strukturen im Krankenhaus orientierte. Das heißt, daß einzelne Stationen bzw. Abteilungen angehalten wurden, bei der Dienstübergabe den Fragebogen vorzustellen, um dann über einen Zeitraum von ca. 14 Tagen eine Sammlung der einzelnen Meinungen durchzuführen, bzw. ebenso wünschenswert, eine Gruppendiskussion über den Bedarf auf den jeweiligen Stationen bzw. in den Abteilungen durchgeführt werden sollte. Auf diesem Wege wurden theoretisch alle Beschäftigten erreicht. Eine aussagefähige Kontrolle zu dieser Erreichbarkeit liegt nicht vor, da sie nur punktuell und nicht systematisch durchgeführt wurde. Das Fragebogenaufkommen ließ sich durch diese Methode jedoch auf 124 beschränken.

---

[188] Moderatorin ist in " " gesetzt, da die Person sich selber nur zum Teil als Moderatorin sah, darüberhinaus jedoch als vollwertiges Mitglied der Arbeitsgruppe angesehen werden wollte.Sie war in die Position hineingerutscht, und da Ihr an einem guten Ergebniss der Arbeit gelegen war, füllte sie diese Rolle nach bestem Wissen aus.

5.2.2 Der Fragebogenaufbau

Ziel dieser Erhebung war es, den tatsächlichen Fortbildungsbedarf in diesem Krankenhaus zu ermitteln. Als Methode wurde die Mitarbeiterbefragung gewählt, da die bis dato durchgeführten Fort- und Weiterbildung den Bedarf aus Sichtweise der Entscheidungsakteure (Stationsleitung, Pflegedienstleitung, Verwaltungsleitung etc.) wiederspiegelte.
Um nun jedoch ein möglichst umfassendes Bedarfsspektrum zu erhalten, wurde der Fragebogen, welcher dieser Arbeit als Anlage beigefügt ist,[189] in drei Bereiche unterteilt:

- Der erste Teil diente der Ermittlung des Fortbildungsbedarfes in einzelnen Bereichen des beruflichen Fachwissens. (Arbeitsmethoden, Arbeitstechniken, Gesundheitsschutz, Rechtsfragen, Kommunikation, Arbeitsorganisation etc.)

- Im zweiten Teil sollten die Beschäftigten aus dem unter erstens beschriebenen Gesamtkatalog die für Ihren Bereich dringlichsten Fortbildungsthemen sowie notwendige Weiterbildungsmaßnahmen anführen.

- Der dritte Teil des Fragebogens bot den Mitarbeitern die Möglichkeit, Anregungen und Vorschläge zur Organisation der Fort- und Weiterbildung in der Zukunft als auch zu Kritik an der bisherigen Praxis.

Der Fragebogen war komplett auf offenen Fragen aufgebaut. Auf diese Weise wollte der Arbeitskreis eine Vorfilterung vermeiden. Ob dies gelang mag ich nicht beurteilen. Auffällig war jedoch eine Häufung einzelner Themenbereiche, in denen Fortbildungsbedarf bestand, die sich mit den Beispielen im Fragebogen zu den einzelnen Themen deckten. Es war im nachhinein nur schwer feststellbar, inwieweit diese angeführten Beispiele die getroffene Auswahl beeinflußt haben. Im Auswertungsprozeß wurde versucht, mit Hilfe der Antworten auf die dringlichsten Fortbildungsmaßnahmen, die Validität der im ersten Teil gegebenen Antworten zu ermitteln.[190] Der Fragebogenaufbau mit offenen Fragen erwies sich auch in der Auswertung als relativ problematisch, da sowohl für die Auswertung der Fragen als auch für die Visualisierung und Präsentation der Ergebnisse eine Kategorisierung eingeführt werden mußte. Diese Kategorisierung wurde jedoch erst nach der Erhebung eingeführt, da sich der

[189] Siehe Anlage 9.2
[190] Siehe hierzu Abb. 43, S 137, Gegenüberstellung 1A-1E und der drei dringlichsten Themen

Arbeitskreis mit den möglichen Techniken der Auswertung im Vorfeld nicht beschäftigt hatte.[191] Dies hatte zur Folge, daß die beabsichtigte Vorfilterung zwar vermieden wurde, nun jedoch eine Nachfilterung mit den ihr eigenen Ungenauigkeiten eingeführt wurde. Der beabsichtigte Effekt der objektiven, sachbezogenen und neutralen Bedarfserhebung wurde hierdurch notgedrungen eingeschränkt.

5.2.3 Der Rücklauf

Die durch den Arbeitskreis IBF durchgeführte Befragung wurde von den einzelnen Mitarbeitern gut aufgenommen. Darauf läßt die Rücklaufquote von über 60% schließen. Diese wurde jedoch erst durch persönliche Nachfragen der Arbeitskreismitglieder in den einzelnen Bereichen erreicht. Als möglicher Grund für den zuerst schleppend anlaufenden Rücklauf kristallisierte sich die relativ lange Erhebungsphase auf den einzelnen Stationen bzw. in den einzelnen Bereichen heraus. Da den Beschäftigten vom Arbeitskreis eine Bearbeitungsphase von ca. 14 Tagen eingeräumt wurde (Auf diesem Wege sollten möglichst vielen Beschäftigten die Möglichkeit der Meinungsbildung eingeräumt werden. Auch denen, die aufgrund von Schichtdiensten, tage- oder wochenweise frei haben.), geriet der Abgabetermin häufig in Vergessenheit. Bei der persönlichen Nachfrage wurde oft darauf hingewiesen, das der Erhebungsbogen von der Mehrzahl der Beschäftigten zwar schon beantwortet war, man aber noch die Antworten einiger Beschäftigter abwarten wolle. Eine andere häufig geäußerte Begründung für die terminierte Nichtabgabe war, daß dieser Termin schlichtweg in Vergessenheit geraten war. Es ist in der empirischen Sozialforschung bekannt, daß die Rücklaufquote aufgrund persönlicher oder telefonischer Nachfrage steigt[192], doch stellt sich in dieser speziellen Art der betriebsinternen schriftlichen Erhebung die Frage, ob die Vorgabe einer kürzeren Bearbeitungsphase an die Mitglieder der Untersuchungseinheiten einen höheren Rücklauf gewährleistet hätte. Bei der Betrachtung der Rücklaufquote muß darauf hingewiesen werden, daß es sich in diesem Krankenhaus um eine der ersten Mitarbeiterbefragungen in der gewählten Form und dem beschriebenen Umfang handelte.

---

[191] Eine Einflußnahme auf den Aufbau war zu diesem Zeitpunkt nicht mehr möglich. Durch die Einführung der Kategorisierung hat der Autor versucht, eine möglichst aussagefähige Auswertung zu gewährleisten. Trotz aller Schwachstellen dieser Vorgehensweise, war sie unter den gegebenen Bedingungen die erfolgversprechendste Alternative.

[192] Vgl. Friedrichs J.,1980, S. 241f

Unter diesen Voraussetzungen kann der Arbeitskreis mit dem Rücklauf sehr zufrieden sein, vor allem wenn man den Rücklauf mit Erfahrungswerten aus anderen Bereichen[193] bzw. Krankenhäusern vergleicht. Sollte in Zukunft das Mittel der schriftlichen Mitarbeiterbefragung (im ganzen Haus oder aber auch nur in Teilbereichen) wiederholt werden, müßte sich bei einem entsprechendem Ergebnisrücklauf dieser Mitarbeiterbefragung an die Beschäftigten, die Rücklaufquote und damit der Aussagewert späterer Befragungen noch erhöhen lassen. Der Ergebnisrücklauf an die Beschäftigten erfolgte in Form einer Kurzauswertung, die in dem krankenhauseigenen Mitteilungsblatt für die Beschäftigten abgedruckt wurde. Eine spürbare Veränderung in den Fort- und Weiterbildungsstrukturen würde die Bereitschaft zu einer intensiveren Mitarbeit bei späteren Befragungen noch wesentlich erhöhen.

5.2.4 Auswertungsmethoden

Wie bereits angedeutet traten bei der Auswertung der Fragebögen aufgrund des ebenfalls beschriebenen Fragebogenaufbau unterschiedliche Probleme auf. Es wurde versucht diese Problemstellung durch Einführung von Zuordnungskategorien zu lösen. Um bei dieser durchgeführten Kategorisierung ein möglichst breites Fortbildungsbedarfsspektrum aufzuzeigen, wurden die einzelne Kategorien noch weiter unterteilt. Auf diesem Wege sollten eine möglichst genaue Auswertung der Antworten zu dem Fortbildungsbedarf innerhalb der verschiedenen Themenbereiche erreicht werden.
Die benutzte Kategorisierung mit den einzelnen Unterteilungen stellt sich wie folgt dar:

Inhaltliche Unterteilung der Fragebogenauswertung

1. CPW

2. EDV
- **2.1 Einführung EDV**
- **2.2 Auffrischung, Erweiterung EDV Kenntnisse**
- **2.3 Datenschutzfragen**

3. Betriebswirtschaftliche Grundlagen im Krankenhaus

4. Umweltschutz

5. Katastrophenschutz, Brandschutz, Med. GV, Bundesseuchengesetz etc.

---

[193] Vgl. ebd., S. 236ff

6. Gesundheitsschutz, Arbeitsschutz, UVV etc.
- **6.1 Allg. Gesundheitsschutz, Arbeitsschutz**
- **6.2 Allg. Hygienemaßnahmen**
- **6.3 Ergonomisches Arbeiten**
- **6.4 Umgang mit Infektionen**
- **6.5 Umgang mit Gefahrstoffen**

7. Gesetzeskunde
- **7.1 Verwaltungsrecht**
- **7.2 Sozialrecht**
- **7.3 Arbeitsrecht**
- **7.4 Haftungsrecht**
- **7.5 Sonstige**

8. Umgang mit Instrumenten und Medizintechnik

9. Fachwissen
- **9.1 Auffrischung**
- **9.2 Aktualisierung, Erweiterung**

10. Fachweiterbildungen
- **10.1 Mentorenausbildung**
- **10.2 Stationsleitungslehrgänge**
- **10.3 Praxisanleiter**
- **10.4 FWB wie z.Z.**
- **10.5 Trainerausbildung in best. Ber.**

11. Hospitationen

12. Qualität
- **12.1 Qualitätssicherung**
- **12.2 Qualitätsmanagement**

13. Arbeitsablauf und Organisation
- **13.1 Stations-, Bereichsintern**
- **13.2 Stations-, Bereichsübergreifend, Stationär - Ambulant**
- **13.3 Pers. Zeitmanagement etc.**

14. Kommunikation
- **14.1 Allg. Kommunikation**
- **14.2 Mitarbeiter - Patient, Angehörige**
- **14.3 Mitarbeiter - Mitarbeiter, Vorgesetzte, etc.**
- **14.4 Mitarbeiter - Zulieferer, Politik, etc.**

15. Streßbewältigung
- **15.1 Allg. Streßbewältigung**
- **15.2 Persönliche Streßbewältigung**
- **15.3 Team bezogene Streßbewältigung**

Anhand der aufgeführten Kategorisierung sowie der Unterteilungen wurde jede Antwort einem der angegebenen Punkte zugeordnet. Dabei kam es natürlich zu Grenzfällen. Diese

Grenzfälle stellten sich auf zwei Ebenen dar. Zum einen ging es um einzelne Antworten die sich nicht eindeutig zuordnen ließen. Zum anderen ging es jedoch um die Zuordnung bestimmter Gruppen von Antworten an sich. Als Beispiel kann die häufig gegebene Antwort "Fortbildung in Form von Supervision" bzw. "Fortbildung in den Techniken der Supervision" betrachtet werden. Es stellte sich die Frage, ob man diese Antworten in der Kategorie Kommunikation oder aber in der Kategorie Streßbewältigung erfassen sollte. In den Fällen, in denen der kommunikative Gedanke ganz klar erkennbar war, wurden sie auch in dieser Kategorie erfaßt. Alle anderen, also auch die, bei denen der Grundgedanke der Antwort nicht klar erkennbar war, wurden in der Kategorie Streßbewältigung angesiedelt.
Die auftretenden Grenzfälle wurden in einem kleinen Team des Arbeitskreises näher betrachtet, soweit möglich wurde Rücksprache mit den Stationen / Abteilungen gehalten, und dann einer Kategorie zugeordnet. Lediglich vollkommen unklare Antworten, welche sich auch nicht mehr rückverfolgen ließen, flossen nicht in die Auswertung ein. Trotzdem muß davon ausgegangen werden, daß einzelne Antworten von den Betroffenen anders gemeint waren, als wie es die spätere Zuordnung ergab. Diese Fehlerquote ließ sich aber nicht vermeiden.

5.2.5 Die Auswertung

Nachdem die größten Probleme bei der Auswertung bereits dargelegt wurde, soll an dieser Stelle die Logik der nachfolgenden Auswertung beschrieben werden. Die hier dargestellte Auswertung richtet sich nach der Struktur des Fragebogens. Die einzelnen Fragen werden jeweils am Beginn eines Unterabschnittes aufgeführt.
Des weiteren ist jeder Frage ein Schaubild zugeordnet, welches die Verteilung der Antworten auf die eingeführten Kategorien aufzeigt. Weiterhin werden einzelne Auffälligkeiten detaillierter betrachtet. Die Auswertung ließe sich noch weiter differenzieren, doch ist an dieser Stelle aufgrund der für diese Arbeit relevanten Ergebnisse davon abgesehen worden.

5.2.5.1 Arbeitsmethoden und Fachkenntnisse (1A)

Welche Fortbildungen zu Arbeitsmethoden, -techniken und Fachkenntnissen (berufsbezogen/berufsübergreifend) sollten für Ihren Bereich angeboten werden?

Insgesamt wurden bei dieser Frage 219 Antworten in die Auswertung aufgenommen. Bei der Auswertung der Frage erkennt man bereits die Schwierigkeit, die durch die offenen Fragen in Verbindung mit der eingeführten Kategorisierung auftreten. Bei der Frage nach dem

Fortbildungsbedarf in den Bereichen Arbeitsmethoden, Arbeitstechniken und Fachkenntnissen, ergibt sich logischerweise eine Kumulierung der Antworten in der Kategorie Fachwissen.

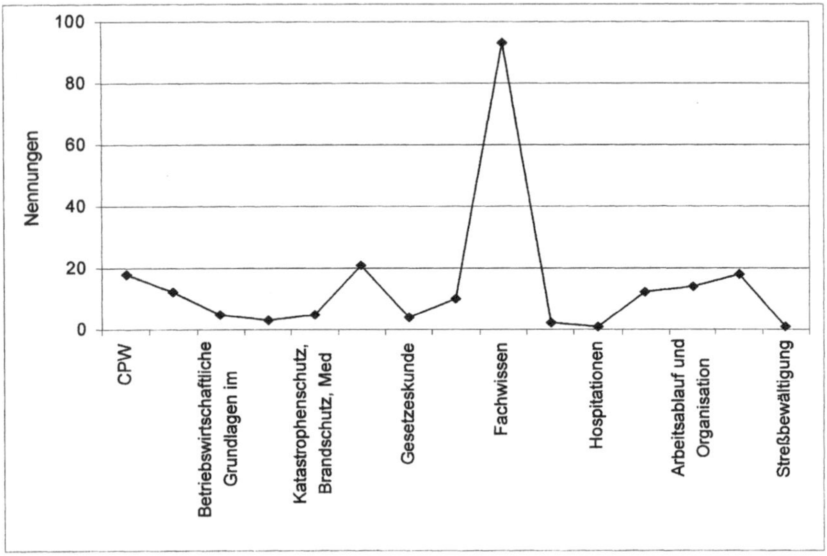

Abb. 26 Fortbildungen im Bereich Arbeitsmethoden und Fachkenntnisse

Quelle: Eigener Entwurf nach Mitarbeiterbefragung im Krankenhaus X[194][195]

Die Kategorie Fachwissen wurde jedoch nur in Auffrischung sowie Aktualisierung und Erweiterung unterteilt. Der Grund hierfür lag in den Antworten der Beschäftigten. Da das benötigte Fachwissen auf den einzelnen Abteilungen bzw. Stationen sehr unterschiedlich ist, dazu auch noch berufsgruppenabhängig, wurde in dieser Auswertung von einer weiteren Unterteilung Abstand genommen. Diese genauere Betrachtung der einzelnen Ausprägungen muß zu einem späteren Zeitpunkt von der für die Fortbildung zuständigen Person / Gremium geleistet werden.

---

[194] Da die Achsenbeschriftung schwer lesbar ist, liegt die Originalabbildung als Anlage 9.3 bei.

[195] Die weiteren Abbildungen in diesem Kapitel beziehen sich alle auf die Bedarfserhebung in dem Krankenhaus X. Ebenso wurden alle nach eigenem Entwurf gefertigt. Aus diesem Grunde wird auf eine Quellenangabe solange verzichtet, bis sich der Ursprung der Daten bzw. die Quellenangabe ändert.

Die Auffrischung des Fachwissens ist mit 79% jedoch wesentlich stärker ausgeprägt als die Aktualisierung/Erweiterung mit 29%. Berücksichtigt man die Zusammensetzung der einzelnen Personengruppen, so ist dies ist unter Umständen als Beleg der These zu werten, das die veränderten Pflegekonzeptionen ein umfassendereres Wissen in der täglichen Pflegepraxis erfordern als die Funktionspflege. Dieses Wissen wird während der Ausbildung zur Pflegekraft zwar vermittelt, doch werden in der täglichen (funktionellen) Arbeit nur Bruchstücke davon gefordert.

Bei der weiteren Betrachtung der einzelnen Kategorien ist eine Häufung der Antworten in den Kategorien Gesundheitsschutz, etc., CPW und Kommunikation festzustellen. CPW wird unregelmäßig von der Fortbildungs AG als Auffrischungslehrgang angeboten. Trotz dieses Angebotes zeichnete sich im Laufe der Auswertung ein steter, berufsgruppenübergreifender Bedarf, ab.

Im weiteren werden die Antworten der Kategorie Kommunikation näher beleuchtet. Die beiden stärksten Ausprägungen sind in den Bereichen allgemeine Kommunikation, einem Sammelbecken für alle sonst nicht einzuordnenden Antworten dieser Kategorie, sowie in der Kommunikation zwischen Mitarbeitern und Patienten bzw. Angehörigen vorhanden. Dieses Bedürfnis nach Kommunikationsfortbildung im Patientengespräch weißt ebenfalls auf die geänderten Anforderungen im Pflegealltag hin. Im Rahmen der Auswertung 1D wird auf diesen Bereich noch näher eingegangen.

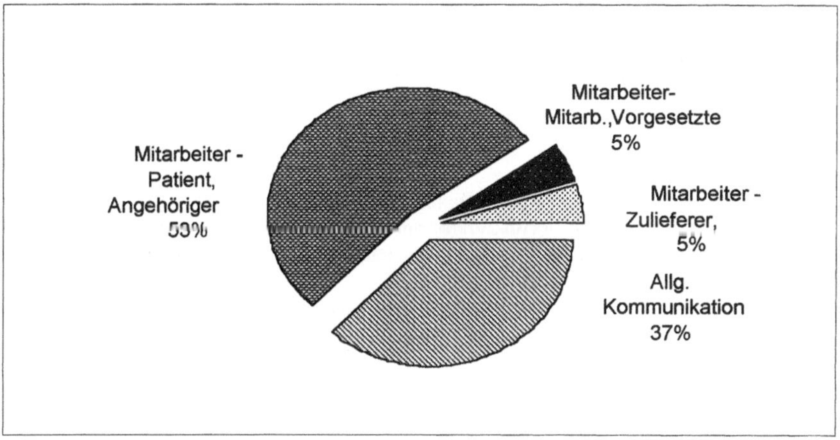

Abb. 27 Kommunikation (1A)

Als letztes soll die Ausprägung im Bereich Gesundheitsschutz, Arbeitsschutz, UVV etc. noch betrachtet werden. Während die Bereiche allgemeiner Gesundheitsschutz / Arbeitsschutz sowie allgemeine Hygienemaßnahmen und Umgang mit Infektionen ungefähr gleich ausgeprägt sind, wurden Fortbildungsmaßnahmen im ergonomischen Arbeiten von 38% der

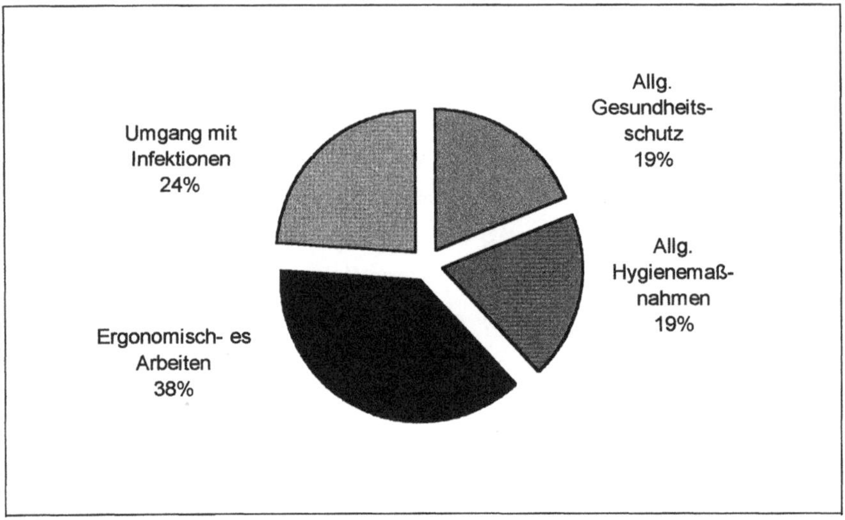

Abb. 28 Gesundheitsschutz, UVV etc. (1A)

Befragten gewünscht. Diese Werte lassen einen ersten Eindruck über die gesundheitsrelevanten Probleme der Befragten erahnen. Eine nähere Betrachtung der Kategorie Gesundheitsschutz erfolgt anhand der nächsten Frage.

5.2.5.2 Gesundheitsschutz (1B)

In welchem Bereich des Gesundheitsschutzes bzw. Vorbeugemaßnahmen sehen sie einen Fortbildungsbedarf (z.B. Hygieneverordnung, rückenschonendes Arbeiten, Stressbewältigungsmethoden) ?

Bei Frage 1B , welche den Bedarf im Fort- und Weiterbildungsbereich des Gesundheitsschutzes bzw. der Vorbeugung ermitteln sollte, fällt ein relativ großer Anteil an Antworten in der Kategorie Streßbewältigung auf.

Relativ groß im Hinblick auf die Gesamtheit der Antworten und in Relation zu der Kategorie Gesundheitsschutz, Arbeitsschutz, UVV etc..

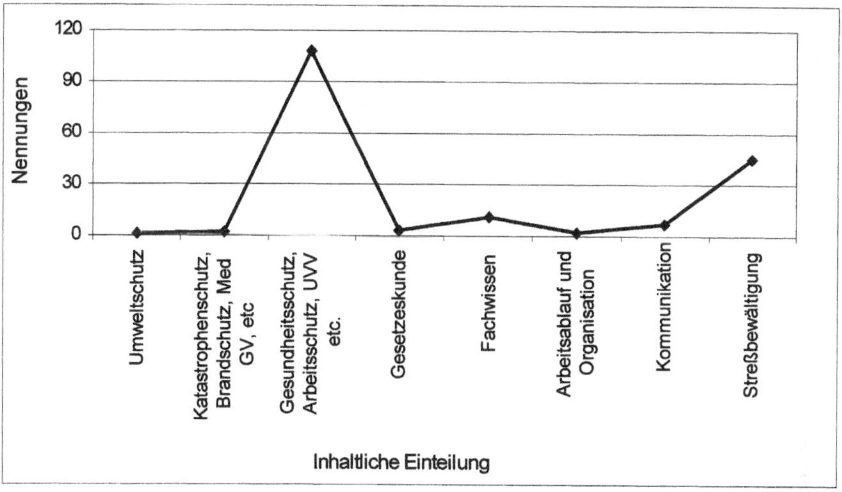

Abb. 29 Fortbildungen im Bereich Gesundheitsschutz

Die restlichen Kategorien können an dieser Stelle ganz vernachlässigt werden. Insgesamt wurden bei dieser Frage 179 Antworten ausgewertet. Es läßt sich erkennen, das hier bereits eine signifikante Unterscheidung zu Frage 1A im Hinblick auf die ausgewerteten Antworten (219 bei Frage 1A) festzustellen ist. Inwieweit sich diese Differenzen auf die Aussagefähigkeit der einzelnen Fragen auswirken wird später betrachtet.

Die weitere Unterteilung der Kategorie Streßbewältigung in persönliche, Team bezogene und allgemeine, verdeutlicht die Probleme bei der Auswertung. 2/3 der Antworten in dieser Kategorie ließen sich nur der allgemeinen Streßbewältigung zuordnen, da die Ausrichtung der Antworten nicht erkennbar war.

Dies war entweder gewollt, um den Sachverhalt Streßbewältigung möglichst allgemein zu halten, oder lag in der Beispielvorgabe der Frage begründet. Zweiteres erscheint dem Autor wahrscheinlicher.

Bei der Betrachtung der restlichen 34%, ist eine auffällige Häufung zu Gunsten der persönlichen Streßbewältigung zu erkennen. Diese Auffälligkeit läßt darauf schließen, daß die Gründe für vorhandene Streßsymptome nicht so sehr in der Organisation der Arbeit bzw. den vorhandenen Rahmenbedingungen gesehen werden.

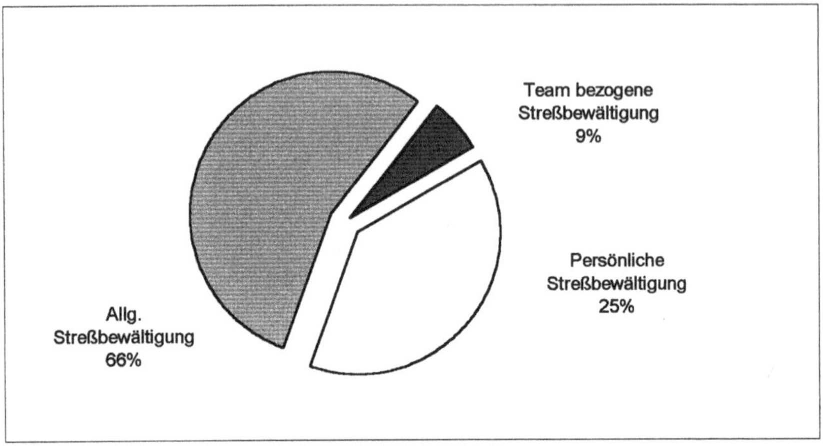

Abb. 30 Streßbewältigung (1B)

Vielmehr scheinen die Gründe eher in der jeweiligen Persönlichkeit, der persönlichen Arbeitssituation. Diese These wird unterstützt durch den relativ gering ausgeprägten explizit angeführten Fortbildungsbedarf im Bereich Team bezogene Streßbewältigung.

Insgesamt läßt sich der Anteil des Bedarfes nach Fortbildungen im Bereich Streßbewältigung als Indiz für eine hohe physische und psychische Arbeitsbelastung werten. Die physische Arbeitsbelastung läßt sich unter Umständen anhand der Auswertung der Kategorie Gesundheitsschutz noch näher untersuchen.

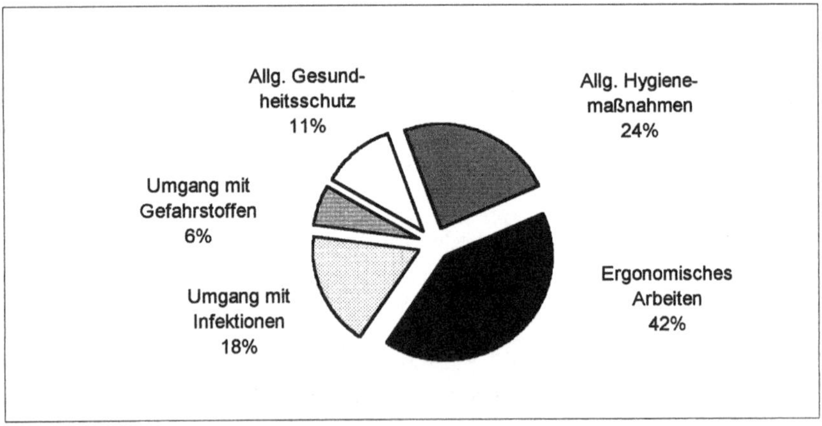

Abb. 31 Gesundheitsschutz, UVV etc. (1B)

Eine differenzierte Unterteilung dieser Kategorie ergibt wieder die stärkste Ausprägung im Bereich ergonomisches Arbeiten gefolgt von Allg. Hygienemaßnahmen sowie Umgang mit Infektionen.
Bei der Entwicklung der Pflegetage und Pflegefälle in den letzten Jahren, sind zwischen 1990 und 1994 die Pflegetage um 12% gesenkt worden, die Pflegefälle jedoch um 6% gestiegen. Das heißt, daß das Verhältnis zwischen Pflegetagen und Pflegefällen im gleichen Zeitraum von 15% auf 13% gesenkt wurde. Prozentual ausgedrückt ist das eine Senkung von 17%.[196] In Worten ausgedrückt bedeuten diese Zahlenspielereien eine kürzere Rekonvaleszenz der Patienten in der stationären Pflege und somit eine u.U. körperlich intensivere Pflegepraxis, da körperorientierte Arbeiten von den Patienten nur bedingt (aufgrund ihres Genesungszustandes) unterstützt werden können. Gleichzeitig steigt der Anteil älterer Patienten an den Pflegefällen seit Jahren kontinuierlich an.[197]

Bei der vorhergehenden Betrachtung wurde nur auf den Arbeitsbereich Pflege abgezielt, da über 80% der Antworten der Frage 1B aus dem Pflegebereich kamen. Die anderen Gruppen sollen hier nicht vernachlässigt werden, doch ist der Pflegealltag mit bettlägerigen und geschwächten Patienten die wohl körperlich ausgeprägteste Arbeit im Krankenhaus. Schulungen zu rückenschonendem Umlagern und Transport von Patienten werden zwar bereits angeboten, doch ist an dieser Stelle eine gezielte und umfassenderere Schulung nach Auswertung der Antworten von Nöten.

Die Bereiche Umgang mit Infektionen sowie allgemeine Hygienemaßnahmen sind ebenfalls Fortbildungsbereiche, die seit Jahren immer wieder durchgeführt werde. Aufgrund sich ständig ändernder Verordnungen und neuen Erkenntnissen, ist jedoch die Frage zu stellen, ob die bisherigen Fortbildungseinheiten dem Bedarf Rechnung tragen. Da sowohl eine Hygienefachkraft als auch ein Hygieneausschuß existieren, und das Krankenhaus über geschulte Ärzte verfügt, ist dieser Bedarf durchaus mit geringen Mitteln zu befriedigen.

[196] Anlage9.1, sowie DKG 1996
[197] DKG 1996, S. 77

5.2.5.3 Gesetzgebung (1C)

Welche Themen aus der Gesetzgebung sind für Ihren Bereich wichtig (z.B. Arbeitsrecht, Haftungsrecht, Verordnungen aus der Medizintechnik, Krankenhausfinanzierung)?

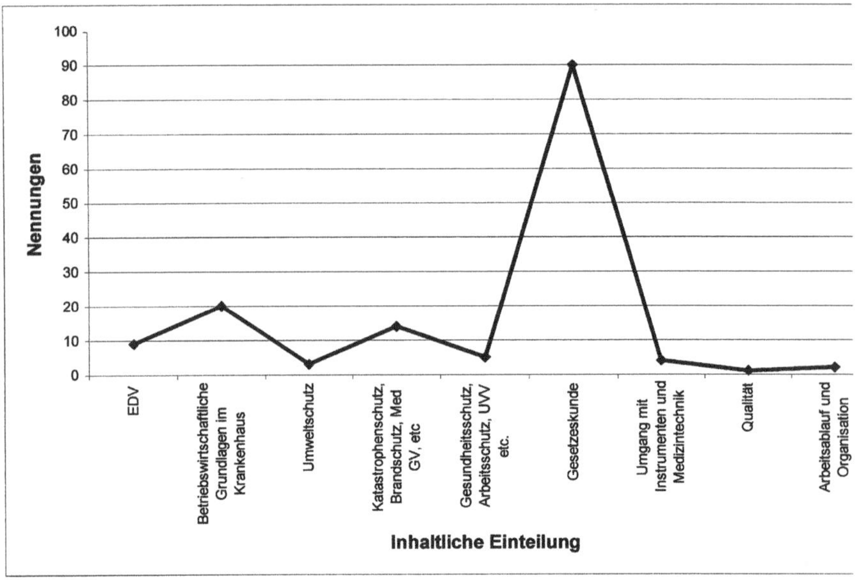

Abb. 32 Fortbildungen im Bereich Gesetzgebung

Bei der Ermittlung des Fort- und Weiterbildungsbedarfes im Bereich der Gesetzgebung ergab sich eine nicht gerade geringe Anzahl von Antworten in der Kategorie betriebswirtschaftliche Grundlagen im Krankenhaus. Insgesamt 14% aller 148 ausgewerteten Antworten fielen in diese Kategorie. Bei genauerer Betrachtung ging es hier vorwiegend um Krankenhausfinanzierungsrichtlinien im Bereich Budgetierung und Fallpauschalen. Die Antworten kamen bei dieser Frage sowohl aus dem Verwaltungsbereich als auch aus der Pflege und dem ärztlichen Bereich. Die Betrachtung der Änderungen in den ökonomischen und rechtlichen Bedingungen im System Krankenhaus haben in dieser Arbeit einen zentralen Platz eingenommen, der sich an dieser Stelle im alltäglichen Arbeitsprozeß wiederfinden läßt. Die Sensibilisierung der Beschäftigten im Gesundheitssystem für wirtschaftliche Fragen der Gesundheitsversorgung ist in den letzten Jahren mit der öffentlichen Diskussion über die Finanzierung und die Reformen auf jeden Fall gestiegen.

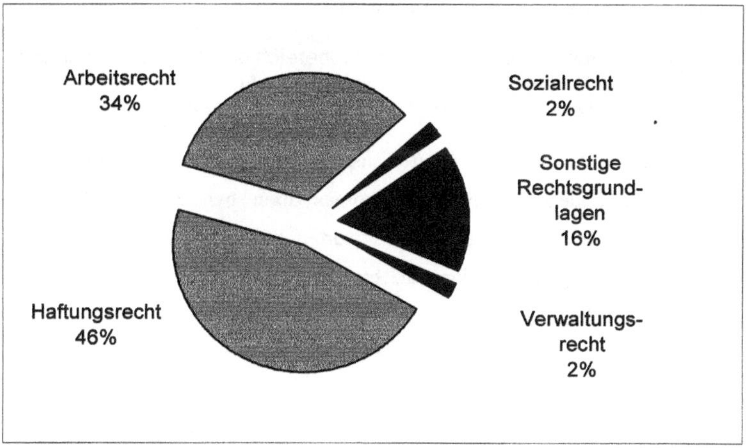

Abb. 33 Gesetzeskunde (1C)

Die einzelnen Antworten in der Kategorie Gesetzeskunde, insgesamt fielen 75% der Antworten der Frage 1C in diese Kategorie, verteilen sich überwiegend auf die Bereiche Haftungsrecht, Arbeitsrecht sowie sonstige Rechtsgrundlagen. Die Ausprägung im Bereich Haftungsrecht ist in Zusammenhang mit einer seit Jahren steigenden "Prozeßfreudigkeit" der Patienten, bei angeblichen oder auch tatsächlichen Fehldiagnosen und Behandlungen, betrachtet, als Indiz für die steigende Verunsicherung der Beschäftigten zu betrachten. Eine weitere immer wieder aufkommende Problematik liegt in den haftungsrechtlichen Verantwortlichkeiten bei stationsübergreifenden Behandlungen. Ebenso läßt sich der Fortbildungsbedarf im Bereich Arbeitsrecht im Kontext der Verunsicherung betrachten. In dieser speziellen Erhebung müssen die politischen Überlegungen zu einer Umwandlung des Betriebes in eine GmbH, und in diesem Zusammenhang die Veröffentlichungen der Personalvertretung und der Gewerkschaften zu den möglichen Konsequenzen einer solchen Umwandlung, als ein ausschlaggebender Grund für diese Verunsicherung der Beschäftigten betrachten werden. Des weiteren ist bei diesen Antworten die relativ hohe gewerkschaftliche Organisationsquote zu betrachten. Eine Unterscheidung nach Gewerschaftsmitgliedern und solchen die nicht organisiert sind, ist logischerweise nicht möglich, würde jedoch Aufschluß darüber geben, in wieweit dieses Kriterium ausschlaggebend für den Fortbildungsbedarf in Arbeitsrecht ist. Insgesamt betrachtet, lassen sich die Antworten in diesem Bereich keiner Personen- oder Berufsgruppe zuordnen, sondern sind in den Antworten aller Gruppen vertreten.

5.2.5.4 Kommunikation, Gesprächsführung (1D)

Welche Fortbildungen in dem Themenbereich der Kommunikation und Gesprächsführung könnte Sie bei Ihrer Arbeit unterstützen (z.B. Teamarbeit, Umgang mit Lob und Kritik)?

Es wurden bei dieser Frage 120 Antworten ausgewertet. 27% dieser Antworten wurden dem Fortbildungsbedarf in den Kategorien Arbeitsorganisation sowie Streßbewältigung zugeordnet. Bei differenzierter Betrachtung dieser Antworten, ließ sich feststellen, daß sie sich überwiegend auf Fortbildungen in stations-und bereichsinterne Arbeitsorganisation sowie Team bezogener Streßbewältigung bezogen.

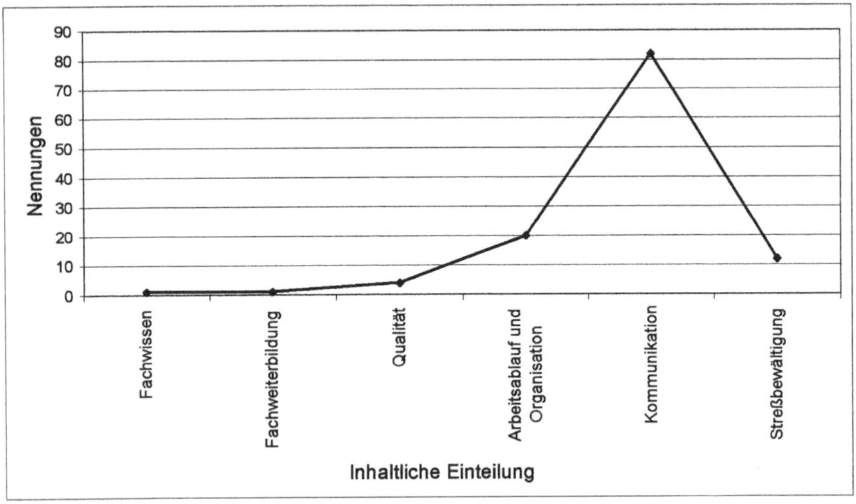

Abb. 34 Fortbildungen im Bereich Kommunikation, Gesprächsführung

Der Gedanke lag nahe, sie unter diesen Umständen als Ausdruck für Team bezogene Kommunikation zu verstehen und sie somit in dem Bereich Kommunikation zwischen Mitarbeiter und Mitarbeiter/Vorgesetzte zu erfassen. Da der festgelegten Codierung[198] der Antworten jedoch gefolgt werden mußte, ist dies nicht geschehen. Es verdeutlicht jedoch noch einmal die Problematik und damit verbundene Ungenauigkeit der Datenauswertung.

[198] Vgl. hierzu Kap. 5.2.4

Die Auswertung der Daten in der Kategorie Fortbildungen in der Kommunikation weißt die höchste Ausprägung in der Kommunikation zwischen Mitarbeiter und Mitarbeiter/Vorgesetzte auf.

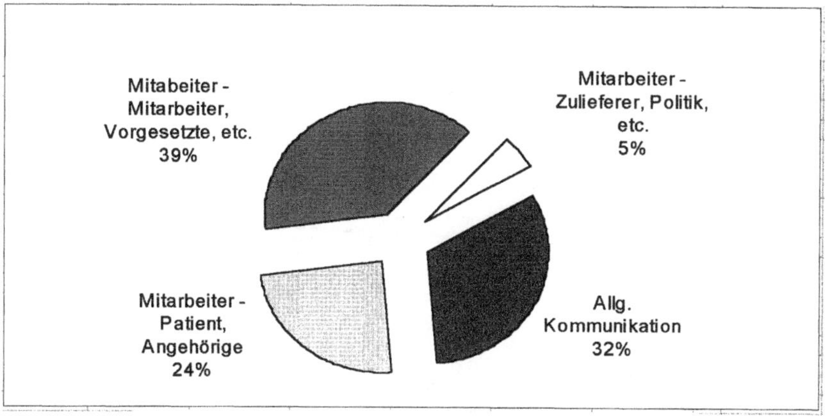

Abb. 35 Kommunikation (1D)

Also in der oben angesprochenen teambezogenen Kommunikation. Zusätzlich ist der Bereich Kommunikation mit Patienten bzw. deren Angehörigen mit 24% relativ stark ausgeprägt. Fortbildungsbedarf in diesem wurde bereits in der Auswertung der Frage 1A zu den Bereichen Arbeitsmethoden und Fachkenntnisse deutlich. Die ebenfalls angesprochenen Anforderungen an die Pflegetätigkeit jenseits der Funktionspflege scheinen auch hier wieder ausschlaggebend zu sein. Betrachtet man die bisherige Auswertung der einzelnen Fragen, so scheinen die Kommunikations- und Organisationsprobleme also überwiegend als stations- oder bereichsintern angesehen zu werden. Wurde im Zusammenhang der Frage 1b die These aufgestellt, daß die Auslöser für vorhandene Streßsituationen im persönlichen Umfeld gesucht werden, und nicht im organisatorischen Zusammenhang, so fällt nun auf, daß das größte Kommunikationsdefizit innerhalb überschaubarer Organisationsstrukturen gesehen wird und vor allem auch als Defizit erkannt wird, welches durch Fortbildungsmaßnahmen wenn nicht gelöst, so doch mindestens gelindert werden kann. Denn wenn die Mitarbeiter den Fortbildungen in Kommunikation skeptisch oder sogar ungläubig gegenüber stehen würden, wären die Antworten in diesem Bereich geringer ausgefallen. Die Frage bleibt, wie man die beiden Ergebnisse Streßbewältigung im persönlichen Bereich und Kommunikationstraining im Teambezug in Relation zueinander bringt, bzw. welche Wertigkeit den einzelnen Ergebnissen zukommt.

5.2.5.5 Arbeitsorganisation (1E)

Welche Kenntnisse aus dem Bereich der Arbeitsorganisation können Ihre Arbeit erleichtern (Optimierung von Arbeitsabläufen, Vernetzung von Arbeitsgängen verschiedener Berufsgruppen, Einführung EDV)

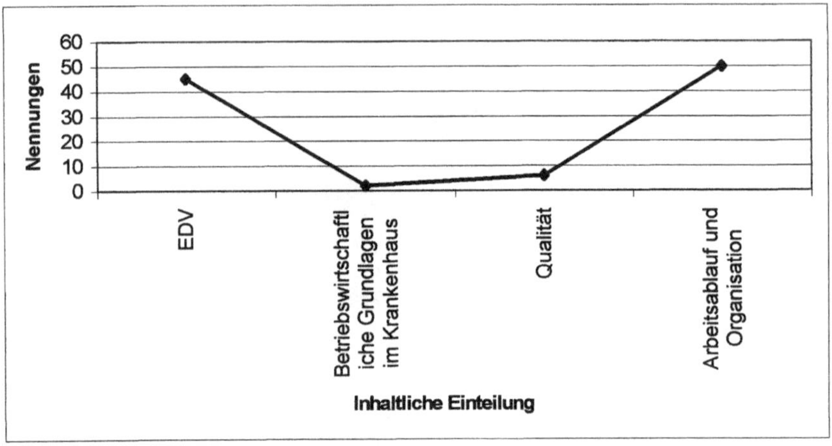

Abb. 36 Fortbildungen im Bereich Arbeitsorganisation

In der letzten Frage des ersten Fragekomplexes wurde nach den erwünschten Fortbildungen im Bereich Arbeitsorganisation gefragt. Insgesamt wurden bei dieser Frage 103 Antworten ausgewertet. Die von den Beschäftigten für notwendig erachteten Fortbildungen in den Kategorien EDV und Arbeitsablauf / Organisation halten sich hier mehr oder weniger die Waage. Bei einer detaillierteren Betrachtung der Kategorie Arbeitsablauf / Organisation läßt sich eine Verteilung von 6:4 der Häufigkeiten in den Bereichen Stations-, Bereichsübergreifend und Stations-, Bereichsintern feststellen. Der Fortbildungsbedarf im persönlichen Zeitmanagement spielt mit 6% so gut wie keine Rolle. Wurde in der Auswertung der Fragen 1B und 1D die These aufgestellt, das Streßsymptome und Kommunikationsprobleme aufgrund der Fortbildungswünsche im persönlichen bzw. Stations-, Bereichsinternen Umfeld als persönliche oder Kleinstgruppenprobleme wahrgenommen werden, so wird diese These durch die Datenauswertung der Frage 1E unterstützt. Gleichzeitig deutet der Fortbildungsbedarf in dem stations-und bereichsübergreifenden Arbeitsablauf jedoch auf eben dort vorhandene Organisationsprobleme hin.

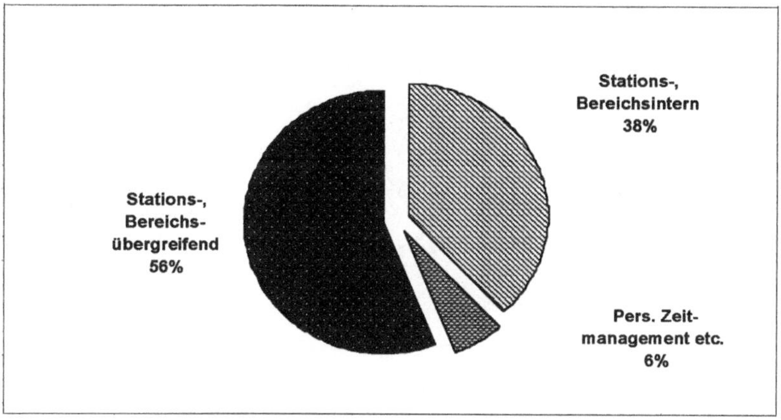

Abb. 37 Arbeitsablauf und Organisation (1E)

Die überwiegenden Antworten in diesem Bereich bezogen sich auf die Kommunikation und Organisation zwischen der Pflege und der Administration sowie den med.-techn. und therapeutischen Abteilungen. Also auf interdisziplinäre Arbeitsabläufe. Dementsprechend ließen sich die Antworten auch allen Berufsgruppen zuordnen. In dem Maße, in dem es der Genesungsplan/Pflegeplan der Patienten erfordert, stationsübergreifend zu arbeiten, bzw. durch die Verzahnung des Arbeitsablaufes mit anderen Abteilungen, wird eine Notwendigkeit im stations- und bereichsübergreifenden Arbeitsablauf geschaffen. Diese wurde in der Vergangenheit bzw. in der Funktionspflege nur von herausgestellten Personen innerhalb eines Teams geregelt und koordiniert. Dieser Personenkreis (Stationsleitung, stellvertretende Stationsleitung, Abteilungsleiter etc.) wurde bereits in der Vergangenheit in diesen Anforderungen geschult. Durch eine patientenorientiertere Pflege, tritt der Bedarf an solchen Fortbildungen nun auf einer breiteren Basis auf. Mit der Änderung von Pflegekonzeptionen muß eine dementsprechende Schulung aller mit der Patientenversorgung beschäftigten Personen vollzogen werden.

Innerhalb der Kategorie EDV liegt der Fortbildungsbedarf bei der Einführung der EDV, also die Grundschulungen in der Anwendung, mit 78% deutlich vor der Auffrischung bzw. der Erweiterung des EDV Wissens.

Betrachtet man die Daten unter dem Aspekt der umfassenden EDV Einführung sowohl auf den Stationen, als auch in der Verwaltung sowie den weiteren Abteilungen, kann davon ausgegangen werden, das ein Mißverhältniss zwischen der Einführung der Technik und der

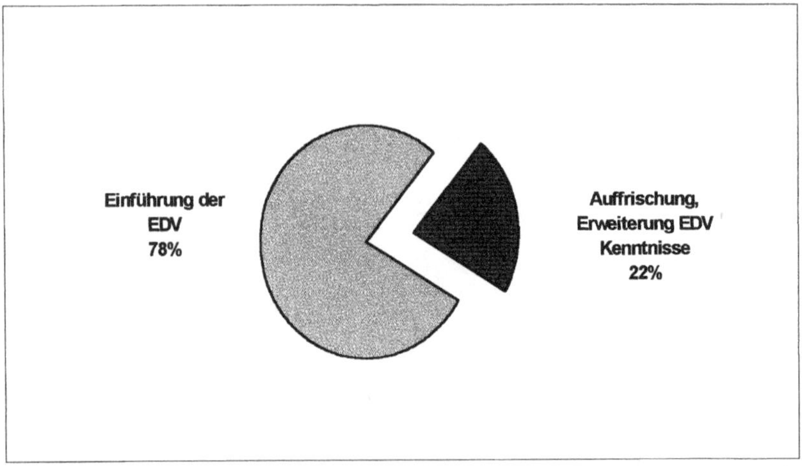

Abb. 38 EDV (1E)

Schulung des Personals in der Anwendung dieser Technik besteht. Desweiteren weitet sich der Personenkreis, der mit der Anwendung der Technik vertraut sein muß, ständig aus. Von daher müßten Fortbildungen in diesem Bereich zu einer, wenigstens temporär begrenzten, Dauereinrichtung werden.

5.2.5.6. Zusammenfassung der Fragen 1A bis 1E

An dieser Stelle sollen die Daten aus den bisherigen Auswertung zusammengefaßt werden. Diese Vorgehensweise hat zwei Gründe:

- Erstens soll auf diesem Wege herausgefunden werden, ob sich Häufungen in einzelnen Kategorien ergeben, die bei der Einzelbetrachtung der Fragen nicht erkennbar waren.

- Zweitens sollen die kumulierten Daten als Kontrolldaten von Frage 1F zu den drei dringlichsten Fortbildungsthemen benutzt werden.

Dies Zusammenfassung der Daten ist aufgrund der identischen Erhebungsbereiche durchaus zulässig, und ermöglicht des weiteren eine Definition über der Aussagefähigkeit der Daten. Bei einer signifikanten Abweichung müßte die Zuordnung der Antworten innerhalb der einzelnen Kategorien oder aber die generelle Aussagefähigkeit in Frage gestellt werden

NR.	Inhaltliche Einteilung	Nennungen					Summe	
		1a	1b	1c	1d	1e		
1	CPW	18	0	0	0	0	18	2%
2	EDV	12	0	9	0	45	66	9%
3	Betriebswirtsch. im KH	5	0	20	0	2	27	4%
4	Umweltschutz	3	1	3	0	0	7	1%
5	Katastrophensch. etc.	5	2	14	0	0	21	3%
6	Gesundheitssch. etc.	21	108	5	0	0	134	17%
7	Gesetzeskunde	4	3	90	0	0	97	13%
8	Umgang mit Instrum.	10	0	4	0	0	14	2%
9	Fachwissen	93	11	0	1	0	105	14%
10	Fachweiterbild.	2	0	0	1	0	3	0%
11	Hospitationen	1	0	0	0	0	1	0%
12	Qualität	12	0	1	4	6	23	3%
13	Arbeitsablauf und Orga.	14	2	2	20	50	88	11%
14	Kommunikation	18	7	0	86	0	111	14%
15	Streßbewältigung	1	45	0	8	0	54	7%

Tab. 7 Zusammenfassung 1A bis 1E

Insgesamt wurden bei den ersten fünf Fragen 769 Antworten in die Auswertung aufgenommen.[199] Interessanterweise ist in diesem Zusammenhang eine stetige Abnahme der Antworten von 219 in Frage 1A bis zu 103 in Frage 1E festzustellen. Die Antworten nehmen im Schnitt um 17% ab. Friedrichs weist im Zusammenhang der Gestaltung von Fragebögen auf einen Wechsel von offenen und geschlossenen Fragen zum Zwecke der Ermüdungsverringerung hin[200].

In der vorliegenden Befragung gab es keine geschlossenen Fragen.Von daher stellt sich die Frage, ob die Abnahme der Antworten auf Ermüdung zurückzuführen ist. Und im Umkehrschluß zu Friedrichs Ausführungen diese Ermüdung mit Hilfe einiger geschlossener Fragen hätte verringert werden können. Oder ob die Gründe auf den jeweils zugrunde liegenden Fragesachverhalt zurückzuführen sind. Letzteres ließe eine Wertigkeit innerhalb der einzelnen Bereiche bzw. unter den einzelnen Bereichen zu. Sie kann an dieser Stelle jedoch nicht weiter untersucht werden, da eine derart gestaltete Kontrolle nicht durchgeführt wurde.

Unabhängig von der Verringerung der Antworten ist bei der Betrachtung der einzelnen Anteile des Fortbildungsbedarfs in den vorgegebenen Kategorien eine Häufung in denjenigen Kategorien festzustellen, welche mit den Fragen inhaltlich weitgehends übereinstimmen. Da

[199] Eine graphische Darstellung der kumulierten Antworten ist in Anlage beigefügt

[200] Vgl. Jürgen Friedrichs, Methoden empirischer Sozialforschung, Opladen 1980, S. 237ff

dies weder verwunderlich noch aussagefähig ist, sollen die Kategorien Gesundheitsschutz, Kommunikation sowie Arbeitsablauf und Organisation im weiteren näher betrachtet werden. Anhand dieser Betrachtung soll versucht werden, die Bereiche herauszuarbeiten, in denen der Fortbildungsbedarf der Beschäftigten am ausgeprägtesten ist.

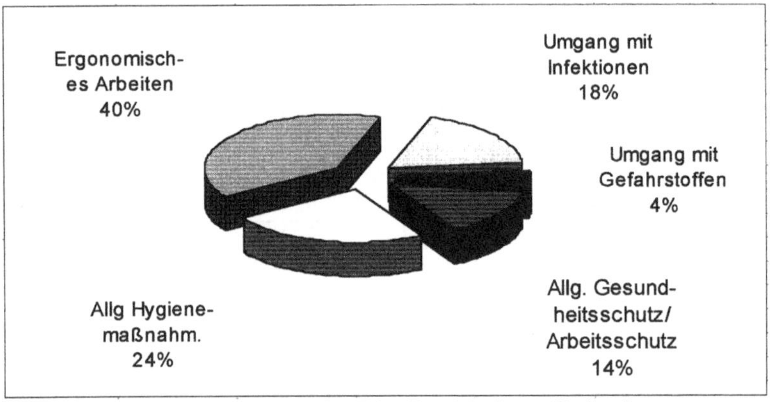

Abb. 39 Zusammenfassung 1A bis 1E im Bereich Gesundheitsschutz, etc.

Ein signifikanter Bereiche läßt sich in dieser Darstellung erkennen. Der Bereich ergonomisches Arbeiten macht 40% in dieser Kategorie aus, und bezogen auf die Gesamterhebung der Fragen 1A bis 1D wurden Fortbildungen in diesem Bereich 54 mal angeführt. Das entspricht einem Gesamtanteil von 7%.

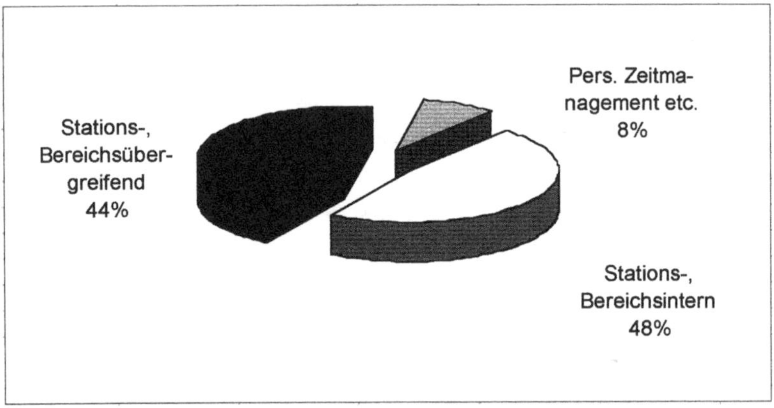

Abb. 40 Zusammenfassung 1A bis 1E im Bereich Arbeitsabl. und Kommunikation

In der Kategorie Arbeitsablauf und Organisation liegen zwei Bereiche nahezu gleich auf. Die stations- und bereichsintern Organisation sowie die stations- und bereichsübergreifende vereinigen jeweils rund 5% des Fortbildungsbedarfes der Gesamterhebung auf sich. Das persönliche Zeitmanagement spielt eine untergeordnete Rolle. Der Bedarf an Fortbildungen im Bereich der Arbeitsorganisation läßt sich demnach nicht an den Unterorganisationen Station oder Abteilung festmachen, sondern vielmehr ist die Zusammenarbeit über diese Unterorganisationen hinaus als schwierig bzw. verbesserungswürdig einzustufen. Dies spiegelt jedoch auch die in dieser Arbeit anfänglich beschriebene Komplexität des Systems Krankenhaus wieder.

Die Kategorie Arbeitsablauf und Organisation unterscheidet sich von den anderen Kategorien in der Form, daß bei allen fünf Fragen Antworten dieser Kategorie zugeordnet werden mußten. Dies dokumentiert wiederum die komplexe Wahrnehmung dieses Bereiches durch die Beschäftigten. Während die anderen Kategorien ein bis maximal zwei Schwerpunkte bei der Zuordnung der Antworten haben, erkennt man in dieser Kategorie drei.

Auf die Kategorien Gesetzeskunde und Fachwissen soll an dieser Stelle nicht weiter eingegangen werden, da sie eher praktische Bedeutung bei der Ausgestaltung der bereits existierenden Fortbildung haben, und nicht so sehr auf eine Neuorganisation dieser abzielen. Als letzte Kategorie soll deshalb die Kommunikation betrachtet werden.

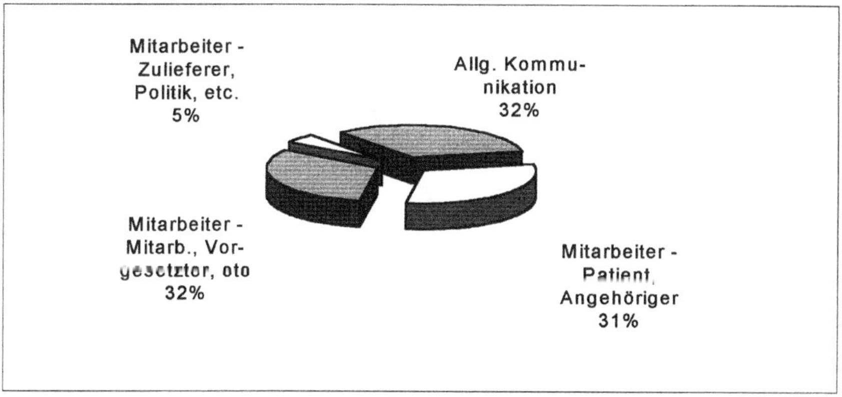

Abb. 41 Zusammenfassung 1A bis 1E im Bereich Kommunikation

Fortbildungen in der Kommunikation werden in allen Ausprägungen auf fast demselben Niveau gefordert. Lediglich der Bereich Kommunikationstraining mit Zulieferern bzw. Politik ist relativ gering ausgeprägt. Verdeutlicht man sich jedoch, das lediglich ein geringer Anteil der Beschäftigten diese "Art der Kommunikation" in ihrem täglichen Arbeitsprozeß betreiben, sieht dies schon ganz anders aus. Von daher ist der Anteil der Kommunikation mit 14% der Gesamterhebung ein Zeichen für den Bedarf in diesem Bereich.

Gerade Institutionen des Gesundheitswesens, welche aufgrund ihrer Funktion tagtäglich mit Menschen in einer Streßsituation zu tun haben, sollten dafür sorgen, das ihr Personal diesen Streßsituationen nicht nur auf der medizinisch-technischen Ebene begegnen können, sondern das die sozialen Fähigkeiten der einzelnen Beschäftigten dieser Streßsituation ebenfalls angemessen ausgebildet sind.

Den bis hier ausgewerteten Fragen zu einzelnen Fortbildungsbereichen des täglichen Arbeitsprozesses folgte nun eine Fragen zu den drei dringlichsten Fortbildungsthemen. So sah es jedenfalls die Konzipierung des Fragebogens vor. Das Problem dieser Frage lag jedoch im Detail. Durch eine ungenaue Formulierung der Frage kam es zu einigen Antworten, die nicht in die Auswertung aufgenommen werden konnten, da sie sich nicht auf Fortbildungen oder Schulungen / Wissenserweiterung bezogen, sondern auf technische bzw. materielle Erweiterungen oder Erneuerungen.

Trotz eines Anschreibens zum Fragebogen, aus dem klar hervorgeht, daß sich die Antworten auf den Fortbildungsbedarf der einzelnen Beschäftigten beziehen sollen, und der Tatsache, das in allen anderen Fragen die Wörter Fortbildung, Weiterbildung oder Kenntnisse benutzt wurden, hat eine ungenaue Formulierung gereicht, um nicht verwertbare Daten in dieser Frage zu erhalten.

5.2.5.7. Die drei dringlichsten Themen (1F)

Bitte nennen Sie die drei für Ihren Bereich dringlichsten Themen

Um einen genaueren Überblick über die dringlichsten Fortbildungsthemenbereiche zu erhalten, wurde im zweiten Teil des Fragebogens den Mitarbeitern die Möglichkeit gegeben, die für sie am dringlichsten erscheinenden drei Fortbildungsthemen zu benennen. Es wurde ein Spalte für die vierte Nennung aufgenommen, da einige Fragebögen mehr als drei Antworten enthielten. Insgesamt wurden 156 Antworten in die Auswertung aufgenommen. Bei dieser fällt auf, daß die Kategorien Fachwissen, Gesundheitsschutz, Arbeitsablauf und Organisation sowie Kommunikation gefolgt von Gesetzeskunde, ebenso wie bei den kumulierten Daten der Fragen 1A bis 1D, 2/3 aller Daten enthalten.

NR.	Inhaltliche Einteilung	Nennungen				Summe	
		I	II	III	IV		
1	CPW	6	1	2	0	9	6%
2	EDV	6	3	1	1	11	7%
3	Betriebswirtsch. im KH	2	0	3	1	6	4%
4	Umweltschutz	1	1	1	0	3	2%
5	Katastrophensch. etc.	0	0	0	2	2	1%
6	Gesundheitssch. etc.	8	7	4	2	21	13%
7	Gesetzeskunde	3	4	4	3	14	9%
8	Umgang mit Instrum.	0	2	0	0	2	1%
9	Fachwissen	8	10	5	3	26	17%
10	Fachweiterbild.	0	1	1	1	3	2%
11	Hospitationen	1	0	1	0	2	1%
12	Qualität	3	4	3	0	10	6%
13	Arbeitsablauf und Orga.	5	3	6	6	20	13%
14	Kommunikation	4	8	3	4	19	12%
15	Streßbewältigung	0	2	5	1	8	5%
						156	100%

Tab. 8 Die "drei" dringlichsten Themen

In der Kategorie Kommunikation ist die Verteilung der Daten auf die einzelnen Bereiche ähnlich ausgeprägt wie bei den Fragen 1A bis 1E. Der Fortbildungsbedarf im Bereich Kommunikation zwischen Mitarbeitern und Patienten / Angehörigen und im Bereich Kommunikation zwischen Mitarbeitern und Mitarbeitern / Vorgesetzten liegt gleich hoch. Eine Unterscheidung ist lediglich in der allgemeinen Kommunikation auffällig, da in diesem Bereich fast 50% der Daten erfaßt werden. Dies kann jedoch in der Ausrichtung der Frage auf die dringlichsten Themen, und damit verbunden auf eine generalisierte Aussage, begründet sein.

Die Kategorie Arbeitsablauf und Organisation differiert im Bereich persönliches Zeitmanagement von der Datenauswertung der Fragen 1A bis 1D. Dieser Bereich wurde bei den drei dringlichsten Fortbildungsthemen wesentlich häufiger genannt. Diese Häufung läßt auf den Prozeß der Arbeitsverdichtung in der täglichen Arbeit Rückschlüsse zu. Jedoch auch auf die bereits angesprochenen Situationsanalyse der einzelnen Beschäftigten. Arbeitsverdichtung und Streß werden als persönliche Situation wahrgenommen und nicht als systembedingt. Und in den Fällen, in denen sie als systemimmanente Belastungen wahrgenommen werden, wird ihnen mit persönlich ausgerichteten Lösungsstrategien begegnet.

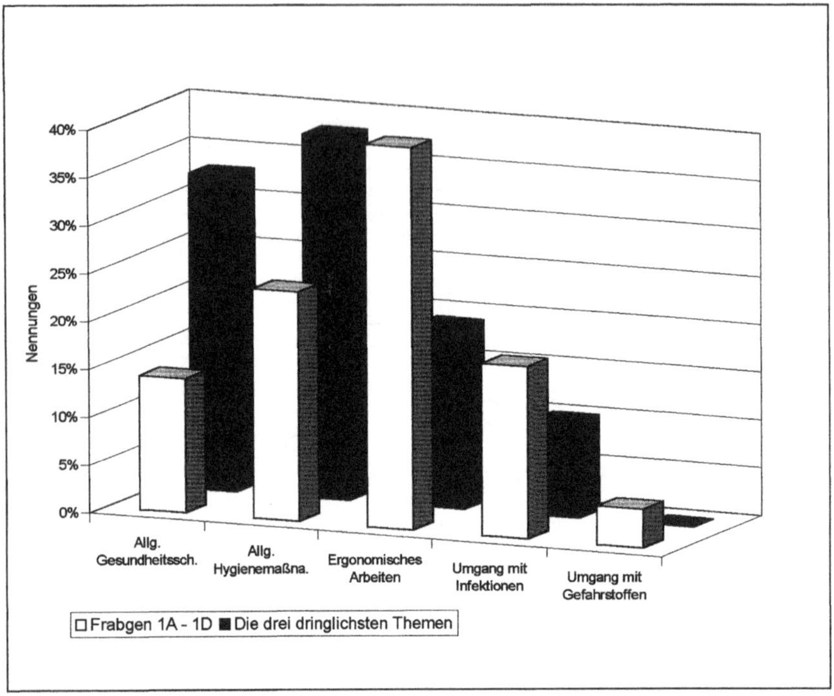

Abb. 42 Gegenüberstellung des Fortbildungsbedarfes in der Kategorie Gesundheitsschutz etc.

Auffällig in der Kategorie Gesundheitsschutz etc. sind die Ausprägungen in den Bereichen Allgemeine Hygienemaßnahmen und ergonomisches Arbeiten. Hier stellen sich die Ergebnisse der Datenauswertung in umgekehrter Reihenfolge dar. In der Auswertung der Fragen 1A bis 1E ist eine deutliche Gewichtung im Bereich ergonomisches Arbeiten zu erkennen, In der Auswertung der drei dringlichsten Themen liegt diese Gewichtung bei den allgemeinen Hygienemaßnahmen. Der Bereich allgemeine Gesundheitsschutz ist hier zwar auch wesentlich stärker ausgeprägt, doch bei der detaillierten Betrachtung der Angaben dieses Bereiches ist kein Erklärungsansatz für die ungleiche Gewichtung zu erkennen. Eine Erklärungsmöglichkeit besteht in der unterschiedlichen Datenmenge. Während bei den kummulierten Daten der Frage 1A bis 1E insgesamt 134 Antworten ausgewertet wurden, betrug die Datenmenge bei den drei dringlichsten Themen lediglich 21. Von daher ist eine Verzerrung der Prioritäten durch eine relativ geringe Datenmenge möglich.

Grundsätzlich läßt sich aber feststellen, das die beiden Komplexe (Fragen 1A-1E und die dringlichsten Themen) in den einzelnen Kategorien im großen und ganzen einen ähnlichen Fortbildungsbedarf aufzeigen. Um dieses Ergebnis noch weiter zu untersuchen, werden im nächsten Schritt die beiden Komplexe im Ganzen Gegenübergestellt.

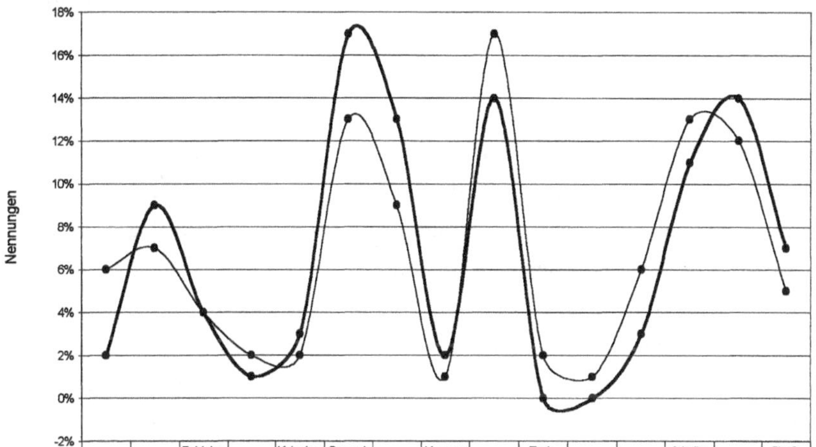

	CPW	EDV	Betriebs-wirtsch. im KH	Umwelt-schutz	Katastro-phensch. etc.	Gesund-heitssch. etc.	Gesetzes-kunde	Umgang mit Instrum.	Fachwis-sen	Fach-weiter-bild.	Hospita-tionen	Qualität	Arbeits-ablauf und	Kommu-nikation	Streß-bewälti-gung
Summe II	0,02	0,09	0,04	0,01	0,03	0,17	0,13	0,02	0,14	0	0	0,03	0,11	0,14	0,07
Summe I	0,06	0,07	0,04	0,02	0,02	0,13	0,09	0,01	0,17	0,02	0,01	0,06	0,13	0,12	0,05

Inhaltliche Einteilung

Abb. 43 Gegenüberstellung der Fragen 1A - 1E und der dringlichsten Themen

Summe I der Grafik enthält die Daten der drei dringlichsten Themen, Summe II die der Fragen 1A bis 1E. Anhand dieser Grafik zeigt sich, daß ganz deutliche Schwerpunkte im Fortbildungsbedarf auszumachen sind. Und zwar in den Kategorien Gesundheitsschutz, Fachwissen, Kommunikation sowie Arbeitsablauf und Organisation. Unter den beschriebenen Voraussetzungen des Krankenhaussystems, gekoppelt mit den Veränderungen in der Organisation des Systems an sich, als auch seiner einzelnen Subsysteme (Abteilungen, Stationen), zeigen sich jedoch auch die Defizite bei der Umsetzung dieser Veränderungen und somit die vorhandenen alltäglichen Schwierigkeiten der Beschäftigten, ihre neu definierte Rolle in diesem System auszufüllen. Diese Defizite gilt es in der Zukunft auszugleichen, um die Funktionsfähigkeit des System Krankenhaus zu erhalten und auszubauen.

Werden die einzelnen Summen als Kontrollerhebungen der jeweils anderen Summe betrachtet, zeigt sich ebenfalls eine hohe Übereinstimmung der einzelnen Komplexe.
Dies verdeutlicht und untermauert die Aussagewertigkeit der einzelnen Antworten. Da ansonsten gravierendere Abweichungen in der Kurvenverläufen festzustellen wären. Dies bedeutet natürlich auch, daß man anhand der Ergebnisse der Umfrage, über das aktuelle Fortbildungskonzept nachdenken muß und Wege suchen muß, den veränderten Bedürfnissen Rechnung zu tragen.

Die Auswertung der Fragen 2 und 3 werden hier nicht weiter erläutert. Frage 2 beschäftigte sich mit dem Bedarf an Weiterbildungen in den einzelnen Abteilungen und bewegte sich von daher in der vorhandenen Weiterbildungsstruktur im Gesundheitswesen. Die Daten waren von betriebsinterner Bedeutung, haben jedoch für die Konzeptionellen Änderungen in der Fort- und Weiterbildung keine oder wenig Auswirkung.
Frage 3 hingegen betraf die Organisation der derzeitigen internen Fortbildungen. Die Datenauswertung ergab Anregungen in örtlichen und temporären Zusammenhängen. Desweiteren organisatorische Anregungen im Zusammenhang mit der Bekanntmachung der Termine bzw. der Häufigkeit unter den Gesichtspunkten eines Schichtbetriebes. Alles in allem also Anregungen die vorhandene interne Fortbildungskonzeption zu optimieren. Diese Anregungen wurden soweit sie umsetzbar waren, relativ zügig umgesetzt.

5.2.6. Analyse Sollzustand - Istzustand

Anhand des Datenvergleiches der z.Z. durchgeführten Fortbildungen, der kummulierten Daten der Fragen 1A bis 1E sowie der Daten der drei dringlichsten Fortbildungsthemen, werden im Folgenden die auffälligsten Unterschiede in diesen Daten aufgezeigt. Bei den Fortbildungen der Jahre 1997 und 1998 konnten nur die externen Fort- und Weiterbildungen ausgewertet werden, da für die internen kein verläßliches Datenmaterial zur Verfügung stand. So erklärt es sich z.B. weshalb in der Kategorie CPW keine Fortbildungen in den Jahren 1997 und 1998 verzeichnet sind.
Diese wurden internen durchgeführt. Desweiteren muß der Wert der Fortbildungen in der Kategorie Fachwissen näher erläutert werden. Aufgrund des Platzangebotes wurde er in der Grafik beschnitten. Er liegt bei 48%.

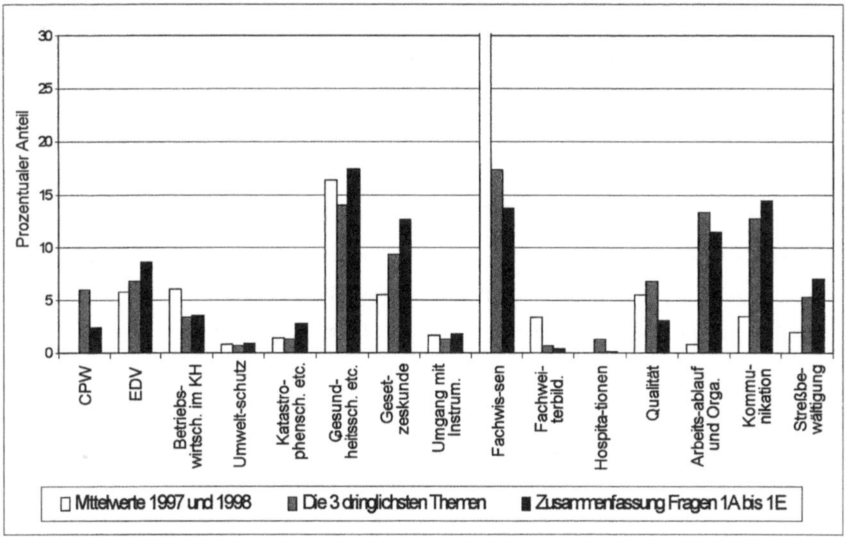

Abb. 44 Gegenüberstellung von durchgeführten und gewünschten Fortbildungen

Ausgehend von den Kategorien, die sich in der Betrachtung des Fortbildungsbedarfes herauskristallisiert haben, lassen sich anhand der Gegenüberstellung zwei grundlegende Unterscheidungen erkennen.

- Die Kategorien Gesundheitsschutz / Arbeitsschutz und Fachwissen sind in der Bedarfsauswertung am stärksten ausgeprägt, werden jedoch auch in der derzeitigen Fortbildungskonzeption überproportional angeboten bzw durchgeführt. Hier ist der Ansatzpunkt für eine Neukonzeptionierung in der Fort- und Weiterbildung dementsprechend in der Ausweitung dieser Themenbereiche bzw. der mengenmäßigen Ausweitung der Fortbildungen zu manifestieren.
- Während in den Kategorien Arbeitsablauf / Organisation und Kommunikation eine Diskrepanz grundsätzlicher Art zu erkennen ist. Diese Fortbildungsbereiche sind in der aktuellen Konzeption der Fort- und Weiterbildung nicht vorgesehen, bzw. werden aufgrund äußerer Rahmenbedingungen nicht durchgeführt.

Diese beiden grundlegenden Aussagen der Erhebung und der Datenauswertung der derzeitigen Fort- und Weiterbildung müssen bei einer Neukonzeptionierung der Fort- und Weiterbildung im Hinblick auf organisatorischen Veränderungen berücksichtigt werden.

5.2.6.1. Konzeptionelle Ansätze für die Zukunft

Es galt, die gewonnen Erkenntnisse über den Fortbildungsbedarf aus Sicht der Beschäftigten in die weitere Konzeption einzubauen. Dabei war sehr schnell klar, daß die Fort- und Weiterbildung langfristiger geplant werden muß, um den Anforderungen gerecht zu werden. Dazu bedurfte es jedoch einer zentralen Planungs- und Auswertungseinheit. Innerhalb des Arbeitskreises entschloß man sich letztlich diese in einem Zentrum für Fort- und Weiterbildung zu gestalten (zwischenzeitlich waren die Möglichkeiten eines selbständigen Institutes sowie die Anbindung an die vorhandenen Schulen diskutiert worden). Unter dem Dach des Zentrums sollen die vorhandenen Kapazitäten aus der Verwaltung, der Projektgruppe zur Umstellung des Pflegekonzeptes sowie der bereits existierenden Weiterbildungsabteilung zusammengefaßt werde. Das Zentrum sollte in enger Kooperation mit den Ausbildungsstätten stehen, jedoch eigenständig arbeiten. Das personelle Konzept sah mindestens eine neu zu besetzende Stelle in der Zentrumsleitung sowie eine Verwaltungsstelle (welche z.Z. die Abrechnung und Finanzkontrolle der Fort- und Weiterbildung betreut) vor. Das Zentrum soll die gesamte Fort- und Weiterbildung des Krankenhauses betreuen. Mit Ausnahme des Ärztlichen Bereiches. Zu dieser Differenzierung sah sich der Arbeitskreis aufgrund der vorhandenen Strukturen gezwungen. Die Abwägung der Umsetzungsmöglichkeiten des Konzeptes unter Einbeziehung oder Aussparung des ärztlichen Bereiches veranlaßte den Arbeitskreis zu dieser Konzeption.

Die Hauptaufgaben des neu zu gründenden Zentrums lassen sich folgendermaßen zusammenfassen:[201]

- Ermittlung des Fortbildungsbedarfs anhand der durchgeführten Erhebung.
- Koordination, Organisation und Planung des Fortbildungsbedarfs unter Kooperation mit den vorhandenen internen Bildungseinrichtungen.
- Auswertung und Aufarbeitung von durchgeführten Fortbildungen hinsichtlich der Effizienz, der Inhalte und der Anbieter.
- Erstellung und Publikation einer Jahresplanung (Genehmigungspflichtig durch die Betriebsleitung)

[201] Siehe auch Anl. 8. Abschlußbericht aus dem Arbeitskreis zur Einrichtung einer Abteilung/eines Institutes für innerbetriebliche Fort- und Weiterbildung

- Erstellung eines Fortbildungsregisters hinsichtlich Personalentwicklung, einschließlich der Erstellung von Zertfikaten und Teilnahmebescheinigungen, in Zusammenarbeit mit der Personalabteilung

Um diese Aufgaben leisten zu können, soll das Zentrum die Bugetverantwortung über den gesamten Bereich Fortbildung erhalten. Die Bereiche und das Zentrum sollen die Verteilung aufgrund der ermittelten Bedarfe in Kooperation abstimmen.

Die Festlegung der Entscheidungskompetenzen des Zentrums orientieren sich an der vorhandenen Struktur. Eine grundsätzliche Kompetenz soll dem Zentrum nicht eingeräumt werden. Das heißt, daß bei Differenzen hinsichtlich der Budgetverteilung oder persioneller Einzelmaßnahmen die Betriebsleitung entscheidende Instanz ist.

Das Zentrum soll deshalb auch nicht in die Verwaltungs- oder Pflegediensstruktur integriert werden, sondern direkt der Betriebsleitung unterstellt werden.

5.2.6.2. Finanzierungsprobleme

Die beiden größten Probleme bei der Konzeption sowie einer möglichen Umsetzung waren in der berufsgruppenübergreifenden Hierarchiestruktur und der Finanzierung des Konzeptes. Das erste Problem wurde auf dem beschriebenen Weg umgangen (Ausgliederung des ärztlichen Bereiches und letze Entscheidungskompetenz bei der Betriebsleitung). Das Problem der Finanzierung soll durch unterschiedliche Strategien gelöst werden. Die personelle Ausgestaltung des Zentrums ist sehr gering bemessen. Außerdem sollen durch personelle Umstrukturierungen die internen Stellen aus dem Fort- und Weiterbildungsbereichen in dem Zentrum zusammengefaßt werden. Bei der zukünftigen Planung sollen weiterhin Möglichkeiten der Zusammenarbeit und Kooperation mit anderen Krankenhäusern stärker als bisher genutzt werden. Ein gewisser Einsparungseffekt wird durch die gezielte und strukturierte Fortbildungsplanung erhofft. Und letztendlich sollen Möglichkeiten des Sozialsponoring für den Bereich Fort- und Weiterbildung geschaffen werden. Alles in allem beginnt das Zentrum seine Arbeit innerhalb des bestehenden Budgets. Einer Ausweitung dieses Budgets ist niemand abgeneigt, doch unter den gegebenen Voraussetzungen ist dies höchst unwahrscheinlich. Von daher wurde bereits in der Vergangenheit die Idee des Sponsoring angedacht. Im nächste Kapitel wird darauf näher eingegangen.

5.3. Zwischenfazit

Ein Abschlußbericht des Arbeitskreises sowie eine Konzeptionsvorlage wurden der Betriebsleitung des Krankenhauses X im Januar 1999 zur weiteren Bearbeitung übergeben. Diese Konzeption wurde jedoch nur in Teilen umgesetzt, bzw. weiterverfolgt. Dies lag unter anderem an der damaligen politischen Situation des Krankenhauses X.
Eine Zusammenarbeit des Krankenhauses mit einem Zweckverband, bestehend aus zwei allgemeinen Krankenhäusern, zum Zwecke der Wirtschaftlichkeitssteigerung, wurde auf politische Ebene sehr stark vorangetrieben. Die politischen Alternativen waren Zusammenlegung der Krankenhäuser oder Überführung aus der kommunalen Trägerschaft in Gesellschaften mit beschränkter Haftung. Umgesetzt wurde letztendlich ein Zweckverband der drei Krankenhäuser auf Kreisebene, welcher weiterhin in kommunaler Trägerschaft betrieben wird.
In diesem neu gegründete Zweckverband mußten nun sowohl die einzelnen Verwaltungsebenen koordiniert und organisiert werden, als auch politische Entscheidungen zu der Ausprägung (dem medizinischen Angebot) der einzelnen Häuser getroffen werden.
Durch diese Zusammenlegung mußte die Konzeption der im Bereich Fort- und Weiterbildung nach Möglichkeit überarbeitet werden, oder zumindest eine erweitert Konzeptionen angedacht werden. Dies beinhaltete jedoch auch die Analyse der Fort- und Weiterbildung in den noch nicht mit in die Konzeption eingebundenen Häuser. Dem Arbeitskreis war die Problematik einer möglichen Umstrukturierung des Hauses in eine GmbH bzw. einen neuen Zweckverband während seiner Tätigkeit durchaus bewußt. Er entschloß sich jedoch, die konzeptionelle Entwicklung der "Abteilung/ Institutes für Innerbetrieblichen Fort- und Weiterbildung" zu beenden, da selbst bei der Nichteinführung einer solchen Abteilung Erkenntnisse gewonnen werden konnten, die in dieser kompakten und strukturierten Form bis dato. nicht vorlagen. Außerdem sollte nach der Konzeption des Arbeitskreises das Zentrum zuerst in dem ursprünglichen Krankenhaus X gegründet werden.
Durch die oben beschriebenen Strukturveränderungen wurde der Bereich Fort- und Weiterbildung höchstwahrscheinlich im unteren Bereich der aktuellen Prioritätenskala angesiedelt. Dringlichkeit und Wichtigkeit wurden gegeneinander abgewogen, und wie so häufig gewann die Dringlichkeit. Ein Phänomen das in allen Bereichen des Managements in der gesamten Wirtschaft auftritt, und keineswegs dem Öffentlichen Dienst vorbehalten ist.

Das alltägliche Tagesgeschäft bindet Kapazitäten, die dementsprechend im strategischen, planenden Bereich fehlen.[202]

Bei Krankenhäusern aber auch anderen Einrichtungen der öffentlichen Hand werden diese Prioritätsentscheidungen für das Dringliche jedoch zusätzlich von der Entscheidungssplittung auf verschiedene Ebenen unterstützt. Da eine grundsätzliche also alle Ebenen betreffende Zielsetzung aufgrund der vorhandenen Strukturen langwierig ist und einer permanenten, prozeßbegleitenden Veränderung unterliegt, werden von den Entscheidungsträgern Dringlichkeitslösungen präferiert, da sie umsetzbar und somit personenbezogen meßbar sind.[203]

Diese Bedingungen erfüllte die Konzeption der Fort- und Weiterbildung nicht. Vielmehr müssen Entscheidungen auf den verschiedenen Ebenen getroffen werde und der zeitliche und finanzielle Umsetzungsrahmen ist ebenso unklar wie die zu erwartenden Ergebnisse. Die Reichweitendefinition der Konzeption im Hinblick auf Effektivität und Effizienz beruht zudem lediglich auf theoretischen Grundlagen. Alles in allem also eine Problematik, deren Vorantreiben positive als auch negative Auswirkungen für einzelne Entscheidungsträger aber auch die gesamte Organisation beinhalten kann.

Die theoretischen Ausführungen zu geänderten Arbeitsprozessen, der Einführung von Qualitätssicherung und -management, aber auch die staatlichen Vorgaben vermitteln einen beschreitbaren Weg für das System Krankenhaus. Die praktischen Umsetzungsprobleme der ersten Schritte zeigen hingegen die Schwierigkeiten auf.

Die derzeitige Notwendigkeit von Fort- und Weiterbildung im Krankenhaus wird allseits anerkannt. Doch innerhalb der vorhandenen Strukturen ist ein inhaltlicher und umfassender Veränderungsprozeß der Fort- und Weiterbildung mehr als schwierig.

[202] Vgl. Sonnenholzer Dieter A., 1999, S. 117ff
[203] Vgl. Baecker Dirk, 1994, S156ff

6. Sozialsponsoring im Krankenhaus

Seitdem es Sponsoring gibt, wird dieses auch in unterschiedlicher Form im Krankenhaus betrieben. So zum Beispiel in der Gerätemedizin oder in den Präventions- und Rehabilitationsabteilungen. Das Sponsoring beruht in diesen Fällen häufig auf der persönlichen Initiative einzelner Chefärzte und Verwaltungsleiter, oder wird aufgrund des persönlichen Interesses einzelner "Betroffener" initiiert.
Weiterbildungsveranstaltungen und Kongresse (meistens im ärztlichen Bereich) sind für die Pharma- und Medizintechnikindustrie ein wichtiger Sponsoringbereich. Hier werden ganze Veranstaltungen von Firmen finanziert, um ihre Produkte und Dienstleistungen den potentiellen Anwendern vorzustellen. Das beschriebene Sponsoring läuft in diesen Fällen im Stillen, oder in einem speziellen, abgegrenzten Rahmen, ab. Die breite Öffentlichkeit nimmt hiervon in den wenigsten Fällen Kenntnis. Vergleicht man diese Art von Sozialsponsoring mit der folgenden Definition, ist es fraglich, ob sie überhaupt als Sozialsponsoring bezeichnet werden kann.

Soziosponsoring bedeutet die Verbesserung der Aufgabenerfüllung im sozialen Bereich durch die Bereitstellung von Geld-/Sachmitteln oder Dienstleistungen durch Unternehmen, die damit auch (direkt oder indirekt) Wirkungen für ihre Unternehmenskultur und -kommunikation anstreben.[204]

Demnach spielt der Fördergedanke und die inhaltliche Identifikation die Hauptrolle im Sozialsponsoring. Die werbliche Wirkung für die Unternehmenskommunikation spielt eine untergeordnete Rolle. Dies ist im Umweltsponsoring ähnlich, und dadurch unterscheiden sich diese beiden Bereiche auch von den anderen Arten des Sponsoring. Insgesamt wird der Sponsoringbereich heute in vier Einzelbereiche unterteilt:

- Sportsponsoring
- Kultursponsoring
- Umweltsponsoring
- Sozialsponsoring[205]

---

204 Bruhn, Prof. Dr. M., 1990, S. 6
205 Vgl. Luthe, D., 1994, S. 64ff

Die Bereiche Umwelt- und Sozialsponsoring werden von einigen Autoren zusammengefaßt, hier wird jedoch von diesen vier Bereichen ausgegangen. Die Reihenfolge in der Aufzählung der einzelnen Sponsoringbereiche drückt die Häufigkeit der Sponsorships bzw. den Anteil am Gesamtvolumen des durchgeführten Sponsorings aus. Diese Gewichtung kann anhand des erlebten und wahrgenommenen Sponsorings nachvollzogen werden. Bei jeder Sportveranstaltung springen einem die Sponsoren auf den Trikots oder der Bandenwerbung ins Auge. Ebenso werden im Kulturbereich Förderpreise oder Ausstellungen, aber auch die öffentliche Bereitstellung einzelner Kunstwerke durch Sponsoren ermöglicht.

Das Umweltsponsoring ist ein relativ neuer Bereich, der mit der Umweltdiskussion der letzten Jahrzehnte in den Blickpunkt der potentiellen Sponsoren trat. 1988 betrug der Sponsoringetat in der BRD ca. 1 Milliarde DM. Davon entfielen ca. 80% auf das Sportsponsoring und ca. 15% auf Kultursponsoring. Die restlichen 5% mußten sich Umweltsponsoring und Sozialsponsoring aufteilen. Das waren zwischen 30 und 70 Millionen.[206] Nach der Prognose von Bruhn müßte der Etat im Umwelt- und Sozialsponsoring mittlerweile bei 300 bis 400 Millionen DM liegen.

Grundsätzlich wird von allen Autoren ein kontinuierlich steigender Sponsoringetat erwartet. Aufgrund der Sponsorendichte im Sport, aber auch durch eine intensivere Beschäftigung der Betriebe mit ihrer eigenen Unternehmenskultur, besteht die Möglichkeit, daß sich die Bereiche Umwelt- und Sozialsponsoring stärker entwickeln als die Bereiche Sport- und Kultursponsoring. Um sich den Möglichkeiten des Sozialsponsorings im allgemeinen, sowie den Möglichkeiten in den einzelnen Bereichen der Fort- und Weiterbildung im Krankenhaus im speziellen, zu nähern, werden zuvor noch einmal einige grundsätzliche Definition von Sponsoring sowie von Sponsoren betrachtet. Sponsor wird z.B. in der großen Bertelsmann Lexikothek folgendermaßen definiert:

*"**Sponsor** ['sponser; engl., "Pate, Schirmherr"], Förderer, Gönner; im Sport (bes. beim Automobilsport, Berufsradsport, Fußball, Profi Tennis u.ä.) ein privater Geldgeber (oft ein Wirtschaftsunternehmen), der Rennställe, Mannschaften oder Einzelsportler finanziert, wofür diese meist Werbung für die Produkte des jeweiligen S.s treiben."* [207]

Diese Definition mit der Ausrichtung auf den Sport, verdeutlicht noch einmal, daß dies der Hauptbereich im Sponsoring ist. In dieser Definition ist als Ziel des Sponsorings aus Sicht des Sponsoren die Werbung für seine Produkte aufgeführt. Bei Zugrundelegung dieser Definition,

---

[206] Bruhn, Prof. Dr. M., 1990, S. 5

[207] Die große Bertelsmann Lexikothek, Band 13, 1991, S. 332

wäre der Versuch Fort- und Weiterbildung im Krankenhaus durch Sponsoring mitzufinanzieren, von vornherein zum Scheitern verurteilt. Darum soll an dieser Stelle eine weitere Definition eingeführt werden. Bei einem Sponsoring:

"*...werden Fördermittel unter der Bedingung bereitgestellt, daß der Sponsor vom Gesponerten Gegenleistungen erhält. Die finanziellen* (oder sächlichen, Anmerkung des Autors) *Zuwendungen des Sponsors werden von diesen Gegenleistungen abhängig gemacht.*
....Sponsoring erfüllt für Unternehmen kommunikative Funktionen. Diese Funktionen können vom Gesponserten direkt erbracht, durch Medien transportiert, oder auch vom Sponsor selbst geschaffen werden." [208]

Wird also das Ziel verfolgt, gewisse Bereiche innerhalb des Krankenhauses durch Sponsoring zu finanzieren, muß die Frage gestellt werden, welche kommunikative Funktion kann in welcher Form als Gegenleistung erbracht werden.
Dies genügt als Definition des Sponsoring sowie der Bestimmung der unterschiedlichsten Beweggründe. Im Folgenden wird den Fragen nachgegangen, inwieweit Sozialsponsoring im Bereich der Fort- und Weiterbildung am Krankenhaus X installiert werden kann, und inwieweit eine Mitfinanzierung dieses Bereiches durch Sozialsponsoring möglich ist.

6.1. Möglichkeiten des Sozialsponsoring in der Fort- und Weiterbildung

Der Gedanke, den Bereich Fort- und Weiterbildung durch Fremdfinanzierung aufzustocken, existierte am Krankenhaus X schon lange. Es waren Überlegungen zur Gründung von Fördervereinen und eben auch zu Sponsoring gemacht worden. Doch waren sie weder in die Tat umgesetzt worden, noch auf ihre Umsetzungsmöglichkeiten hin untersucht worden. Im Rahmen der Neukonzeptionierung der Fort und Weiterbildung wurde nun eine Analyse der Sponsoringmöglichkeiten angeregt und letztlich vom Autor durchgeführt.

Hierzu wurde zuerst ein Stufenplan ausgearbeitet, der den Entscheidungsträgern die Auswirkungsmöglichkeiten eines Sozialsponsoring aufzeigte.
Die Grundüberlegung war, daß ein Sponsoring in Bereich Fort- und Weiterbildung nur dann Sinn macht, wenn es kontinuierlich und dementsprechend langfristig angelegt ist. Einzelne

[208] Bruhn, Prof. Dr., M., 1992, S. 3f

Projekte können zwar durch Sponsoring mitfinanziert werden, doch unter den in Kapitel fünf aufgezeigten Bedingungen, ist im Fort- und Weiterbildungsbereich ein langfristiger Prozeß anzustreben.

Desweiteren wurden die möglichen Auswirkungen eines Sponsoring aufgezeigt. Im Sport ist Sponsoring eine allseits akzeptierte und nicht mehr wegzudenkende Randerscheinung. Die Frage ist jedoch, wie die Mitarbeiter, die Patienten und die Bevölkerung auf ein offenes Sponsoring im Gesundheitswesen reagieren. Wird diese Art der Finanzierung akzeptiert, oder werden dadurch Vorbehalte und Skepsis aufgebaut? [209]

Weiterhin sind die Erwartungen der Sponsoren zu prüfen, und mit den eigenen Leitbildern abzustimmen. Es gilt also bei jedem Sponsoring die eigenen Ziele zu definieren, die Akzeptanz der unterschiedlichsten Gruppen innerhalb des Systems zu eruieren, und letztendlich die Erwartungshaltung der Potentiellen Sponsoren zu prüfen. Der Stufenplan mit den einzelnen notwendigen Überlegungen und Umsetzungsschritten liegt als Anlage bei.[210]

Dieser Stufenplan wurde der Verwaltung vorgelegt, und in der Betriebsleitung erörtert. Danach wurde der Entschluß gefaßt, zuerst die Möglichkeiten eines Sponsorings im Bereich der Fort- und Weiterbildung, sowie die Erwartungen der potentiellen Sponsoren zu prüfen.

Zu diesem Zweck wurde eine Umfrage bei 200 Firmen durchgeführt. Diese Firmen wurden aus zwei verschiedenen Datensätzen ermittelt.

Die ersten hundert (Zulieferer-Firmen) wurden aus der Krankenhausinternen Finanzabteilung, anhand der jährlichen Umsatzvolumina, gewonnen, die zweiten hundert (IHK-Firmen) Adressen kamen von der Industrie und Handelskammer. Hier wurde ein regional begrenzter Raum als Auswahlkriterium gewählt. Innerhalb dieses Gebietes wurde dann ebenfalls nach Umsatzvolumen sondiert.

Der Grundgedanke dieser Aufteilung bestand in der Unterschiedlichkeit der Bezugsintensitäten und Bezugsausrichtungen der einzelnen Firmen zu dem Krankenhaus. Während die Firmen des ersten Datensatzes eine wirtschaftliche Beziehung mit dem betroffenen Krankenhaus inne haben, liegt der Bezug beim zweiten Datensatz in der geographischen und eher "emotionalen" Nähe zum Krankenhaus.

Die weiteren Ausführungen zu den Ergebnissen der Umfrage betreffen das Thema dieser Arbeit nur rudimentär und sind deshalb relativ kurz gehalten. Organisatorische Reformansätze

---

[209] Bruhn, Prof. Dr. M., 1990, S. 93ff

[210] Siehe Anlage 9.5

im Bereich Fort- und Weiterbildung sind nicht maßgeblich von den Möglichkeiten eines Sponsorships abhängig. Anderseits stellt dieses jedoch unter Umständen eine potentielle Finanzierungsmöglichkeit und somit eine Ausweitung der Fort- und Weiterbildung über das derzeitige Niveau hinaus, dar.

6.2. Schriftliche Befragung zu den Möglichkeiten des Sozialsponsoring

Ausgehend von den beschriebenen Vorüberlegungen wurde vom Autor ein Fragebogen zusammengestellt, anhand dessen Auswertung fünf grundsätzliche Fragen beantwortet werden sollten. Diese Fragen bildeten die Leitlinie des Fragebogens und können in folgenden Punkten zusammengefaßt werden:

1. Das Verhältnis der Firmen zum Sponsoring im allgemeinen, sowie zum Sozialsponsoring im speziellen.
2. Gründe, die für bzw. gegen ein Sozialsponsoring durch die jeweiligen Firmen sprechen.
3. Aufzeigen der von Unternehmensseite bevorzugten Bereiche innerhalb des Sozialsponsoring.
4. Erwartungen der Firmen an Sponsoring sowie den jeweiligen Sponsorpartner.
5. Auswahlkriterien der Firmen für einen potentiellen Sozialsponsor Partner.

Der Fragebogen wurde erst in der fünften Version versandt, da diverse Änderungen oder Erweiterungen in ihn eingearbeitet werden mußten. Dem Fragebogen lag ein persönlich unterschriebenes Anschreiben des Verwaltungsdirektors, sowie ein frankierter Rückumschlag bei. Das Anschreiben war soweit möglich an den jeweiligen Geschäftsführer oder Unternehmensleiter gerichtet.[211] Insgesamt lag der Rücklauf bei 32%.

Der Fragebogen beinhaltet 13 Fragen, von denen die letzten zwei der Zuordnung der Betriebe nach Größe und Wirtschaftssektoren, in denen sie tätig sind, dienen. Die Differenzierung hinsichtlich des Datensatzursprunges wurde durch eine unterschiedliche grafische Gestaltung der Fragebögen erzielt.

Anhand der verbleibenden 11 Fragen, welche allesamt geschlossene Fragen waren, sollten die fünf oben aufgeführten grundsätzlichen Fragen beantwortet werden. Die Fragen im Fragebogen ließen mehrere Alternativen zu, die zum Teil eine vorgegebenen Rangordnungen beinhalteten.

[211] Vgl. Friedrichs, J., 1990, S. 238f

6.2.1. Fragebogenauswertung

Im folgenden werden die fünf Hauptfragen anhand der Fragebogenauswertung beantwortet. Zu diesem Zweck sind die jeweils maßgeblichen Fragen des Fragebogens mit der jeweiligen Anzahl der Nennungen in einer Kurzauswertung aufgeführt. Aufgrund von Mehrfachnennungen und tlw. nicht beantworteter Fragen, weichen die Gesamtnennungen in den einzelnen Fragen voneinander ab. Eine komplette Kurzauswertung des Fragebogens samt Anschreiben ist als Anlage beigefügt.[212]

6.2.1.1. Verhältnis der Firmen zum Sozialsponsoring

Zur Ermittlung der grundsätzlichen Bereitschaft für ein Sozialsponsoring wurden die Antworten der Fragen eins bis drei ausgewertet. Bei der Differenzierung hinsichtlich der Ursprunges der Daten werden im folgenden die Begriffe Zulieferer-Firmen und IHK-Firmen benutzt. Der Rücklauf der Befragung aufgeteilt nach diesen Differenzierungen ergibt einen Rücklauf von 22% bei den Zulieferer-Firmen und 40% bei den IHK-Firmen (Insgesamt also 32%).Die Kurzauswertung der ersten drei Fragen stellt sich folgendermaßen dar.

1. Wird in Ihrem Unternehmen Sponsoring betrieben?

33 Ja, Sponsoring wird betrieben

29 Nein, wir betreiben kein Sponsoring

2. In welchem der folgenden Sponsoringbereiche würden Sie am ehesten Sponsoring betreiben, falls Sie sich dazu entschließen würden (oder dies bereits tun)?

42 Sozialsponsoring

20 Sportsponsoring

17 Kultursponsoring

13 Umweltsponsoring

[212] Siehe Anlage 9.6

3. *Wie würden Sie die unterschiedliche Wichtigkeit in den verschiedenen Sponsoringbereichen bewerten?*

	Sehr wichtig	*wichtig*	*ganz unwichtig*
Sportsponsoring	***6***	***26***	***18***
Kultursponsoring	***4***	***40***	***6***
Sozialsponsoring	***26***	***26***	***4***
Umweltsponsoring	***6***	***32***	***10***

Über 50% der befragten Firmen betreiben z.Z. ein Sponsoring, und 46% aller Firmen tun dies (oder würden es tun) im Bereich Sozialsponsoring. Bei den Zulieferer-Firmen sind es sogar noch ca. 7% mehr. Im Gegensatz zu den IHK-Firmen, besteht die direkte Konkurrenz zum Sportsponsoring nicht.

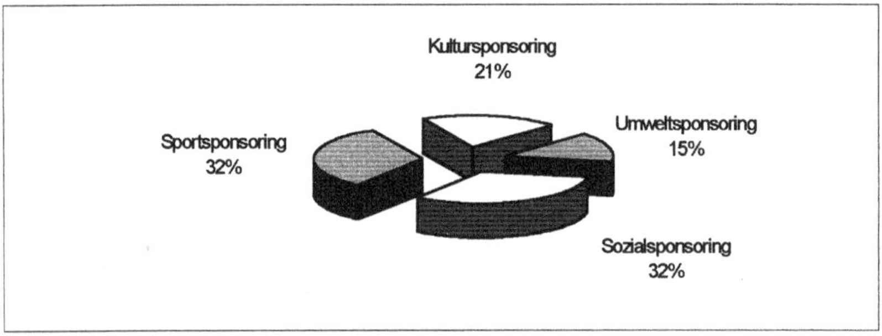

Abb. 45 IHK Firmen (Frage 2)

Quelle: Eigener Entwurf

Während Sport- und Sozialsponsoring bei den IHK-Firmen in direkter Konkurrenz zueinander stehen, spielt der Bereich Sportsponsoring bei den Zulieferer Firmen mit 16% eine untergeordnete Rolle. Hier liegt der Schwerpunkt im Sponsoring ganz klar im Bereich Sozialsponsoring (53% der Zulieferer Firmen). Bei der Betrachtung der Ergebnisse in Frage drei, hinsichtlich der Wichtigkeit der einzelnen Sponsoringbereiche, anhand einer 3er-Skala (1 = sehr wichtig, 2 = wichtig, 3 = ganz unwichtig) ergibt sich folgende Rangfolge: Sozialsponsoring 1,8, Umweltsponsoring 2,0, Kultursponsoring 2,04 und Sportsponsoring 2,24.[213]

[213] Siehe auch die grafische Auswertung in Anlage 9.6

Demnach kann von einem guten bis sehr guten Verhältnis der Firmen zum Sponsoring, und zum Sozialsponsoring im speziellen, gesprochen werden. Auf Seiten der Zulieferer-Firmen ist dies stärker ausgeprägt, als bei den IHK-Firmen.

6.2.1.2. Gründe, die für bzw. gegen ein Sozialsponsoring sprechen

Um die Gründe der einzelnen Firmen für oder gegen ein Sozialsponsoring zu ermitteln, wurden die Fragen vier, sechs und sieben ausgewertet.

4. Ein Sponsoring (Sozialengagement) kann kurzfristig oder langfristig angelegt sein. Welche der folgenden Möglichkeiten wäre für Sie am interessantesten?

Einmalige Förderung	***22***
Mittelfristige Förderung (bis zu 1 Jahr)	***10***
Kontinuierliche Förderung (bis zu 5 Jahren)	***22***

6. Falls Sie bei Frage 5 mindestens eine Fördermöglichkeit angekreuzt haben, geben Sie bitte an welches die Hauptbeweggründe für ein Sozialengagement Ihres Unternehmens wären.

	Bedeutung			
	sehr groß	*groß*	*gering*	*keine*
Hilfsbedürftigkeit der Geförderten	***9***	***24***	***4***	***2***
Soziale Verpflichtung des Unternehmens	***15***	***21***	***8***	***0***
Übereinstimmung mit Corporate Identity	***10***	***14***	***4***	***0***
Steuerliche Vorteile	***0***	***7***	***15***	***7***
Persönliche Kontakte	***7***	***13***	***9***	***0***
Unternehmensdarstellung in der Öffentlichkeit	***13***	***16***	***6***	***0***
Kontaktpflege mit anderen Förderern	***0***	***0***	***17***	***9***
Dokumentation gesellschaftspolitischer Verantwortung	***4***	***15***	***11***	***6***

7. Neben den Möglichkeiten des Sozialengagements werden in der Öffentlichkeit auch die Gefahren desselben diskutiert.
Welche Gefahren sehen Sie im Sozialengagement von Unternehmen?

	trifft voll zu	*trifft teilweise zu*	*trifft nicht zu*
Abhängigkeit des Geförderten vom Förderer	***11***	***25***	***11***
Ablehnende Haltung der Öffentlichkeit	***3***	***8***	***29***
Entlastung des Staates zu Lasten der Unternehmen	***18***	***16***	***10***
Bevorzugung einzelner Organisationen	***10***	***29***	***4***
Nachlassendes Engagement der Organisationen	***2***	***25***	***13***

Bei der Betrachtung der Gründe, die für bzw. gegen ein Sozialsponsoring sprechen, fällt auf, daß Steuerliche Vorteile (3,0) und Kontaktpflege mit anderen Förderern (3,4) eine sehr untergeordnete bzw. gar keine Rolle spielen. Die restlichen Bereiche sind in leicht abgestufter Rangfolge von der Dokumentation der gesellschaftspolitischen Verantwortung (2,5), der Hilfsbedürftigkeit(1,9), der sozialen Verpflichtung und der Unternehmensdarstellung in der Öffentlichkeit(jeweils 1,8), über den persönlichen Kontakt(1,5) bis zur Übereinstimmung mit der Corporate Identity(1,4) ausschlaggebend für ein Sozialsponsoring der Firmen.

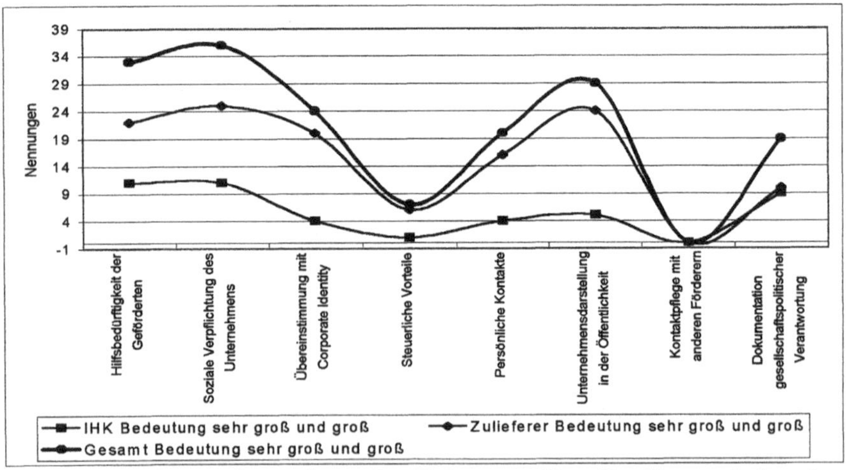

Abb. 46 Sehr große und große Bedeutung für die Beweggründe eines Sozialsponsoring

Quelle: Eigener Entwurf

Die Grafik zeigt auf, daß die Ausprägungen sind in dieser Form sowohl bei den Zulieferer Firmen, als auch den IHK-Firmen vorhanden sind. Die Gründe, die gegen ein Sozialsponsoring sprechen könnten, wurden vorwiegend in der Entlastung des Staates zu Lasten der Unternehmen, sowie in der Bevorzugung einzelner Organisationen und der Abhängigkeit des Geförderten vom Förderer gesehen.

Bei der Förderungsdauer präferieren die Firmen, welche ein Sozialsponsoring betreiben oder betreiben würden, sowohl die kontinuierliche als auch die einmalige Förderung, wobei die IHK-Firmen die einmalige Förderung bevorzugen. Mittelfristige Förderung spielt nur eine untergeordnete Rolle

6.2.1.3. Bevorzugte Bereiche im Sozialsponsoring

Anhand der Frage fünf sollte herausgefunden werden, inwieweit eine Akzeptanz zur Förderung des Bereiches Fort- und Weiterbildung vorhanden ist. Dazu wurde der Bereich in Frage fünf mehreren anderen Förderbereichen gegenüber gestellt.

5. Im folgenden sind einige Fördermöglichkeiten aus dem Bereich Gesundheitswesen aufgeführt. Geben Sie bitte an, in welchen Bereichen Sie sich eine Förderung am ehesten vorstellen können bzw. welche Bereiche Sie bereits unterstützen.

Gesundheitliche Aufklärung	***26***
Erstausbildung im Gesundheitswesen	***9***
Fortbildung / Weiterbildung im Gesundheitswesen	***27***
Behindertenhilfe	***18***
Rettungswesen	***11***
Vorbeugung/Hilfe bei Alkoholismus	***6***
Vorbeugung/Hilfe bei anderen Suchterkrankungen	***9***
Rehabilitation	***6***
Hospizbewegung	***2***

Bei den bevorzugten Sponsoringbereichen lagen die Bereiche Gesundheitliche Aufklärung und der Bereich Fortbildung/Weiterbildung im Gesundheitswesen gleich auf bei jeweils 23%. Bei den Zulieferer-Firmen war der Bereich Fortbildung/Weiterbildung erwartungsgemäß noch stärker ausgeprägt, doch auch bei den IHK-Firmen war Fortbildung/Weiterbildung im oberen Teil der Nennungen vertreten. Hier lag er jedoch zusammen mit der Behindertenhilfe, dem Rettungswesen und der gesundheitlichen Aufklärung gleich auf.

6.2.1.4. Erwartungen an die Gesponserten

Die Erwartungen der potentiellen Sponsoren wurden mit Hilfe der Frage acht ermittelt. Es wurde wieder eine 4er-Skala verwendet, um die Gründe, die für ein Sponsoring sprechen, in eine Rangfolge zu bringen.

8. Wenn man ein Sozialsponsoring neu oder verstärkt betreiben möchte, so kann dies aus verschiedenen Gründen erfolgen. Bitte beurteilen Sie die folgenden Aussagen:

Wir würden Sozialsponsoring (verstärkt) einsetzen, wenn:	*trifft voll zu*	*trifft teilweise zu*	*trifft nicht zu*
- *eigene Sponsoring Projekte möglich wären*	***6***	***15***	***17***
- *höhere Wirkung auf Mitarbeitermotivation vorhanden wäre*	***10***	***12***	***14***
- *bisherige Zielgruppen besser erreicht werden könnten*	***22***	***10***	***9***
- *neue Zielgruppen damit erreicht werden könnten*	***22***	***11***	***11***
- *mehr gemeinsame Veranstaltungen mit dem Gesponserten möglich wären*	***5***	***14***	***19***
- *mehr Bereitschaft bei dem Gesponserten zu neuen Formen der Zusammenarbeit bestünde*	***15***	***17***	***12***
- *die Medien (stärker) darüber berichten würden*	***9***	***24***	***8***
- *stärkere Imageeffekte erzielt würden*	***13***	***20***	***6***
- *das Image des Gesponserten mit dem Unternehmen stärker übereinstimmen würde*	***9***	***21***	***9***
- *wir unsere Corporate Identity damit besser dokumentieren könnten*	***12***	***17***	***9***
- *die Öffentlichkeitsarbeit damit neu belebt werden könnte*	***7***	***24***	***7***
- *die Wirkung meßbarer wäre*	***22***	***14***	***9***

Das Erreichen der bisherigen Zielgruppe(1,7) und eine meßbare Wirkung(1,7) sind die herausragenden Gründe, die für ein Sozialsponsoring sprechen, gefolgt vom Erreichen neuer Zielgruppen(1,8) und der Intensivierung von Imageeffekten(1,8).
Eigene Sponsoringprojekte(2,3) und gemeinsame Veranstaltungen mit dem Gesponserten(2,4) spielen nur eine untergeordnete Rolle. Bei der separierten Betrachtung der Antworten anhand der beiden Datensätze differieren die Einzelergebnisse vom Gesamtergebnis.
Erwarten die IHK-Firmen vorwiegend Gegenleistungen in den Bereichen Öffentlichkeitsarbeit, Imageeffekte und Berichterstattung in der Presse, liegen die Schwerpunkte der Zulieferer-Firmen im Erreichen alter und neuer Zielgruppen. Desweiteren sind sie stärker an neuen Formen der Zusammenarbeit interessiert.

6.2.1.5. Auswahlkriterien der Sponsoren

Spielt der örtliche Bezug bei der Auswahl möglicher Sponsorpartner einen Grund? Und welche Art von Leistungen bevorzugen die Sponsoren bei ihrem Engagement?
Diese beiden Fragen sollten mit Hilfe der Fragen 10 und 11 beantwortet werden.

10. *Welche Form des Sozialengagement wäre für ihr Unternehmen am interessantesten, falls sie sich dazu entschließen würden?*

41 *Finanzielles Engagement*
23 *Materielles Engagement*
17 *Personelles Engagement*

11. *Die Anzahl der Organisationen im Gesundheitsbereich, die einen Teil ihrer Arbeit über Spenden oder Sponsoring finanzieren, nehmen in den letzten Jahren kontinuierlich zu.*
Ein Sozialengagement kann man daher auch nach örtlichen Kriterien festlegen.
Welche der folgenden Organisationen kämen für Sie am ehesten in Frage?

- *Organisationen mit lokalem Bezug* ***37***
  z.B. örtlicher Krankenhäuser, Vereine etc.
- *Organisationen mit regionalem Bezug* ***13***
  z.B. DRK, DPWV etc. auf Kreis- oder Landesebene
- *Organisationen mit nationalem Bezug* ***14***
  z.B. Deutsche Krebshilfe, Deutsche Aidshilfe etc.

In der Gesamtauswertung ergibt sich das Bild, daß die Firmen Organisationen mit örtlichem Bezug präferieren, und diese am ehesten mit einem finanziellen Engagement sponsern würden. Der örtliche Bezug wird auch bei einer detaillierten Betrachtung bevorzugt.
Eine Abweichung gibt es hinsichtlich der Form des Sozialengagements. Während die IHK-Firmen das finanzielle Engagement vorziehen, können sich die Zulieferer-Firmen auch durchaus ein materielles Engagement vorstellen. Personelles Engagement spielt eine untergeordnete Rolle. Abschließend ein Ausblick in die Zukunft des Sozialengagement (Frage 9). Hier sind sich über ¾ der befragten Firmen einig, daß ihr Engagement eher gleichbleibt. Eher steigendes und sinkendes Engagement halten sich die Waage bei knapp über 10%.

9. Wie wird sich nach Ihrer Einschätzung das Engagement Ihres Unternehmens im Sozialbereich in den nächsten 5 Jahren vermutlich entwickeln?

7 eher steigen *42 eher gleichbleiben* *6 eher sinken*

6.3. Zwischenfazit

Die Hauptfrage war und ist, ob es möglich ist, im Bereich Fortbildung/Weiterbildung einen gewissen Teil der Kosten durch Sozialsponsoring zu finanzieren?

Nach Auswertung der Fragebögen läßt sich festhalten, daß dies in einem gewisser Rahmen durchaus möglich ist. Da jedoch die Erwartungen der Firmen an einen Sponsorpartner stark differieren, ist die Frage in welchem Umfang dies geschehen kann.
Wird das Sponsoringkonzept überwiegend auf heimischen Firmen aufgebaut, gestaltet sich eine kontinuierliche Förderung schwierig. Anderseits könnten einzelne Projekte auf diesem Weg mitfinanziert werden.
Wird hingegen die Zusammenarbeit mit Zulieferer-Firmen angestrebt, ist die Chance auf eine kontinuierliche Förderung wesentlich größer. Jedoch steigen auch die Erwartungen an das Krankenhauses in Bezug auf die Gegenleistungen. Hier könnte es zu Reibungen zwischen der Wirtschaftsabteilung und der Sponsoring Idee kommen.

Sponsoring im Bereich Fortbildung/Weiterbildung ist möglich. Inwieweit es umgesetzt werden soll muß jedoch von allen Beteiligten abgewogen werden.

7. Schlußbetrachtung

"Mensch und Umwelt, Seele und Körper hängen sehr viel enger zusammen als wir dies bisher vermutet haben. Aufwertung interaktionsintensiver Tätigkeiten heißt meines Erachtens Aufwertung insbesondere der Pflegetätigkeit. Nicht Ärzte, sondern Pflegekräfte werden die Träger einer ganzheitlichen Versorgung sein. .....
...Unser Gesundheitswesen ist allzu technikzentriert und allzu krankenhauszentriert. Gemessen an Konzepten des "Lean-Managements" sind unsere Krankenhäuser High-tech-Organisationen mit einer archaischen Organisationsstruktur, was sich beispielsweise ablesen läßt an einem Zuviel an Hierarchie, an berufsständischem Denken und an Spezialisierung. Bei den Mitarbeitern führt dies zu zahlreichen vermeidbaren Arbeitshemmnissen, zu vermeidbarem Streß und zu vermeidbarer Demotivation - alles zum Schaden natürlich auch für die Patienten."[214]
In diesem kurzen Zitat von Prof. Dr. Badura (Fakultät für Gesundheitswissenschaften, Universität Bielefeld) sind einige Gründe für die in dieser Arbeit beschriebenen, organisatorischen Reformansätze knapp zusammengefaßt.

Es gilt, aus den herrschenden Strukturen heraus eine interdisziplinäre, kommunikative und dezentralisierte Arbeitsorganisation im gesamten Gesundheitssystem, aber besonders in den Krankenhäusern aufzubauen. Und dies unter der Prämisse, die Qualität in der Patientenversorgung zu sichern und möglichst auszubauen.

Die Krankenhäuser sehen sich in dieser Situation einer grundlegenden Reform bestehender Paradigmen ausgesetzt. Haben die einzelnen Berufsgruppen und Akteure, aber auch die Gesamtorganisation Krankenhaus, jahrelang den Status Quo halten können, so treten die Veränderungen und Reformen nun auf allen Ebenen gleichzeitig auf. Der Patient ist plötzlich Kunde, der Versorgungsauftrag wird zugunsten der ambulanten Behandlung und Pflege revidiert, die Finanzierung wird grundlegend verändert, die ausgebildeten Hierarchiestrukturen werden in Frage gestellt und abgebaut (wenn auch langsam) und die Träger der öffentlich-rechtlichen Krankenhäuser würden sich am liebsten durch Privatisierung der gesellschaftspolitischen Verantwortung entziehen.

---

[214] Badura, Prof. Dr. B., 1996, S. 28f

Der Grund für das zeitgleiche Auftreten all diese Veränderungen ist systemimmanent zu betrachten. Durch die jahrelange Fixierung der Krankenhäuser auf ungebremste technikorientierte Akutbehandlung, konnten sowohl die internen, hierarchischen Strukturen manifestiert werden, der Kunde als Patient betrachtet werden, und letztlich der stetig steigende Finanzierungsbedarf als unabwendbare Größe determiniert werden.
Doch durch die gesellschaftlichen Entwicklungen, und ihre Auswirkungen auf die Sozialversicherungen und die öffentliche Hand, war die Gesundheitsversorgung in der Form nicht mehr finanzierbar. Die eingeführten Regelinstrumentarien zur Ausgabenbegrenzung unter der Prämisse der Qualitätssicherung und vor allem der Beitragsstabilität wurden in der Arbeit beschrieben. Auch die daraus resultierenden Organisationsreformen.
Letztendlich kann das Gesundheitssystem auf Dauer jedoch nur durch eine grundlegende Verschiebung der Prioritäten von der nachgelagerten Krankheitsbehandlung hin zur präventiven Gesundheitsförderung erhalten werden. Wobei Prävention nicht auf erzieherische Maßnahmen im Vorfeld einer Erkrankung beschränkt ist, und nur außerhalb der Krankenhäusern stattfinden muß. Vielmehr bietet das Krankenhaus die Möglichkeiten einer intensiven Auseinandersetzung der Patienten mit ihrer Gesundheit, und somit ihrer persönlichen Gesundheitsförderung. Voraussetzung hierfür ist jedoch praktizierte Teamarbeit innerhalb der Krankenhäuser (z.B. Primary Nursing), um alle gesundheitlichen Aspekte eines Patienten zu erfassen.
Da die Gesundheitsförderung über die rein medizinische Behandlung und Nachversorgung hinausgeht, ist der Pflegebereich in den Krankenhäusern für diese Aufgabe prädestiniert, da die Pflegekräfte die intensivsten psycho-sozialen Beziehungen zu den Patienten aufbauen. Desweiteren hat die Pflege keinen Erkenntnisnotstand, sondern eher einen Umsetzungsnotstand. Sie kann bei guter Fort- und Weiterbildung die sachliche Kompetenz entwickeln, um diese Aufgaben mit wahrzunehmen.
Wenn die Aussagen der unterschiedlichsten Entscheidungsträger im Gesundheitssystem in Bezug auf Patientenorientierung und Gesundheitsförderung ernst zu nehmen sind, werden die organisatorischen Reformen in den Krankenhäusern noch lange nicht für beendet erklärt werden können. Die endgültige Zielsetzung bezüglich der ganzheitlichen Patientenversorgung ist noch nicht klar erkennbar. Doch wird sie sich von der z.Z. noch vorherrschenden Krankheitsversorgung unterscheiden. Nach den Worten von Prof. Badura sogar elementar:

"Nicht Ärzte, sondern Pflegekräfte werden die Träger einer ganzheitlichen Versorgung sein. "

8. Literaturverzeichnis

ACHNER, S. (1995) : Neustrukturierung des Dienstleistungsangebotes und Entwicklungshorizonte der Krankenhäuser, in: HANS-BÖCKLER-STIFTUNG und ÖTV BEZIRK NW I (Hrsg.) , Hat die Zukunft in deutschen Krankenhäusern schon begonnen?, Mauskripte 166, Düsseldorf

BADURA, PROF. DR. B. (1996) : Neue Aufgaben im Gesundheitswesen - Folgerungen für Qualifikationsan forderungen bei Krankenkassen und Landesversicherungsanstalten, in: MAGS NRW (Hrsg.), Neue Qualifikationen im Gesundheitswesen, Dokumentation der Expertentagung, Bad Lippspring

BAECKER, D. (1994) : Postheroisches Management. Ein Vademecum, Berlin

BECKER, W. (1995) : Das Eis ist brüchig ... oder wieviele Berufe verträgt das System? Überle gungen zur Zukunft gesundheits- und sozialpflegerischer Berufe, in: MEIFORT, B. und BECKER, W. (Hrsg.) , Berufliche Bildung für Pflege- und Erziehungsberufe, Berlin

BERKEL, K.(1983) : Wandel in der Einstellung zur Arbeit? in: Zeitschrift für Arbeits- und Organisationspsychologie 1, Stuttgart

BERTELSMANN LEXIKOTHEK (1989) : Diverse Bände, Gütersloh

Bleicher,K. (hrsg.) Organisation als System, Wiesbaden 1972

BOSETZKY, PROF. DR. H. und HEINRICH, PROF. DR. P. (1994) : Mensch und Organi sation, Köln

BOSETZKY; PROF. DR. H. (1977) : Das Wegloben als Sonderform vertikaler Mobilität, in : Zeit schrift für Organisation 46

BREYER, F. und ZWEIFEL, P. (1997) : Gesundheitsökonomie, Berlin, Heidelberg

BRUCH, H. und KUHNERT, B. (1994) : Total Quality Management als Kernelement von Lean Administration, in: Zeitschrift für Führung und Organisation 63

BRUHN, PROF. DR. M. (1990) : Sozio- und Umweltsponsoring, Engagements von Unternehmen für soziale und ökologische Aufgaben, München

BRUHN, PROF. DR., M., (1992) : Rechtliche Gestaltung des Sponsoring Bd. 1, München

BÜSCHGES, G. und ABRAHAM, M. : (1997) : Einführung in die Organisationssoziologie, Stuttgart

BUNDESGESETZBLATT TEIL I (1994) : NO. 22, Bonn

BUNDESGESETZBLATT TEIL I (1996) : NO. 22, Bonn

BUNDESGESETZBLATT TEIL I (1991) : NO. 24, Bonn

BUNDESGESETZBLATT TEIL I (1994) : NO. 30, Bonn

BUNDESGESETZBLATT TEIL I (1992) : NO. 59, Bonn

BUNDESGESETZBLATT TEIL I (1988) : NO. 62, Bonn

BUNDESGESETZBLATT TEIL I (1990) : NO. 72, Bonn

BUNDESMINISTERIUMS FÜR GESUNDHEIT (1999): http://www.dialog-gesundheit.de

BUNDESZAHNÄRZTEKAMMER UND KASSENZAHNÄRZTLICHE VEREINIGUNG (1999) : http://www.kzbv.de

CAPRA, F. (1983) : Wendezeit, Bausteine für ein neues Weltbild, Bern

CLAESSENS, D., KLÖNNE, A., TSCOEPE, A. (1992) : Sozialkunde der Bundesrepublik Deutschland, Hamburg

DAYBELL, C. R. (1994) : Verantwortungs- und Fähigkeitsförderung der Mitarbeiter, in: BERTELSMANN STIFTUNG (Hrsg.) Demokratie und Effizienz in der Kommunalverwaltung, Gütersloh

DEUTSCHE KRANKENHAUSGESELLSCHAFT (1994) : Zahlen, Daten ,Fakten '94/95, Düsseldorf

DEUTSCHE KRANKENHAUSGESELLSCHAFT (1996) : Zahlen, Daten ,Fakten '96, Düsseldorf

ECKART, W. U. (1994) : Geschichte der Medizin, Berlin, Heidelberg

ELKELES, T. (1993) : Arbeitsorganisation in der Krankenpflege, Zur Kritik der Funktionspflege, Frankfurt/Main

FACHVEREINIGUNG DER VERWALTUNGSLEITER DEUTSCHER KRANKENAN STALTEN E.V. (1988) : Betriebswirtschaftliche Aspekte in der Krankenhausfinanzierung, Marl

FAWCETT, J. (1996) : Pflegemodelle im Überblick, Göttingen

FRIEDRICHS, J. (1990) : Methoden empirischer Sozialforschung, Opladen

GAUSMANN, H. (1995) : Risiken und Chancen für Krankenhäuser durch das GSG, in: HANS-BÖCKLER-STIFTUNG und ÖTV BEZIRK NW I (Hrsg.) , Hat die Zukunft in deutschen Krankenhäusern schon begonnen?, Mauskripte 166, Düsseldorf

GERHARD,UTE, Rollenanalyse als kritische Soziologie, Neuwied/Berlin 1971

GESUNDHEITS-BROCKHAUS (1990) , Mannheim

GEWERKSCHAFT ÖFFENTLICHE DIENSTE, TRANSPORT UND VERKEHR (1996) : Reform der Aus-, Fort- und Weiterbildung in den Pflegeberufen, Stuttgart

HENKE, R. (1995) : Verzahnung des stationären und ambulanten Sektors, in: HANS-BÖCKLER-STIFTUNG und ÖTV BEZIRK NW I (Hrsg.) , Hat die Zukunft in deutschen Krankenhäusern schon begonnen?, Mauskripte 166, Düsseldorf

HILDEBRANDT. H. (1992): Die deutschen Verfassungen des 19. und 20. Jahrhunderts, Paderborn.

HÖFER, R. (1977) : Organisation und ihre Umwelten, Struktur, Konflikt- und Effizienzaspekte der Umweltanpassung sozialer Systeme, Frankfurt/Main

ISRAEL, J. (1972) : Der Begriff Entfremdung, Reinbek

JÄGER, H. (1987) : Sozialversicherungsrecht und sonstige Bereiche des Sozialgesetzbuches, Berlin

JÄGER, H. (1970) : Einführung in die Sozialversicherung, Berlin

JUCHLI, L. (1993) : Ganzheitliche Pflege, Vision oder Wirklichkeit, Basel, Eberswalde

KAMINSKE, G. F., ERHART, K. J., JACOBI, H. J., PFEIFER, T:, RITTER, A. und ZINK, K. J. (1997) : Bausteine des innovativen Qualitätsmanagements, Erfolgreiche Praxis in deutschen Unternehmen, Berlin

KIESER A. (1995) : Der Situative Ansatz., in KIESER A. (Hrsg.) ,Organisationstheorien, Stuttgart

KISS, G. (1986) : Grundzüge und Entwicklung der Luhmanschen Systemtheorie, Stuttgart

KLAGES, H. (1978) : "Contingency Theory" am Scheideweg, in: BLASHKE. D. (Hrsg.) , Sozialwissenschaftliche Forschung - Entwicklungen und Praxisorientierung, Nürnberg

KLAGES H. und KMIECIAK, P. (1979) : Wertwandel und gesellschaftlicher Wandel. Frankfurt/Main

KLAGES, H. und HIPPLER, G. (1991) : Mitarbeitermotivation als Modernisierungsperspektive, Gütersloh

KOMMUNALE VERWALTUNGSSTELLE FÜR VERWALTUNGSVEREINFACHUNG (1993) : Bericht 6/1993, Budgetierung: Ein neues Verfahren der Steuerung kommunaler Haushalte, Köln

KOMMUNALE VERWALTUNGSSTELLE FÜR VERWALTUNGSVEREINFACHUNG (1994) : Bericht 15/1994, Verwaltungscontrolling im Neuen Steuerungsmodell, Köln

KRANKENHAUS UMSCHAU (1995) : Spezial Qualitätssicherung, Nr. 2, Hannover

KÜHN, DR. H. (1995) : Reform, Solidarität und Wettbewerb im Gesundheitswesen, in: HANS-BÖCKLER-STIFTUNG und ÖTV BEZIRK NW I (Hrsg.) , Hat die Zukunft in deutschen Krankenhäusern schon begonnen?, Mauskripte 166, Düsseldorf

KÜHNERT, DR. S. und NAEGELE, PROF. DR. G. (1996) : Professionalisierung der Pflege berufe auf dem Hintergrund veränderter Qualifikationsanforderungen und des demographischen Wandels, in: MAGS NRW (Hrsg.) , Neue Qualifikationen im Gesundheitswesen, Dokumentation der Expertentagung, Bad Lippspring

LEON, M. W. (1995) : Krankenpflegeausbildung in Europa, Stuttgart

LUHMANN N. (1984) : Soziale Systeme, Grundriß einer allgemeinen Theorie, Frankfurt/Main

LUHMANN, N. (1976) : Funktion und Folgen formeller Organisation, Darmstadt

LUHMANN, N. und MAYNTZ, R. (1973) : Personal im öffentlichen Dienst, Eintritt und Karrieren, Bonn

LUTHE, D. (1994) : Öffentlichkeitsarbeit für Nonprofit-Organisationen, Augsburg

MASLOW, A. H. (1978) : Motivation und Persönlichkeit, Olten

MAYNTZ, R. (1963) : Soziologie der Organisation, Reinbek

MAYNTZ, R. (1968) : Bürokratische Organisation, Köln/Berlin

MAYNTZ, R. (1985) : Soziologie der öffentlichen Verwaltung, Heidelberg

MEIFORT, B. (1995) : Gesundheits- und sozialpflegerische Berufe - ein Berufsfeld an der Schwelle zu Reformen, in: MEIFORT, B. und BECKER, W. (Hrsg.) , Berufliche Bildung für Pflege- und Erziehungsberufe, Berlin

MINISTERIALBLATT FÜR DAS LAND NORDRHEIN WESTFALEN (1991) : No. 2, Düsseldorf

MINISTERIUM FÜR ARBEIT; GESUNDHEIT UND SOZIALES DES LANDES NORD RHEIN-WESTFALEN (1996) : Strukturreform der Pflegeausbildung, Gutachten über Handlungsbedarf zur Neustrukturierung von Berufsbildern der gesundheits- und sozialpflegerischen Berufe und bildungspolitische Schlußfolgerung, Ahaus

MINISTERIUM FÜR ARBEIT; GESUNDHEIT UND SOZIALES DES LANDES NORD RHEIN-WESTFALEN (1994) : Patientenorientierung und Arbeitszufriedenheit im Krankenhaus: Krankenpflege als Ausgangspunkt einer interdisziplinären Reorganisation von Arbeitsabläufen durch Qualitätszirkel: Ergebnisse eines Modellprojekts in NRW, Düsseldorf

NASCHOLD, F. (1995) : Modernisierung des öffentlichen Sektors - Haushaltskonsolidierung, Leistungstiefe, "Prozeß-Re-engineering", in: NASCHOLD, F. und PRÖHL, M. (Hrsg.) , Produktivität öffentlicher Dienstleistungen, Bd. 2, Gütersloh

ÖSTEREICHISCHES BUNDESMINISTERIUM FÜR ARBEIT, GESUNDHEIT UND SOZIALES (1998) : Qualität im Gesundheitswesen, Möglichkeiten und Grenzen der Zusammenarbeit auf EU-Ebene zur Erreichung eines hohen Gesundheitsschutzniveaus in den Mitgliedstaaten, Wien

ORTWEIN, I. (1993) : Kleines Lexikon des deutschen Gesundheitswesens, Münden

PAWLOWSKY, PROF. DR. P. und BÄUMER, J. (1996) : Betriebliche Weiterbildung, Management von Qualifikation und Wissen, München

PFAFF, M. (1995) : Von betriebs- und volkswirtschaftlichen hin zu sozialen und gesamtgesell schaftlichen Produktivitätsbegriffen: das Beispiel des deutschen Krankenhauses, in: NASCHOLD, F. und PRÖHL, M. (Hrsg.) , Produktivität öffentlicher Dienstleistungen, Bd. 1, Gütersloh

PROBST, G. J. B. (1993) : Organisation, Strukturen, Lenkungsinstrumente, Entwicklungs-perspektiven, Landsberg/Lech

ROSENBROCK, R. und MOERS, M. (1996) : Bedarf an Umsetzung gesundheitspolitischer und pflegewissenschaftlicher Qualifikationen am Beispiel NRW, in: MAGS NRW (Hrsg.) , Neue Qualifikationen im Gesundheitswesen, Dokumentation der Expertentagung, Bad Lippspringe

SCHÄFERS, B. (1990) : Gesellschaftlicher Wandel in Deutschland, Stuttgart

SCHELTER, W. (1996) : Das Tarifrecht der Angestellten im Pflegedienst (BAT), Stuttgart

SCHEUCH, E. K. und SCHEUCH, U. (1992) : Cliquen und Karrieren, Reinbek

SCHLUMP, L. (1990) : Die Rolle des Individuums in der Organisationstheorie, Grundzüge einer kritischen Theorie der Organisation, Frankfurt/Main

SCHNEEMANN, R. (1999) : Vorschriften-Verzeichnis Krankenhaus, Gesetze, Verordnungen, Normen, Richtlinien für Einrichtungen des Gesundheitswesens, Kulmbach

SCHUHMACHER, H. (1995) : Welche Interessen haben die Krankenkassen bezüglich der Entwicklung der Krankenhäuser?, in: HANS-BÖCKLER-STIFTUNG und ÖTV BEZIRK NW I (Hrsg.) , Hat die Zukunft in deutschen Krankenhäusern schon begonnen?, Manuskripte 166, Düsseldorf

SONNENHOLZER D. A. (1999) : Mitarbeiter Reanimation, Frankfurt/Main

SPRONDEL, W. M. (1972) : Emanzipation und Professionalisierung des Pflegeberufs, in: PINDING, M. (Hrsg.) , Krankenpflege in unserer Gesellschaft, Stuttgart

STATISTISCHES BUNDESAMT (1992) : Statistisches Jahrbuch für die Bundesrepublik Deutschland, Wiesbaden

STATISTISCHES BUNDESAMT (1999) : Statistisches Jahrbuch für die Bundesrepublik Deutschland, Wiesbaden

STATISTISCHES BUNDESAMT (2000) : http://www.statistik-bund.de

STEGEMÜLLER, K. (1998) : Die gesetzliche Krankenversicherung nach der 3. Reformstufe - Ein Solidarsystem im Übergang zum Marktmodell, in: JORDAN, PROF. DR. J. und DEPPE, PROF. DR. H.-U. (Hrsg.) , Medizin und wirtschaftlicher Wettbewerb, Frankfurt/Main

TEICH, I. (1997) : Wege zur lernenden Organisation, Aachen

WEBER, M. (1964) : Wirtschaft und Gesellschaft, Bd. 2, Köln/Berlin

WELKOBORSKY, H. (1996) : Landespersonalvertretungsgesetz Nordrhein Westfalen, Basis kommentar, Köln

WILM, B. (1997): Zusammenfassung der Expertise des Instituts für Pflegewissenschaften an der Universität Bielefeld, in: WEGEmbh (Hrsg.), Analyse und Identifikation von Qualitätsanforderungen und Qualitätsfeldern für nichtärztliche Beschäftigte im Gesundheitssektor, Bielefeld

9. Anlagen

9.1.

Entwicklung der Krankenhausbetten, Pflegetage und Pflegefälle

Jahr	Krankenhausbetten	Veränderng gegenüber dem Vorjahr	Pflegetage	Veränderug gegenüber dem Vorjahr
1970*	683.254		220,8 Mil	
1975*	729.791		221,8 Mil.	
1980*	707.710		219,9 Mil	
1985*	674.742		211,1 Mil	
1990**	685.976		209,8 Mil.	
1991	665.565	-2,98%	203,6 Mil	-2,99%
1992	646.995	-2,79%	198.0 Mil.	-2,71%
1993	628.700	-2,83%	189,9 Mil.	-4,09%
1994	618.176	-1,67%	185,2 Mil.	-2,50%

Veränderung 1990 - 1994
-9,88%

Veränderung 1990 - 1994
-11,75%

Jahr	Pflegefälle	Veränderng gegenüber dem Vorjahr	Pflegetage / Pflegefall	Veränderug gegenüber dem Vorjahr
1970*	8,9 Mil.		24,89	
1975*	10,0 Mil		22,17	
1980*	11,2 Mil		19,68	
1985*	11,8 Mil		17,97	
1990**	13,8 Mil.		15,23	
1991	13,9 Mil.	1,07%	14,62	-4,01%
1992	14,2 Mil.	2,22%	13,91	-4,86%
1993	14,4 Mil.	1,04%	13,21	-5,03%
1994	14,6 Mil.	1,70%	12,66	-4,16%

Veränderung 1990 - 1994
5,81%

Veränderung 1990 - 1994
-16,88%

* Die Zahlen für 1970 bis 1985 beziehen sich auf das Gebiet der alten BRD

** Ab 1990 wird die Krankenhausstatistik nach der Systematik der Krankenhausstatistik Verordnung (KHStatV) vom 10.4.1990 dargestellt:

Die Vorsorge- oder Rehabilitationseinrichtungen wurden aus der Krankenhausstatistik ausgegliedert und als eigenständiger Bereich ausgewiesen

Quelle : DKG

9.2.

Arbeitskreis zur Entwicklung einer Abteilung für Innerbetriebliche Fort- und Weiterbildung (IBF/WB)

Fragebogen zur Innerbetrieblichen Fort- und Weiterbildung

Im August 1997 ist am Krankenhaus X ein Arbeitskreis zur Entwicklung einer Abteilung für innerbetriebliche Fort- und Weiterbildung (IBF/WB) gegründet worden

Mitglieder sind:
xxxxxxxxx (Krpfsch.), **xxxxxxxxx** (Diätsch.), **xxxxxxxxx** (PR), **xxxxxxxxx** (MTA-Schule), **xxxxxxxxx** (Qualitätssicherung), **xxxxxxxxx** (KPDL Gyn.), **xxxxxxxxx** (RTA-Schule), **xxxxxxxxx** (AG Fortbildung), **xxxxxxxxx** (FWB), **xxxxxxxxx** (KPDL Neurol.- u. Kopfkliniken), **xxxxxxxxx** (Krpfl.- u. Kikrpflsch.), **xxxxxxxxx** (Verwaltung), **xxxxxxxxx** (Kikrpfsch.), **xxxxxxxxx** (PDL), **xxxxxxxxx** (Verwaltung).

Auftrag des Arbeitskreises ist es, Grundlagen zu entwickeln, um zukünftig die IBF/WB neu zu strukturieren sowie die vorhandenen Gelder noch wirtschaftlicher zu nutzen, Fort- und Weiterbildung langfristig und gezielt und geplant anzubieten. Die IBF ist ein Instrument der Qualitätssicherung um das Wissen der MitarbeiterInnen zum Wohle der Patienten einzubringen.
Innerbetriebliche Fort- und Weiterbildung dient dazu Wissen durch neue Erkenntnisse aus Wissenschaft und Technik zu aktualisieren sowie den MitarbeiterInnen im Rahmen einer Weiterbildung einen zusätzlichen qualifizierten Abschluss zu ermöglichen oder Problembereiche im eigenen Betrieb bewußt zu machen.

Dem **Krankenhaus X** ist es ein Anliegen über qualifizierte MitarbeiterInnen zu verfügen. der Abteilung soll der Auftrag obliegen bisherige und zukünftige Fort- und Weiterbildungsmaßnahmen zu erfassen, zu koordinieren und somit organisatorisch zur Personalentwicklung und Qualitätssicherung beizutragen.

Die gegenwärtigen finanziellen Rahmenbedingungen des Hauses sind eng bemessen. Um so wichtiger ist es die für die IBF/WB vorhandenen Mittel effektiv einzusetzen. Dies muß auch am Bedarf der MitarbeiterInnen orientiert sein.
Zu diesem Zweck möchten wir Sie bitten in einem Gespräch mit allen MitarbeiterInnen Ihres Bereches mit Hilfe des beiliegenden Fragebogens Anregungen und Wünsche gemeinsam auszuarbeiten.

Aufgrund der zeitlichen Kapazitäten ist es uns leider nicht möglich personenbezogene Befragungen durchzuführen. Wir würden uns über eine rege Beteiligung Ihrerseits freuen, weil nur dadurch ein breites Meinungsspektrum aus allen Bereichen des Hauses herzustellen ist. **Für Rückfragen stehen die Arbeitskreismitglieder Ihnen gerne zur Verfügung.**

Wir bitten um Rücksendung an die Personalabteilung / xxxxxxxxx bis zum 15.07.1998

Mit freundlichen Grüßen
Ihre Mitglieder des Arbeitskreises

1. Berufliches Fachwissen durch Fortbildung aktualisieren:

A) -Welche Fortbildungen zu Arbeitsmethoden, -techniken und Fachkenntnissen (berufsbezogen/berufsübergreifend) sollten für Ihren Bereich angeboten werden?

....

....

....

....

....

....

....

....

....

....

B) -In welchem Bereich des Gesundheitsschutzes bzw. Vorbeugemaßnahmen sehen Sie einen Fortbildungsbedarf (z.B. Hygieneverordnungen, rückenschonendes Arbeiten, Stressbewältigungsmethoden) ?

....

....

....

....

....

....

....

....

....

....

....

C) -Welche Themen aus der Gesetzgebung sind für Ihren Bereich wichtig (z.B. Arbeitsrecht, Haftungsrecht, Verordnungen aus der Medizintechnik, Krankenhausfinanzierung) ?

....

....

....

....

....

....

....

D) -Welche Fortbildungen in dem Themenbereich der Kommunikation und Gesprächsführung könnte Sie bei Ihrer Arbeit unterstützen (z.B. Teamarbeit, Umgang mit Lob und Kritik) ?

....

....

....

....

....

E) -Welche Kenntnisse aus dem Bereich der Arbeitsorganisation können Ihre Arbeit erleichtern (Optimierung von Arbeitsabläufen, Vernetzung von Arbeitsgängen verschiedener Berufsgruppen, Einführung der EDV)

....

....

....

....

....

F) -<u>Bitte nennen Sie die ***drei*** für Ihren Bereich dringlichsten Themen:</u>

....

....

....

....

2. Welche *Weiterbildungen* sind bzw. halten Sie für Ihren Bereich erforderlich?

....

....

....

....

....

....

....

....

....

3. Wie soll Fort- und Weiterbildung aus Ihrer Sicht, aufgrund Ihrer erfahrungen zukünftig organisiert werden? Bitte teile Sie uns Ihre Vorschläge mit !

....

....

....

....

....

....

....

....

....

....

....

9.3.

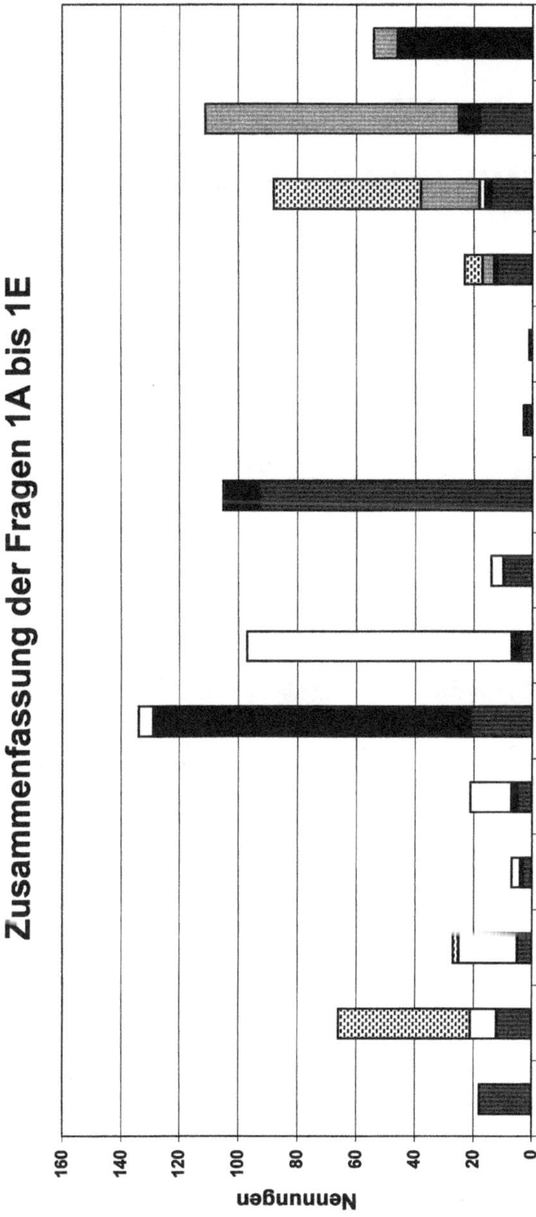

	CPW	EDV	Betriebswirtsch. im KH	Umwelt-schutz	Katastro-phensch. etc.	Gesund-heitssch. etc.	Gesetzes-kunde	Umgang mit Instrum.	Fachwis-sen	Fach-weiter-bild.	Hospita-tionen	Qualität	Arbeits-ablauf und Orga.	Kommu-nikation	Streß-bewälti-gung
1e	0	45	2	0	0	0	0	0	0	0	0	6	50	0	0
1d	0	0	0	0	0	0	0	0	1	1	0	4	20	86	8
1c	0	9	20	3	14	5	90	4	0	0	0	1	2	0	0
1b	0	0	0	1	2	108	3	0	11	0	0	0	2	7	45
1a	18	12	5	3	5	21	4	10	93	2	1	12	14	18	1

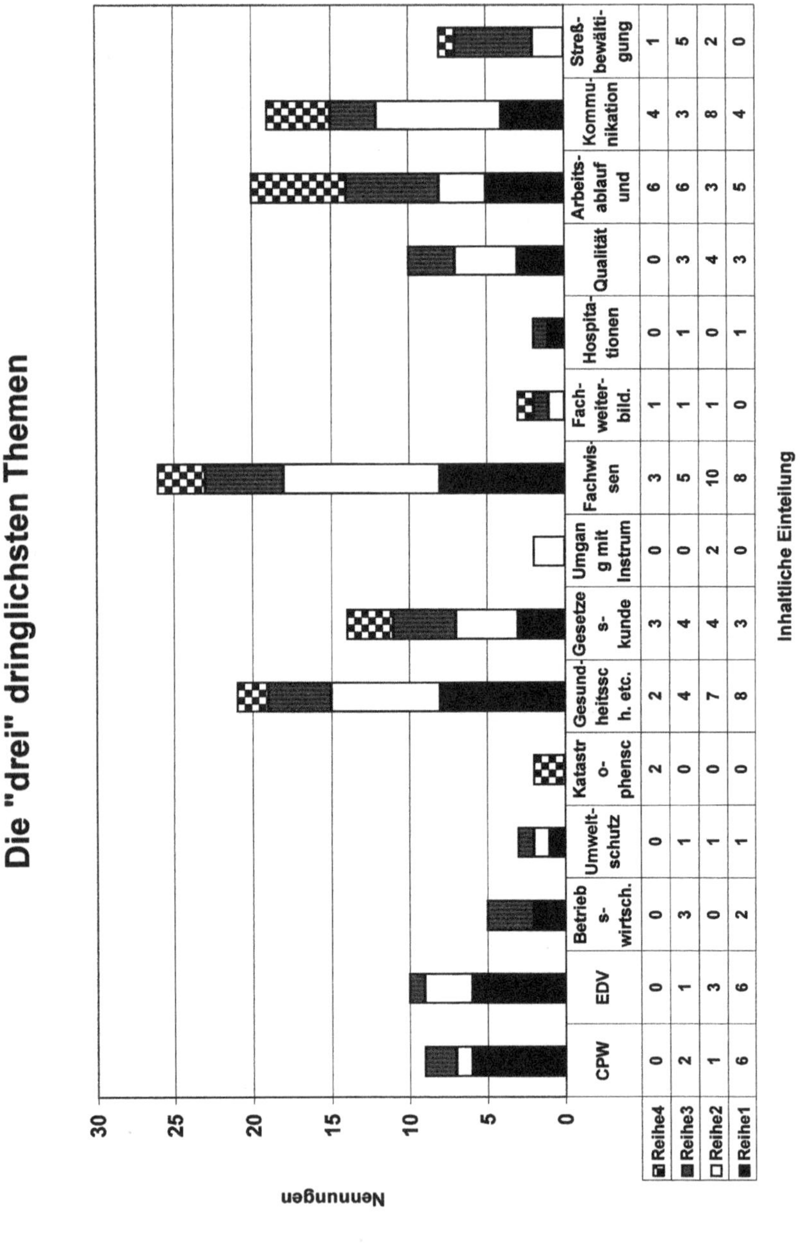

	CPW	EDV	Betriebs-wirtsch.	Umwelt-schutz	Katastro-phensc	Gesund-heitssch. etc.	Gesetzes-kunde	Umgang mit Instrum	Fachwis-sen	Fach-weiter-bild.	Hospita-tionen	Qualität	Arbeits-ablauf und	Kommu-nikation	Streß-bewälti-gung
Reihe4	0	0	0	0	2	2	3	0	3	1	0	0	6	4	1
Reihe3	2	1	3	1	0	4	4	0	5	1	1	3	6	3	5
Reihe2	1	3	0	1	0	7	4	2	10	1	0	4	3	8	2
Reihe1	6	6	2	1	0	8	3	0	8	0	1	3	5	4	0

Gegenüberstellung der Nennungen der Fragen 1a - 1e und der dringlichsten Themen

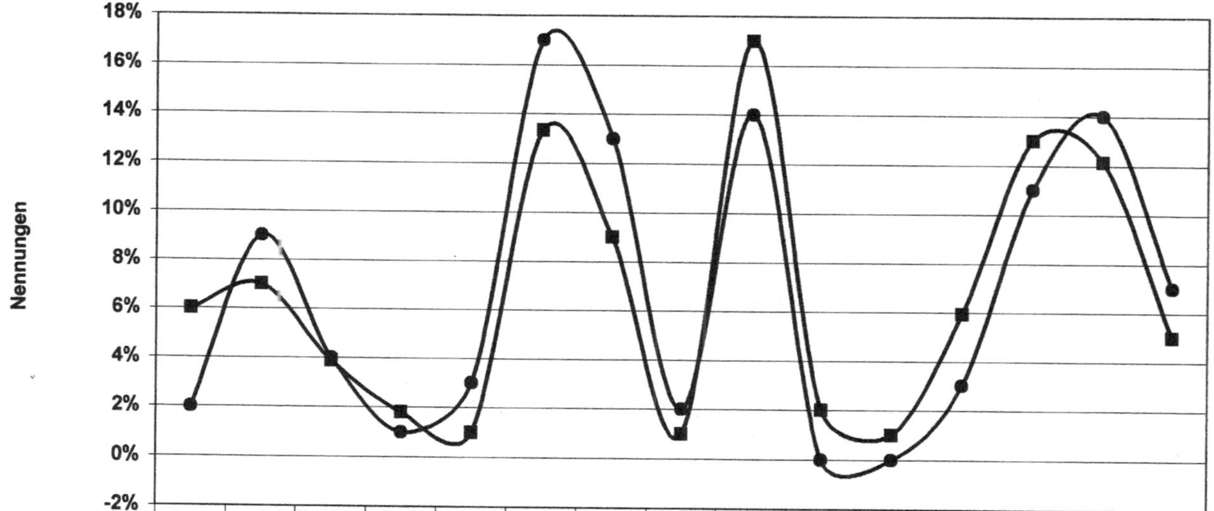

	CPW	EDV	Betriebs-wirtsch. im KH	Umwelt-schutz	Katastro-phensch. etc.	Gesund-heitssch. etc.	Gesetzes-kunde	Umgang mit Instrum.	Fachwis-sen	Fach-weiter-bild.	Hospita-tionen	Qualität	Arbeits-ablauf und	Kommu-nikation	Streß-bewälti-gung
Summe II	0,02	0,09	0,04	0,01	0,03	0,17	0,13	0,02	0,14	0	0	0,03	0,11	0,14	0,07
Summe I	0,06	0,07	0,0387	0,018	0,01	0,1333	0,09	0,01	0,17	0,02	0,01	0,0593	0,13	0,1213	0,05

Inhaltliche Einteilung

9.4.

Arbeitskreis zur Einrichtung [redacted], den 14.01.1999
einer Abteilung/eines Institutes
für innerbetriebliche Fort- und
Weiterbildung
i. A. Frau Dr. [redacted]
Qualitätsbeauftragte

Geschäftsf. Direktor
Herrn [redacted]
Verwaltung
- im Hause -

Antrag an die Betriebsleitung - Abschlußbericht aus dem Arbeitskreis zur Einrichtung einer Abteilung/eines Institutes für innerbetriebliche Fort- und Weiterbildung

Sehr geehrter Herr [redacted]

in seiner Sitzung am 11. Januar 1999 konnte der o.g. Arbeitskreis seine Aufgabe beenden, formuliert in diesem Antrag das Ergebnis und würde sich über eine Unterstützung und Umsetzung des Antragsinhaltes freuen.

Mit Genehmigung der Betriebsleitung gründete sich der Arbeitskreis am 15.8.1997 und setzte sich wie folgt zusammen:

[redacted] (PDL),
[redacted] (Personalabteilung),
[redacted] (KPDL),
[redacted] (KPDL),
[redacted] (QM),
[redacted] (AG-Fortbildung),
[redacted] (Verwaltung),
[redacted] (Krpfl.- und Kinderkrpfschule),
[redacted] (Kinderkrankenpflegeschule).
[redacted] (MTA-Schule),
[redacted] (Diätass.-Schule),
[redacted] (RTA-Schule),
[redacted] (Fachweiterbildgung),
[redacted] (PR),
[redacted] (IBF),
Herr Volkening (Studentische Hilfskraft)

Auftrag des Arbeitskreises war es, Grundlagen zu entwicklen, um zukünftig die IBF/WB neu zu strukturieren,, sowie die vorhandenen Gelder wirtschaftlicher zu nutzen, Fort- und Weiterbildung langfristig gezielt und geplant anzubieten.

Grundlage für das jetzt vorliegende Ergebnis ist eine gezielte punktuelle **Erhebung des IST-Zustandes**, die von der Betriebsleitung genehmigte **Befragung der Bereiche** im Hause über den dringendsten **Bedarf** an Fort- und Weiterbildung, sowie die **Befragung** einzelner anderer **Krankenhäuser** über deren **Organisation** von innerbetrieblicher Fort- und Weiterbildung.

.../

Blatt 2

1. Begründung für die Einrichtung eines Zentrums für Fort- und Weiterbildung

Die hier beantragte neue Organisationsform führt zu einer Effizienzsteigerung der Bildungsinvestitionen unter Qualitätsgesichtspunkten. Fort- und Weiterbildung in diesem Rahmen einzusetzen, ermöglicht:

- Den effizienten Einsatz von Arbeitsmitteln im Arbeitsablauf durch Fortbildungen, womit Sicherheit in der Anwendung von Arbeitstechniken und Material entsteht.
- Es fördert die Akzeptanz neuer Arbeitsmethoden.
- Die Einbringung neuer Arbeitsmethoden wird erleichtert.
- Die Ressourcen der MitarbeiterInnen werden gezielt zum Erreichen von Betriebszielen genutzt.
- Die vorhandenen Mittel aus dem Fortbildungsetat werden geplant und gezielt eingesetzt.
- Eine Steigerung des Kosten-/Nutzeneffektes von Fort- und Weiterbildung wird erreicht.
- Eine Verbesserung der Möglichkeit um eine Kostenminimierung zu erreichen ist dadurch gegeben.

Fort- und Weiterbildung ist ein Element der Personalentwicklung

- Zielgerichtete Weiterentwicklung von MitarbeiterInnen wird dadurch möglich
- Entwicklung von Anreizen für MitarbeiterInnen, sich an Fort- und Weiterbildung zu beteiligen
- das Fördern der Berufszufriedenheit
- Senkung der Ausfallquote und Fluktuation.

Steigerung der Motivation aller MitarbeiterInnen

- das Fördern von Verantwortungsbewußtsein
- das Fördern der Berufszufriedenheit
- die Senkung der Fluktuation und Ausfallquote durch MitarbeiterInnen-Zufriedenheit
- die Anerkennung und Nutzung der Kompetenz der MitarbeiterInnen
- die Verbesserung der Arbeitsqualität.

Fazit:
Durch Fort- und Weiterbildung kann der Betrieb geplant und gezielt auf Strukturveränderungen reagieren, somit seine Wettbewerbsfähigkeit zu anderen Anbietern von Leistungen im Gesundheitswesen steigern, Qualitätsstandards entwickeln und erhalten, und die Identifikation im Betrieb fördern.

2. Organigramm (siehe Anlage 1)

Das Organigramm ist auf das Klinikum [redacted] zugeschnitten. Eine Zusammenarbeit mit den Krankenhäusern [redacted] und [redacted] ist möglich. Aus Sicht des Arbeitskreises sollte dieses jedoch zunächst im zweiten Schritt erfolgen, da erst eine Etablierung im Klinikum [redacted] notwendig ist. Die Ausbildungsstätten bleiben in diesem Organigramm außerhalb des Zentrums, da diese gesetzliche Bestimmungen und Vorgaben zu erfüllen haben, eine kostenmäßige Trennung aus Gründen der wirtschaftlichen Transparenz als sinnvoll erachtet wird. In der Sponsorenumfrage ist mitgeteilt worden, daß ein Interesse an Ausbildung von dieser Seite her gering, hingegen im Bereich der Fort- und Weiterbildung als groß einzustufen ist. Die enge Zusammenarbeit und das Übernehmen von Unterrichtssequenzen und Fortbildungsthemen ist darüber hinaus ausdrücklich gewünscht und wird

.../

Blatt 3

auch schon seit langem praktiziert. Die Zuständigkeit dieses Zentrums schließt eine Zusammenarbeit mit dem Ärztlichen Dienst ein, da dieser aus fachlicher Sicht und aus Kostengesichtspunkten als sinnvoll erachtet wird. Die Bezeichnung „Zentrum" entstand durch die Räumlichen und inhaltlichen Rahmenbedingungen.

3. Aufgaben des Zentrums für IBF/WB
Organisation und Planung

Zur Organisation und Koordination der Fort- und Weiterbildung gehören folgende Aufgaben:

- das Sammeln, Auswerten und die Nutzung von Fort- und Weiterbildungsergebnissen (z.B. Abschlußarbeiten bei vom Arbeitgeber geförderten Maßnahmen und besuchten Fortbildungsmaßnahmen einzelner MitarbeiterInnen)
- Organisation, Planung und teilweise Durchführung von Fortbildungen und berufsspezifischen Weiterbildungen in Zusammenarbeit mit den entsprechenden Abteilungen
- Koordination der Fortbildungsangebote aus den verschiedenen Berufsgruppen miteinander zur Effizienzsteigerung
- das Erstellen einer Jahresplanung, orientiert an den bereichsbezogenen Bedarfen und den finanziellen Rahmenbedingungen
- Vorlage der Jahresplanung zur Genehmigung durch die Betriebsleitung
- das Erstellen einer Informationsbroschüre
- das Erstellen und die Ausgabe von Zertifikaten und Teilnahmebescheinigungen
- das Führen von Teilnahmelisten oder Nachweisheften für interne und externe Fortbildungen
- das Erstellen, bzw. Anlegen eines internen Referentenpools
- Zusammenarbeit mit dem Arbeitskreis Fortbildung
- Zusammenarbeit mit den Ausbildungsstätten des Klinikums und den Krankenhäusern Lübbecke und Rahden

Ermittlung von Bedarfen des Klinikums

- Einarbeitung der Ergebnisse der vom Arbeitskreis durchgeführten Bedarfserhebung in die Jahresplanung (Ergebnis der Bedarfserhebung - siehe Anlage 2)
- Entwicklung von Modalitäten zur zukünftigen Bedarfserhebung, immer verbunden mit dem vorgegebenen finanziellen Rahmen.

Personalentwicklung

- Mitwirkung bei der Erstellung von Grundlagen zur Personalentwicklung in Zusammenarbeit mit der Personalabteilung

Entscheidungskompetenzen

- Mitentwicklung und Festlegung von objektiven Auswahlkriterien für die Teilnahme an Fort- und Weiterbildungsmaßnahmen des Betriebes
- Genehmigung von Fort- und Weiterbildungsmaßnahmen nach Rücksprache mit den Vorgesetzten
- Keine Weisungsbefugnis gegenüber den im Bereich der Pflege für Fort- und Weiterbildung zuständigen MitarbeiterInnen, diese verbleibt bei der Pflegedienstleitung, [redacted]
- Weisungsbefugnis besteht gegenüber der zukünftigen dort zuzuordnenden Mitarbeiterin, [redacted] bisher Personalabteilung.

.../

Blatt 4

Budgetverantwortung
Aufgabe ist es, das Gesamtbudget Fortbildung zu verwalten und zu verantworten.
Die bisherige Verteilung der Mittel zu den einzelnen Bereichen wird aufgehoben
Die Verteilung der Mittel beruht zukünftig auf von den Bereichen zu begründenden beabsichtigten Maßnahmen. Diese Maßnahmen unterteilen sich:

- in ständige Anforderungen, z.B. Stationsleitungslehrgang
- gezielte Schulungen einzelner MitarbeiterInnen
- Deckung des Fortbildungsbedarfes bereichsbezogen als Ergebnis einer gezielten Bedarfserhebung und Bildungsplanung für den Bereich.
- die erstellte Jahresplanung und Budgetverteilung wird der Betriebsleitung jährlich zur Zustimmung vorgelegt.
- Festlegen einer Summe X, um den Finanzierungsbedarf von sich im Laufe des Jahres ergebenden Fortbildungsnotwendigkeiten decken zu können.
- aufgrund der Zuständigkeit für Organisation und Planung, sowie der gegebenen Entscheidungskompetenzen obliegt es der Zentrumsleitung im Rahmen der Budgetverteilung auf eine Koordination der Maßnahmen zu achten, um eine Effizienzsteigerung der Bildungsinvestitionen zu erreichen.

Weitere Aufgaben im Rahmen der Budgetverantwortung:

Anbieter von Fort- und Weiterbildung vergleichen
Erschließung von weiteren Finanzmittel, Grundlage dafür sind die Sponsoringmöglichkeiten. Eine erste Auswertung der Umfrage bezüglich Sponsoringmöglichkeiten liegt Ihnen in Form eines Berichtes durch Herrn Volkening bereits vor.

4. Stellenausschreibungen, Anforderungsprofil

Anforderungsprofil und möglicher Ausschreibungstext der Leitungsstelle, siehe Anlage 3

Die Zentrumsleitung soll sich durch ihre koordinierende Tätigkeit und berufsfachübergreifene Neutralität auszeichnen. Darin begründet sich auch die Anforderung an die Qualifikation. Sie ist Ansprechpartner in Fragen der Fort- und Weiterbildung, auch für externe Anbieter. Die Stellenausschreibung soll durch Herrn Neumann, Personalabteilung überarbeitet und ausformuliert werden.

Die Ausschreibung soll in den gängigen Tageszeitungen auf Ebene OWL erscheinen und wenn möglich in der Zeitung „Die Zeit".

5. Finanzierung

Auf Vorschlag der Arbeitsgruppe soll die Stelle über alle Budgets anteilig finanziert werden, da alle Bereiche davon profitieren. Perspektivisch sollen durch Sponsoring Anteile der Kosten refinanziert werden. Der effektivere Einsatz von Fortbildungsmitteln bewirkt, verbunden mit dem dadurch verbesserten Erfolg von Fortbildungsmaßnahmen, eine Steigerung des Kosten-/Nutzeneffektes, welcher somit zur Finanzierung dieser Stelle beiträgt.

.../

Blatt 5

Als Ansprechpartnerin zur näheren Erläuterung des Antrages und für Rückfragen steht Ihnen die Pflegedienstleitung [redacted] und die Qualitätsbeauftragte [redacted] aus der Personalabteilung und die Personalrätin [redacted] zur Verfügung.

Der Arbeitskreis ist der Überzeugung, Ihnen durch die geleistete Arbeit und diesen Antrag eine gute Entscheidungsgrundlage zur Verfügung gestellt zu haben und hofft, daß Sie mit Ihrer Entscheidung dem Arbeitsergebnis folgen und dieses umsetzen können.

Mit freundlichen Grüßen

Die Mitglieder des Arbeitskreises

i.A.

[redacted]	[redacted]	[redacted]
Pflegedientleitung	Qualitätsbeauftragte	Personalrätin

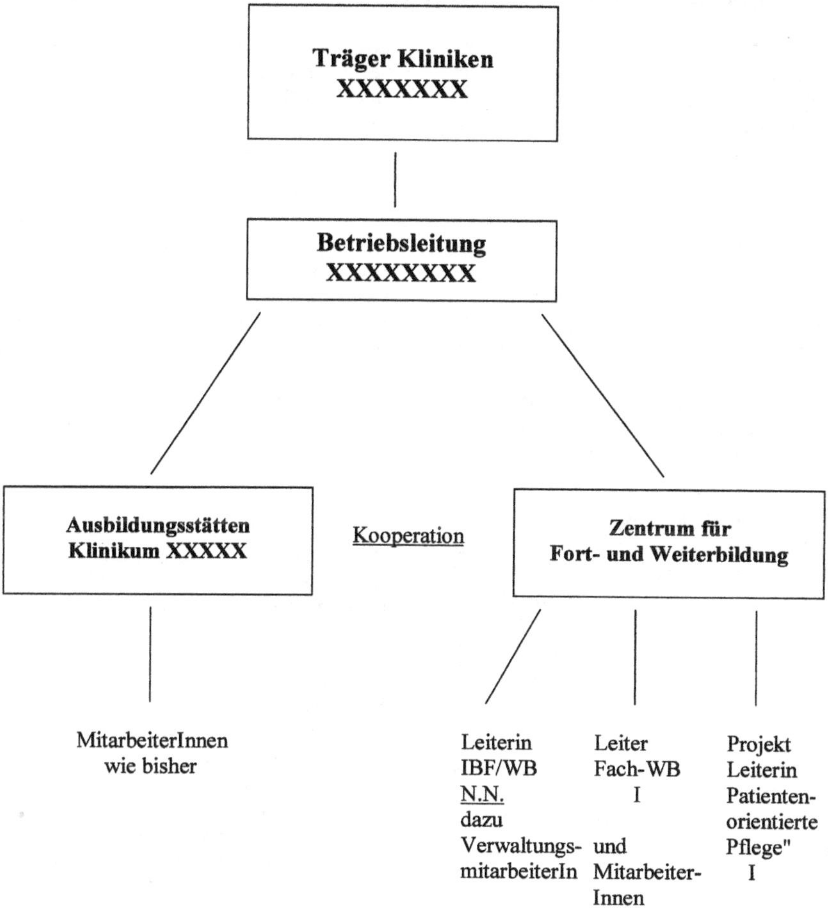
Träger Kliniken
XXXXXXX
Betriebsleitung
XXXXXXXX
Ausbildungsstätten
Klinikum XXXXX
Kooperation
Zentrum für
Fort- und Weiterbildung
MitarbeiterInnen
wie bisher
Leiterin
IBF/WB
N.N.
dazu
Verwaltungs-
mitarbeiterIn
Leiter
Fach-WB
I
und
Mitarbeiter-
Innen
Projekt
Leiterin
Patienten-
orientierte
Pflege"
I

Fragebogen zur innerbetrieblichen Fort- und Weiterbildung

In den Monaten Juni bis August des letzten Jahres wurden im Krankenhaus Fragebögen zur Sammlung von Anregungen und Wünschen seitens der Mitarbeiter zur zukünftigen Gestaltung der innerbetrieblichen Fort- und Weiterbildung verteilt.

Initiiert wurde der Fragebogen vom Arbeitskreis zur Entwicklung einer Abteilung für innerbetriebliche Fort- und Weiterbildung (IBF/WB).
Anhand des erfreulich hohen Rücklaufes läßt sich erkennen, daß das Themen Fort- und Weiterbildung einen hohen Stellenwert bei den meisten Beschäftigten hat.

Der Arbeitskreis möchte auf diesem Wege allen Kolleginnen und Kollegen für Ihre intensive und fachliche Mithilfe danken. Durch die große Beteiligung bei der Beantwortung der Fragebögen, kristallisierten sich Schwerpunkte heraus, die in die zukünftige Planung von Fort- und Weiterbildung einfließen können.

Da die komplette Auswertung der Fragebögen an dieser Stelle nicht möglich ist, sollen hier lediglich einige Einzelergebnisse präsentiert werden.
Um die Antworten auf die einzelnen Fragen katalogisieren ,erfassen und optisch präsentieren zu können, wurden einzelne Oberbegriffe herausgearbeitet, welche dann noch weiter untergliedert wurden.
Diesen Ober- und Unterbegriffen wurden dann die einzelnen Antworten zugeordnet.

So ergab z.B. die Auswertung der Frage nach dem Fortbildungsbedarf im Bereich Gesundheitsschutz bzw. Vorbeugemaßnahmen folgendes Bild.
Ca. 30% aller Befragten sahen einen Fortbildungsbedarf im Bereich des ergonomischen Arbeitens, 25 % in den verschiedensten Bereichen der Streßbewältigung und weitere 15% im Bereich der allgemeinen Hygienemaßnahmen

Bei der Frage nach den Fortbildungswünschen im Bereich der Gesetzeskunde, zeigte sich der größte Bedarf im Bereich des Haftungsrechtes mit knapp 28% vor Fortbildungen in den verschiedensten Bereichen des Arbeitsrechts mit ca. 20%. Aber es traten in diesem Fragekomplex auch Fortbildungsanregungen zu den Krankenhausfinanzierungsregelungen, sowie deren Umsetzung in den einzelnen Bereichen mit 14% auf.
Bei den Fortbildung zur Arbeitsorganisation zeigte sich, daß der größte Fortbildungsbedarf in den Bereichen EDV und der Abteilungs-übergreifenden Arbeitsorganisation besteht.

Aktualisierung und Auffrischung von Fachwissen sowie Fortbildungen im Bereich des Gesundheitsschutzes, des Arbeitsablaufes und der Organisation sowie der Kommunikation (Bereichsintern als auch Bereichsübergreifend) waren die dringlichsten Themen in den einzelnen Abteilungen und Stationen.

Insgesamt übertraf das Ergebnis der Befragung sowohl in der Menge als auch in der inhaltlichen Differenzierung zu den einzelnen Fragekomplexen bei weitem die Erwartungen des Arbeitskreises.
Dieser wird sich bemühen, daß die Ergebnisse der Mitarbeiterbefragung in die zukünftige Planung der Fort- und Weiterbildung einfließen, und möchte sich noch einmal bei allen Beteiligten für Ihre Mitarbeit bedanken.

Kurz. Auswertung der Mitarbeiterbefragung zum Fort- und Weiterbildungsbedarf am Klinikum Minden.

Die durch den Arbeitskreis IBF durchgeführte Befragung wurde von den einzelnen Mitarbeitern gut aufgenommen. Darauf läßt die Rücklaufquote von über 60% schließen. Es muß in diesem Zusammenhang darauf hingewiesen werden, daß dies einerder ersten Mitarbeiterbefragungen in dieser Form war, und die Beteiligung von daher nur an statistischen Größen gemessen werden kann.
Sollte in Zukunft das Mittel der Mitarbeiterbefragung (im ganzen Haus oder aber auch nur in Teilbereichen) wiederholt werden, müßte sich bei entsprechendem Ergebnisrücklauf an die Beschäftigten, die Rücklaufquote und damit der Aussagewert noch erhöhen lassen.

Die anliegende Auswertung soll an dieser Stelle mit einigen Sätzen erläutert werden. Auf der ersten Seite (Anlage I.) ist der Fragebogenrücklauf sowohl insgesamt, als auch für einzelne Bereiche aufgegliedert. Der Bereichsrücklauf ist nur bedingt aussagefähig, da die Bereiche unterschiedlich groß sind, und dadurch auch unterschiedlich viele Fragebögen verteilt wurden.
Als Anhaltspunkte für eine evtl. intensivere persönliche Nachfrage in einzelnen Bereichen genügen sie jedoch.

Da der Erhebungsbogen nur auf offenen Fragen aufgebaut war, ergab sich für eine kurze Präsentation der Ergebnisse die Schwierigkeit der Kategorisierung als auch der Visualisierung der einzelnen Antworten und der aufgetretenen Häufigkeiten.
Es wurde versucht dieses Probleme durch Bildung von inhaltlichen Gruppierungen zu lösen. Diese einzelnen Gruppierungen wurden zum Teil noch mehrfach unterteilt.

Die für den gesamten Fragebogen benutzte Unterteilung findet sich in Anlage II..

Diese Gruppierungen als auch die Unterteilungen wurden erst während der Auswertung erarbeitet, was sich als sehr uneffektiv erwies. Bei weiteren Fragebögen sollte von vornherein auf die spätere, praktizierbare Auswertung verstärkt geachtet werden. Dadurch ändern sich u.U. einige Fragestellungen bereits im Vorfeld.

In Anlage III. sind alle Antworten auf die erste Frage zu dem erwünschten Fortbildungsangebot im Bereich Arbeitsmethoden, -techniken und Fachkenntnissen mengenmäßig erfaßt. Im unteren Seitenbereich ist die Häufigkeit bei den einzelnen Gruppierungen graphisch dargestellt.
Die meisten Fortbildungswünsche bei dieser Frage ergaben sich im Bereich Fachwissen. Bei der Kombination von Fragestellung und inhaltlicher Gruppierung ein recht logisches Ergebnis. Die 93 Antworten in der Gruppe Fachwissen sind jedoch tlw.. so unterschiedlich, das eine weitere Unterteilung in spezielle Fachgebiete bzw. Einzeldisziplinen hier und jetzt nicht möglich war. Diese Arbeit wird in einer zukünftigen Fortbildungsabteilung zu leisten sein.
Die Unterteilung, die in der Gruppe Fachwissen vorgenommen wurde, ist eine Unterteilung nach der Art der erwünschten Fortbildung. Es wurden die Unterteilungen Auffrischung von Wissen sowie Aktualisierung bzw. Erweiterung von Wissen eingeführt (Anlage IV. unter Fachwissen)

Bei einer intensiveren Betrachtung der Antwortbögen könnte man im einem zweiten Schritt der Frage nachgehen, ob es bestimmte Bereiche innerhalb des Hauses gibt, die einen hohen Bedarf an Aktualisierung / Erweiterung von Fachwissen haben und ob es wiederum andere Bereiche gibt, in denen eine regelmäßige Auffrischung bestimmten Wissens erforderlich ist. Auf diese Weise könnten spezielle Fortbildungen für ausgewählte Gruppen erarbeitet werden.

Betrachtet man die Grafik in Anlage III. weiter, so gibt es eine weitere Häufung im Bereich Gesundheitsschutz, Arbeitsschutz, UVV etc.. Betrachtet man nun in Anlage IV. die Auswertung nach Unterteilung innerhalb dieser Gruppierung, so stellt man fest, daß über 1/3 der Antworten in der Gruppe Gesundheitsschutz, Arbeitsschutz, UVV etc. auf das ergonomische Arbeiten entfielen. Eine Größenordnung die sich bei den Antworten zur zweiten Frage noch verfestigen wird.
Doch zurück zur ersten Frage und der Anlage III. In der Grafik treten zwei weitere Häufungen in den Gruppen CPW und Kommunikation auf. Da die Gruppe CPW nicht weiter unterteilt ist, braucht auf sie nicht näher eingegangen werden.

Anders in der Gruppe Kommunikation. Bei der Erfassung der Antworten stellte sich heraus, das einige Antworten nicht genau zugeordnet werden konnten, da sie recht allgemein gefaßt waren. Damit diese Antworten jedoch nicht untergehen, wurde in der Gruppe Kommunikation die Unterteilung Allgemeine Kommunikation eingeführt. Alle weiteren Antworten, die der Gruppe Kommunikation zugeordnet wurden, wurden dann den restlichen drei Unterteilungen zugeschrieben.
Betrachtet man in Anlage IV. die mittlere Grafik, läßt sich erkennen, daß über 50% aller Fortbildungswünsche, die in Frage 1 der Gruppierung Kommunikation zugeordnet wurden, die Kommunikation zwischen Mitarbeiter und Patient bzw. Angehöriger behandeln.

Auf diese Art wurde die gesamte Auswertung für die Fragen 1a bis 1e vorgenommen. Auffällige Häufungen in der Gesamtauswertung einer Frage wurden in einem zweiten Schritt noch weiter unterteilt und in den nachfolgenden Grafiken dargestellt (Siehe Anlagen IV. bis XII.)

In Anlage XIII. wurden alle Antworten der Fragen 1a bis 1e in den einzelnen Gruppen kumuliert. Der Gedanke war, eine Aussage über die Gewichtung der Fort- und Weiterbildungen in den einzelnen Gruppierungen aufzuzeigen.
Zur Kontrolle dient die Frage nach den drei dringlichsten Themen. Die Antworten auf diese Frage sind in der Anlage XIV. grafisch und tabellarisch aufbereitet.
In den Anlagen XV. (tabellarisch) und XVI. (grafisch), wurden dann diese beiden Ergebnisse gegenübergestellt.
Besonders deutlich ist in Anlage XVI. die große prozentuale Annäherung zwischen den geäußerten Fortbildungswünschen auf die Fragen 1a bis 1e und den Antworten auf die Frage nach den drei dringlichsten Themen zu erkennen.
Anlage XVII. zeigt zum Schluß noch die Ergebnisse der Frage nach den erforderlichen Weiterbildungen für die einzelnen Bereiche auf. Da hier speziell nach Weiterbildungen gefragt war, kam es logischerweise zu Häufungen im Bereich Fachwissen und Fachweiterbildung.

Abschließend läßt sich sagen, daß mit dem Fragebogen Erkenntnisse gewonnen wurden, die durchaus als Grundlage für weitere Planungen im Bereich Fort- und Weiterbildung dienen können.

Anforderungsprofil und möglicher Ausschreibungstext der Leitungsstelle:

Beschreibung des Krankenhauses

Für unser im Aufbau befindliches

"Zentrum für innerbetriebliche Fort- und Weiterbildung"

suchen wir ein/e:

LeiterIn

Qualifikation:
akademischer Abschluß im Gebiet Pädagogik/Erwachsenenbildung

Wir erwarten von Ihnen:
-Erfahrungen im Gesundheitswesen/Krankenhaus
-Teamorientiertes Arbeiten und soziale Kompetenz
-Fähigkeit zur interdisziplinären Zusammenarbeit
-Kenntnisse in der Bildungsplanung-Bildungsökonomie-Organisationsentwicklung

Aufgaben:
-Planung, Organisation und Koordination der internen und externen Fort- und Weiterbildung aller Beschäftigten
-Repräsentation und Verhandlungsführung
-Budgetverwaltung und Verantwortung
-Kooperation mit Ausbildungs- und Fachweiterbildungsstätten sowie den Krankenhäusern XXXXX und XXXXX

Wir bieten:
-allg. Text. bzgl. Regelungen im Öffentlichen Dienst
-Eingruppierung erfolgt gemäß BAT
-orientiert an der Qualifikation, Spannbreite BAT IV a bis BAT III

9.5.

Sponsoring
Stufenplan für das <u>Krankenhaus X</u>

Stufe 1 Situationsanalyse	(1.1) Grundsatzentscheidung (1.2) Projektbeschreibung

⇩

Stufe 2 Zielbestimmung	(2.1) Eigene Ziele und Erwartungen (2.2) Erwartungen der Wirtschaft

⇩

Stufe 3 Grundsätze	(3.1) Vorauswahl der Unternehmen (3.2) Detaillierte Anforderungen an Sponsoren

⇩

Stufe 4 Realisierung	(4.1) Kontaktaufnahme mit Sponsoren (4.2) Verhandlungen

⇩

Stufe 5 Auswertung	(5.1) Ziele und Wirkungen (5.2) Typische Fehler

Sponsoring
Stufenplan für das Krankenhaus X

Im folgenden soll eine kurze Skizzierung eines möglichen Sponsoring für den Bereich Fort- und Weiterbildung am Krankenhaus X aufgezeigt werden.
Diese Skizzierung ist weitgehend allgemein gehalten, um einen grundsätzlichen Überblick über die Anforderungen an Organisation seitens der potentiellen Unternehmen aufzuzeigen.
Des weiteren soll aber auch versucht werden die Motivation möglicher Unternehmen im Bereich der Kommunikation aufzuzeigen.

Das Sponsoringkonzept habe ich in 5 Stufen eingeteilt. Von der Planungsphase bis zur abschließenden Auswertung.
Bei dem beabsichtigten Projekt ist eine langfristige und verbindliche Förderung. wichtig. Von daher muß in der Planung und Realisierung durch die Organisation eine für die Unternehmen erkennbare Verbindlichkeit gegeben sein.

(1.1) Grundsatzentscheidung

Zu Beginn eines jeden Sponsoring müssen innerhalb der Organisation bestimmte Grundsatzentscheidungen getroffen werden. Wichtig ist gerade bei diesen Grundsatzentscheidungen, daß sie nicht von einzelnen Personen getroffen werden, da sie weitreichende Folgen haben können, die sich zu einem späteren Zeitpunkt auf das Betriebsklima, sowie auf die Betriebskommunikation sowohl positiv als auch negativ auswirken können. Desto mehr Personen bzw. Gruppen in dieser Phase des Sponsoring beteiligt werden, um so einfacher wird eine spätere Umsetzung innerhalb der Organisation.

Grundsatzentscheidungen sind in folgenden Bereichen zu treffen:

- Können Unternehmen aus dem Sponsoring eines Institutes für Aus-, Fort- und Weiterbildung einen „kommunikativen Nutzen“ ziehen?
  (Ist das neu? Ist das interessant? Ist das wichtig?)
- Ist die Akzeptanz gegenüber einem Sponsoring innerhalb der MitarbeiterInnen bzw. durch den Träger gegeben?
  (Risiken, die sich aus der Zusammenarbeit mit Unternehmen ergeben können, müssen formuliert und abgewogen werden)
- Bleibt die Autonomie für die Arbeit erhalten, oder ergibt sich aus der finanziellen Förderung durch Wirtschaftsunternehmen eine psychologische Abhängigkeit (Dankbarkeitsschuld)?
- Akzeptiert die Öffentlichkeit eine solche Kooperation? Ist die Akzeptanz bei den PatientInnen vorhanden?
- Kostenschätzung des ungefähren Finanzbedarfes muß ermittelt werden.
- Zielbestimmung: Wo stehen wir, wo wollen wir hin?

(1.2) Projektbeschreibung

Nach den grundsätzlichen Entscheidungen muß eine exakte und abschließende Projektbeschreibung durchgeführt werden Die Darstellung des in Aussicht genommenen Projektes sollte in einem Dossier oder einer Broschüre erfolgen, die den potentiellen Sponsoren später vorgelegt werden kann. (Beachtung der Aufmachung in Bezug auf Layout, Gliederung etc.)

Die Projektbeschreibung sollte sowohl die Organisation, den Träger, als auch den Kontext der erbrachten Arbeit vorstellen. Mit ihrer Hilfe sollte sich die in Frage kommenden Unternehmen einen Überblick über das gesamte Vorhaben machen können.

Gliederungspunkte einer Projektbeschreibung:
- Idee
- Zielgruppe
- Ziel und Inhalt
- Leistung
- Termine
- Kosten
- Mögliche andere Sponsoren

Weiterhin ist das Profil der Organisation besonders herauszustreichen:
- Entstehung
- Engagement
- Struktur
- Anzahl der Mitarbeiter
- Projekte und Pläne
- Besonderheit der Organisation und damit verbundene Attraktivität für Unternehmen.

(2.1) Eigene Ziele und Erwartungen

Die Zielbestimmung sollte möglichst genau beschreiben wieviel Sponsorengelder bzw. Dienstleistungen wofür benötigt werden. Des weiteren sollten die Projektziele detailliert aufgeführt werden.
Wenn es gelingt, Ziele zu formulieren, die sich mit der bekundeten gesellschaftlichen Verantwortung eines Unternehmens decken, werden die Chancen für ein Sponsoring steigen. Gesichtspunkte wie Effiziezsteigerung, Effektivitätssteigerung und Kostenreduzierung sollten soweit möglich in diesem Zusammenhang thematisiert werden.

Mögliche Projektziele:
- Neue Angebote für bestimmte Zielgruppen
- Neue Wege in der bisherigen Einrichtung
- Imageverbesserung der Einrichtung

Zielbestimmung:
- Bedarf an Geldmitteln
- Bedarf an Sachmitteln
- Bedarf an Dienstleistungen
- Mittel- bis langfristiger Sponsorenanteil an den Gesamtkosten

(2.2) Erwartungen der Wirtschaft

Neben der Formulierung der eigenen Erwartungen und Ziele ist es wichtig, sich über die Erwartungen der potentiellen Sponsoren im Klaren zu sein.
Sponsoring ist ein Kommunikationsmittel, das auf verschiedenen Ebenen und in unterschiedlicher Stärke benutzt angewandt werden kann Die Erwartungen der einzelnen Unternehmen sollten deshalb im Vorfeld herausgearbeitet werden, um sich möglichst frühzeitig über die unterschiedliche Reichweite im Klaren zu sein.

Grundsätzlich sollten folgende Schritte zwischen Unternehmen und Organisation eingehalten werden:
- Klare Absprachen über Art und Weise der Kooperation
- Festlegung der Medienarbeit (Art, Umfang, Zeitraum, Ebenen)
- Festlegung der Zielgruppen
- Absprachen über eventuelle Projektanalysen
- Festlegung der Sponsoringzeiträume

(3.1) Vorauswahl der Unternehmen

Die Entscheidung, welche Unternehmen aus welcher Branche für ein Sponsoring in Frage kommen, trifft die Organisation. Hilfreich ist es, hierfür Kriterien festzulegen.

Es empfiehlt sich, großflächig Daten zu sammeln, und eine Art „Sponsoren Archiv" anzulegen. Detaillierte Informationen über die in Frage kommenden Unternehmen sind bei einer späteren Akquisition nicht nur hilfreich, sondern auch erfolgsfördernd.

Besonders wichtig ist die Akzeptanz der Unternehmen durch die MitarbeiterInnen, da sie sich motivationsfördernd oder hemmend auswirken kann.

Mögliche Kriterien können sein:
- Akzeptanz der MitarbeiterInnen
- Größe des Unternehmens
- Standort des Unternehmens
- Wirtschaftsbranche in dem das Unternehmen tätig ist
- Produktpalette des Unternehmens
- Vorhandene Bindungen zur Organisation
- Höhe der Sponsorenbeträge
- Alter des Unternehmens
- Image des Unternehmens

(3.2) Detaillierte Anforderungen an Sponsoren

Die Vorauswahl der Unternehmen sollte einher gehen mit einer Festlegung der detaillierten Anforderungen an die Sponsoren, sowie der Bedingungen für die Zusammenarbeit.

Neben inhaltlichen Grundsätzen (z.B. kein Sponsoring durch Brauereien oder Zigarettenherstellern) sollten Kriterien gefunden werden, anhand derer sich eine Rangliste der ausgewählten Unternehmen erstellen läßt.

Anhand der Kriterien sollten folgende Punkte festgelegt werden:
- Dauer des Engagements
- Die Art der vertraglichen Bindung
- Die Anzahl der Sponsoren
- Art und Umfang der Leistungen
- Art und Umfang der Gegenleistungen

(4.1) Kontaktaufnahme mit Sponsoren

In dieser Phase des Sponsorings ist es wichtig, das sich die Akteure der Organisation noch einmal die Beweggründe der Unternehmen, die für ein Sponsoring sprechen, verinnerlichen. Sponsoring ist vorrangig ein Kommunikationsmittel.
Darüber hinaus sollte man sich im Klaren sein, daß Wertmuster, Zielsetzungen und Managementmethoden in profitorientierten Unternehmen sich in der Regel von denen in Non-Profit-Organisationen unterscheiden. Von daher ist es wichtig, Berührungsängste und Kommunikationsbarrieren weitgehend auszuschließen. Sinnvoll ist neben der Projektvorstellung, eine Vorstellung der Gesamtorganisation.
Des weiteren sollte ab diesem Zeitpunkt ein/e MitarbeiterIn die Federführung für das Sponsoring übernehmen, damit alle Kontakte und Informationen in einer Hand liegen und eine kontinuierliche Kommunikationsebene zwischen der Organisation und den Unternehmen geschaffen wird.

Bei der ersten Kontaktaufnahme mit den Unternehmen sollte deutlich werden, warum dieses Unternehmen ausgewählt wurde. Den Nutzen, den das Unternehmen aus dem Sponsoring ziehen kann, sollte ebenso herausgearbeitet sein, wie das weitere Verfahren, mögliche Vereinbarungen und die Art/Höhe der benötigten Sponsorleistung.
Finanzierungslücken sollten ebenso offen aufgezeigt werden, wie der Nutzen für den Sponsor.

(4.2)Verhandlungen

Bei den eigentlichen Verhandlungen stehen Leistungen und Gegenleistungen im Mittelpunkt. Es sollten von Seiten der Organisation sowohl die Kosten des Projektes als auch ein Angebot der möglichen Gegenleistungen vorgelegt werden.
Mögliche Gegenleistungen sind zum einen die ständige Präsentation des Firmenlogo an Gebäuden oder Fahrzeugen, die punktuelle Präsentation bei Tagungen, Kongressen, Vorträgen, Symposien etc. aber auch das Bereitstellen von fachlichem Know-how der Organisation.
Die Sponsoring Agentur „FAMOSA e.V." nennt folgende Kommunikationsmöglichkeiten:

- Persönliche Nennung des Sponsors bei Veranstaltungen
- Erwähnung des Sponsors auf Broschüren, Programmen, Büchern usw.
- Nennung des Sponsors innerhalb der Pressearbeit
- Anzeigen des Sponsors in Programmheften, Jahresberichten usw.
- Vergabe von Prädikaten, Emblemen u.ä.
- Durchführung von Aktionen im Unternehmen mit den dort Beschäftigten
- Produktpräsentation während Veranstaltungen
- Erlaubnis zur Nennung der Einrichtung in PR-Maßnahmen des Sponsors

Da Sponsorships nach Möglichkeit langfristig angelegt sein sollten, ist es notwendig, daß genau abgesteckt wird, wieviel Kommunikationsarbeit die Organisation zu erbringen hat. Diese und weitere Absprachen sollten in jedem Fall schriftlich festgehalten werden, damit es zu einem späteren Zeitpunkt keine Konflikte gibt und keine Planungsunsicherheiten auftreten.

(5.1) Ziele und Wirkungen
(5.2) Typische Fehler

Die am Anfang des Sponsorship formulierten Ziele und Erwartungen sollten als letzter Teil des Sponsoring ausgewertet werden. Zwei Aspekte sollten bei solch einer abschließenden Betrachtung im Vordergrund stehen:

1. Welche Ziele sind erreicht worden?
2. Welche Wirkung hatte das Sponsoring?

Bei der Erfüllung der formulierten Ziele sollte vor allem auf die Zusammenarbeit mit den Unternehmen geachtet werden. Mögliche Probleme die im Laufe der Zusammenarbeit aufgefallen sind, sollten dokumentiert werden. Passende Lösungsstrategien sollten entwickelt werden, um diese Fehler beim nächsten mal auszuschließen.

Die Betrachtung der Wirkung fällt um so leichter, desto besser die Dokumentation des Sponsorship durchgeführt wurde. Fehlen detaillierte Auswertungsunterlagen, ist eine Einschätzung der Wirkung auch durch die Befragung Dritter (Mitarbeiter, Patienten oder Bevölkerung) möglich. Diese abschließende Betrachtung ist sowohl für die interne Kommunikation als auch für die externe wichtig. Denn neben der Dokumentation für die Mitarbeiter, kann sie auch als Anreiz für zukünftige Sponsoren dienen.

Wurden im Laufe der Auswertung wiederkehrende Probleme erkannt, sollten diese genau analysiert werden um sie bei einem weiteren Sponsorship von Anfang an auszuschließen.

9.6.

Sehr geehrte Damen und Herren,

das KRANKENHAUS X möchte sich auf diesem Wege mit einer etwas ungewöhnlichen Bitte an Sie wenden.

Als Anhang zu diesem Schreiben senden wir Ihnen einen Fragebogen zum Thema Sponsoring. Mit Hilfe dieses Fragebogens soll versucht werden, eine Bestandsaufnahme der Möglichkeiten des Sponsoring im Bereich Fort- und Weiterbildung im Gesundheitswesen herauszuarbeiten. Darüber hinaus möchten wir einen Einblick gewinnen, ob eventuell auch in anderen von den Kassen nicht finanzierten Bereichen des Gesundheitswesens Interesse für ein Sponsoring geweckt werden kann.
Wir möchten Sie deshalb bitten, diesen Fragebogen für uns zu beantworten und ihn in dem frankierten Rückumschlag an uns zurückzusenden.

Wir bedanken uns schon jetzt für Ihre Hilfe, und wollen Ihnen nun kurz erläutern, warum wir uns mit dieser Bitte an Sie wenden.

Das KRANKENHAUS X versorgt jährlich etwa 35.000 Patienten in stationärer Behandlung. Für deren Genesungsprozeß sind über 2500 Mitarbeiter in den verschiedensten Berufszweigen am KRANKENHAUS X beschäftigt. Um eine optimale Versorgung der Patienten zu gewährleisten, ist eine qualifizierte Ausbildung ebenso unerläßlich wie eine kontinuierliche Fort- und Weiterbildung.
Als akademisches Lehrkrankenhaus der XXXXXXXXXXX-Universität XXXXXX sind wir mit für die praktische Ausbildung von Medizinstudenten zuständig. Darüber hinaus werden pro Jahr über 200 junge Menschen an der Krankenpflegeschule, der Kinderkrankenpflegeschule, der Hebammenschule, der Lehranstalt für medizinisch-technischen Assistenten sowie der Lehranstalt für Diätassistenten ausgebildet.
Fachweiterbildungen für Pflegekräfte werden in den Bereichen Anästhesie, Intensivmedizin, OP-Fachpflege und Nephrologie durchgeführt.

Damit auch weiterhin die Qualität der Patientenversorgung auf einem hohen Niveau sichergestellt ist, werden im Krankenhaus neue Qualitätsstandards eingeführt, die naturgemäß einen Ausbau der Fort- und Weiterbildung mit sich bringen.
Um die Fort- und Weiterbildung am KRANKENHAUS X noch erfolgreicher zu gestalten und den aktuellen Erfordernissen anzupassen wird im Klinikum z.Z. die Gründung eines Institutes (einer Abteilung) für Fort- und Weiterbildung geplant.
Da der Mehraufwand, den der Aufbau und der Betrieb eines solchen Institutes mit sich bringt, über Pflegesätze nur zum Teil finanziert werden kann, werden verschiedene Möglichkeiten der Finanzierung auf ihre Tauglichkeit geprüft.

Neben der internen Neustrukturierung und organisatorischen Änderungen des Bereiches Fort- und Weiterbildung, der Erweiterung des Angebotes mit einhergehender Öffnung für externe Personengruppen sowie der Intensivierung der Zusammenarbeit im Fortbildungsbereich mit anderen Krankenhäusern, werden auch die Möglichkeiten eines Sponsoring erwogen.

Der beiliegende Fragebogen dient der Bestandsaufnahme der quantitativen und qualitativen Möglichkeiten eines Sozialsponsoring, aber auch der Feststellung *Ihrer* Erwartungen an ein mögliches Sozialengagement.

Wir wären Ihnen daher sehr dankbar, wenn Sie sich die Zeit nehmen würden, um uns in dieser Sache zu unterstützen.
Bitte beantworten Sie die Fragen so genau wie möglich, und senden Sie den ausgefüllten Fragebogen bis zum ....1998 mit dem frankierten Rückumschlag an uns zurück.

Selbstverständlich behandeln wir Ihre Angaben vertraulich und anonym.

Falls Sie jedoch Interesse an einer direkten Kontaktaufnahme in dieser Sache durch das KRANKENHAUS X haben, können Sie uns dies im letzten Teil des Fragebogens mitteilen.
Alternativ dazu können Sie sich auch an folgende Adresse wenden:

....
....
....
....

Bitte wenden Sie sich auch an diese Adresse, wenn Sie an einer Kurzauswertung dieser Befragung für Ihre eigenen konzeptionellen Überlegungen interessiert sind.

Wir bedanken uns herzlich für Ihre Mitarbeit und verbleiben

mit freundlichen Grüßen

....
XXXXX
Geschäftsführender Direktor

Bitte kreuzen Sie die zutreffenden Antworten an und ergänzen Sie die Antworten eventuell durch eigene Bemerkungen. Mehrfachnennungen sind möglich und erwünscht. Falls Sie einzelne Fragen nicht beantworten können, übergehen Sie diese einfach.

1. Wird in Ihrem Unternehmen Sponsoring betrieben?

O Ja, Sponsoring wird betrieben

O Nein, wir betreiben kein Sponsoring

2. In welchem der folgenden Sponsoringbereiche würden Sie am ehesten Sponsoring betreiben, falls Sie sich dazu entschließen würden (oder dies bereits tun)?

O Sozialsponsoring

O Sportsponsoring

O Kultursponsoring

O Umweltsponsoring

3. Wie würden Sie die unterschiedliche Wichtigkeit in den verschiedenen Sponsoringbereichen bewerten?

	Sehr wichtig	wichtig	ganz unwichtig
Sportsponsoring	O	O	O
Kultursponsoring	O	O	O
Sozialsponsoring	O	O	O
Umweltsponsoring	O	O	O

4. Ein Sponsoring (Sozialengagement) kann kurzfristig oder langfristig angelegt sein. Welche der folgenden Möglichkeiten wäre für Sie am interessantesten?

Einmalige Förderung	O
Mittelfristige Förderung (bis zu 1 Jahr)	O
Kontinuierliche Förderung (bis zu 5 Jahren)	O

5. Im folgenden sind einige Fördermöglichkeiten aus dem Bereich Gesundheitswesen aufgeführt. Geben Sie bitte an, in welchen Bereichen Sie sich eine Förderung am ehesten vorstellen können bzw. welche Bereiche Sie bereits unterstützen.

Gesundheitliche Aufklärung	O
Erstausbildung im Gesundheitswesen	O
Fortbildung / Weiterbildung im Gesundheitswesen	O
Behindertenhilfe	O
Rettungswesen	O
Vorbeugung/Hilfe bei Alkoholismus	O
Vorbeugung/Hilfe bei anderen Suchterkrankungen	O
Rehabilitation	O
Hospizbewegung	O
Weitere Bereiche (bitte nennen)	
....	O
....	O

6. Falls Sie bei Frage 5 mindestens eine Fördermöglichkeit angekreuzt haben, geben Sie bitte an welches die Hauptbeweggründe für ein Sozialengagement Ihres Unternehmens wären.

	Bedeutung			
	sehr groß	groß	gering	keine
Hilfsbedürftigkeit der Geförderten	O	O	O	O
Soziale Verpflichtung des Unternehmens	O	O	O	O
Übereinstimmung mit Corporate Identity	O	O	O	O
Steuerliche Vorteile	O	O	O	O
Persönliche Kontakte	O	O	O	O
Unternehmensdarstellung in der Öffentlichkeit	O	O	O	O
Kontaktpflege mit anderen Förderern	O	O	O	O
Dokumentation gesellschaftspolitischer Verantwortung	O	O	O	O
Weitere Beweggründe (bitte nennen)				
....	O	O	O	O
....	O	O	O	O

7. Neben den Möglichkeiten des Sozialengagements werden in der Öffentlichkeit auch die Gefahren desselben diskutiert.
Welche Gefahren sehen Sie im Sozialengagement von Unternehmen?

	trifft voll zu	trifft teilweise zu	trifft nicht zu
Abhängigkeit des Geförderten vom Förderer	O	O	O
Ablehnende Haltung der Öffentlichkeit	O	O	O
Entlastung des Staates zu Lasten der Unternehmen	O	O	O
Bevorzugung einzelner Organisationen	O	O	O
Nachlassendes Engagement der Organisationen	O	O	O

8. Wenn man ein Sozialsponsoring neu oder verstärkt betreiben möchte, so kann dies aus verschiedenen Gründen erfolgen. Bitte beurteilen Sie die folgenden Aussagen:

Wir würden Sozialsponsoring (verstärkt) einsetzen, wenn:	trifft voll zu	trifft teilweise zu	trifft nicht zu
- eigene Sponsoring Projekte möglich wären	O	O	O
- höhere Wirkung auf Mitarbeitermotivation vorhanden wäre	O	O	O
- bisherige Zielgruppen besser erreicht werden könnten	O	O	O
- neue Zielgruppen damit erreicht werden könnten	O	O	O
- mehr gemeinsame Veranstaltungen mit dem Gesponserten möglich wären	O	O	O
- mehr Bereitschaft bei dem Gesponserten zu neuen Formen der Zusammenarbeit bestünde	O	O	O
- die Medien (stärker) darüber berichten würden	O	O	O
- stärkere Imageeffekte erzielt würden	O	O	O
- das Image des Gesponserten mit dem Unternehmen stärker übereinstimmen würde	O	O	O
- wir unsere Corporate Identity damit besser dokumentieren könnten	O	O	O
- die Öffentlichkeitsarbeit damit neu belebt werden könnte	O	O	O
- die Wirkung meßbarer wäre	O	O	O
- Weitere Möglichkeiten (bitte nennen)	O	O	O

9. Wie wird sich nach Ihrer Einschätzung das Engagement Ihres Unternehmens im Sozialbereich in den nächsten 5 Jahren vermutlich entwickeln?

O eher steigen O eher gleichbleiben Oeher sinken

10. Welche Form des Sozialengagement wäre für ihr Unternehmen am interessantesten, falls sie sich dazu entschließen würden?

O Finanzielles Engagement
O Materielles Engagement
O Personelles Engagement

11. Die Anzahl der Organisationen im Gesundheitsbereich, die einen Teil ihrer Arbeit über Spenden oder Sponsoring finanzieren, nehmen in den letzten Jahren kontinuierlich zu. Ein Sozialengagement kann man daher auch nach örtlichen Kriterien festlegen. Welch der folgenden Organisationen kämen für Sie am ehesten in Frage?

- Organisationen mit lokalem Bezug O
  z.B. örtlicher Krankenhäuser, Vereine etc.
- Organisationen mit regionalem Bezug O
  z.B. DRK, DPWV etc. auf Kreis- oder Landesebene
- Organisationen mit nationalem Bezug O
  z.B. Deutsche Krebshilfe, Deutsche Aidshilfe etc.

Um Ihre Antworten richtig nach Größenklassen und Bereichen zuordnen zu können, bitten wir Sie abschließend noch um einige allgemeine Angaben.

12. Wieviel Beschäftigte hat Ihr Unternehmen?

ca. ....Beschäftigte

13. Welchem der folgenden Bereiche ist Ihr Unternehmen am ehesten zuzuordnen?

Handel O
Dienstleistung O
Produktion O

Falls Sie an einer Ansprache durch das Klinikum Minden interessiert sind, haben Sie die Möglichkeit hier Ihre Adresse sowie einen Ansprechpartner einzutragen.

....
....
....
....

Falls sie dieses lieber unabhängig vom Fragebogen machen wollen, teilen Sie mir Ihr Interesse bitte in einem gesonderten Schreiben mit.

Herzlichen Dank für Ihre Geduld bei der Beantwortung des Fragebogens

KURZAUSWERTUNG

Es wurden 200 Fragebögen verschickt (N=200). Der Rücklauf lag bei 32%. Aufgrund von Mehrfachnennungen und tlw. nicht beantworteter Fragen, weichen die Gesamtnennungen in den einzelnen Fragen voneinander ab.

1. Wird in Ihrem Unternehmen Sponsoring betrieben?

33 Ja, Sponsoring wird betrieben

29 Nein, wir betreiben kein Sponsoring

2. In welchem der folgenden Sponsoringbereiche würden Sie am ehesten Sponsoring betreiben, falls Sie sich dazu entschließen würden (oder dies bereits tun)?

42 Sozialsponsoring

20 Sportsponsoring

17 Kultursponsoring

13 Umweltsponsoring

3. Wie würden Sie die unterschiedliche Wichtigkeit in den verschiedenen Sponsoringbereichen bewerten?

	Sehr wichtig	wichtig	ganz unwichtig
Sportsponsoring	*6*	*26*	*18*
Kultursponsoring	*4*	*40*	*6*
Sozialsponsoring	*26*	*26*	*4*
Umweltsponsoring	*6*	*32*	*10*

4. Ein Sponsoring (Sozialengagement) kann kurzfristig oder langfristig angelegt sein. Welche der folgenden Möglichkeiten wäre für Sie am interessantesten?

Einmalige Förderung	*22*
Mittelfristige Förderung (bis zu 1 Jahr)	*10*
Kontinuierliche Förderung (bis zu 5 Jahren)	*22*

5. Im folgenden sind einige Fördermöglichkeiten aus dem Bereich Gesundheitswesen aufgeführt. Geben Sie bitte an, in welchen Bereichen Sie sich eine Förderung am ehesten vorstellen können bzw. welche Bereiche Sie bereits unterstützen.

Gesundheitliche Aufklärung	*26*
Erstausbildung im Gesundheitswesen	*9*
Fortbildung / Weiterbildung im Gesundheitswesen	*27*
Behindertenhilfe	*18*
Rettungswesen	*11*
Vorbeugung/Hilfe bei Alkoholismus	*6*
Vorbeugung/Hilfe bei anderen Suchterkrankungen	*9*
Rehabilitation	*6*
Hospizbewegung	*2*

6. Falls Sie bei Frage 5 mindestens eine Fördermöglichkeit angekreuzt haben, geben Sie bitte an welches die Hauptbeweggründe für ein Sozialengagement Ihres Unternehmens wären.

	Bedeutung			
	sehr groß	groß	gering	keine
Hilfsbedürftigkeit der Geförderten	*9*	*24*	*4*	*2*
Soziale Verpflichtung des Unternehmens	*15*	*21*	*8*	*0*
Übereinstimmung mit Corporate Identity	*10*	*14*	*4*	*0*
Steuerliche Vorteile	*0*	*7*	*15*	*7*
Persönliche Kontakte	*7*	*13*	*9*	*0*
Unternehmensdarstellung in der Öffentlichkeit	*13*	*16*	*6*	*0*
Kontaktpflege mit anderen Förderern	*0*	*0*	*17*	*9*
Dokumentation gesellschaftspolitischer Verantwortung	*4*	*15*	*11*	*6*

7. Neben den Möglichkeiten des Sozialengagements werden in der Öffentlichkeit auch die Gefahren desselben diskutiert.
Welche Gefahren sehen Sie im Sozialengagement von Unternehmen?

	trifft voll zu	trifft teilweise zu	trifft nicht zu
Abhängigkeit des Geförderten vom Förderer	*11*	*25*	*11*
Ablehnende Haltung der Öffentlichkeit	*3*	*8*	*29*
Entlastung des Staates zu Lasten der Unternehmen	*18*	*16*	*10*
Bevorzugung einzelner Organisationen	*10*	*29*	*4*
Nachlassendes Engagement der Organisationen	*2*	*25*	*13*

8. Wenn man ein Sozialsponsoring neu oder verstärkt betreiben möchte, so kann dies aus verschiedenen Gründen erfolgen. Bitte beurteilen Sie die folgenden Aussagen:

Wir würden Sozialsponsoring (verstärkt) einsetzen, wenn:	trifft voll zu	trifft teilweise zu	trifft nicht zu
- eigene Sponsoring Projekte möglich wären	*6*	*15*	*17*
- höhere Wirkung auf Mitarbeitermotivation vorhanden wäre	*10*	*12*	*14*
- bisherige Zielgruppen besser erreicht werden könnten	*22*	*10*	*9*
- neue Zielgruppen damit erreicht werden könnten	*22*	*11*	*11*
- mehr gemeinsame Veranstaltungen mit dem Gesponserten möglich wären	*5*	*14*	*19*
- mehr Bereitschaft bei dem Gesponserten zu neuen Formen der Zusammenarbeit bestünde	*15*	*17*	*12*
- die Medien (stärker) darüber berichten würden	*9*	*24*	*8*
- stärkere Imageeffekte erzielt würden	*13*	*20*	*6*
- das Image des Gesponserten mit dem Unternehmen stärker übereinstimmen würde	*9*	*21*	*9*
- wir unsere Corporate Identity damit besser dokumentieren könnten	*12*	*17*	*9*
- die Öffentlichkeitsarbeit damit neu belebt werden könnte	*7*	*24*	*7*
- die Wirkung meßbarer wäre	*22*	*14*	*9*

9. Wie wird sich nach Ihrer Einschätzung das Engagement Ihres Unternehmens im Sozialbereich in den nächsten 5 Jahren vermutlich entwickeln?

7 eher steigen *42* eher gleichbleiben *6* eher sinken

10. Welche Form des Sozialengagement wäre für ihr Unternehmen am interessantesten, falls sie sich dazu entschließen würden?

41	Finanzielles Engagement
23	Materielles Engagement
17	Personelles Engagement

11. Die Anzahl der Organisationen im Gesundheitsbereich, die einen Teil ihrer Arbeit über Spenden oder Sponsoring finanzieren, nehmen in den letzten Jahren kontinuierlich zu. Ein Sozialengagement kann man daher auch nach örtlichen Kriterien festlegen. Welch der folgenden Organisationen kämen für Sie am ehesten in Frage?

- Organisationen mit lokalem Bezug *37*
  z.B. örtlicher Krankenhäuser, Vereine etc.
- Organisationen mit regionalem Bezug *13*
  z.B. DRK, DPWV etc. auf Kreis- oder Landesebene
- Organisationen mit nationalem Bezug *14*
  z.B. Deutsche Krebshilfe, Deutsche Aidshilfe etc.

Um Ihre Antworten richtig nach Größenklassen und Bereichen zuordnen zu können, bitten wir Sie abschließend noch um einige allgemeine Angaben.

12. Wieviel Beschäftigte hat Ihr Unternehmen?

0 - 100 Beschäftigte	*22*
100 - 500 Beschäftigte	*25*
500 und mehr Beschäftigte	*11*

13. Welchem der folgenden Bereiche ist Ihr Unternehmen am ehesten zuzuordnen?

Handel	*21*
Dienstleistung	*20*
Produktion	*32*

Nochmals herzlichen Dank für die Beantwortung des Fragebogens.

3. Wichtigkeit in den unterschiedlichen Sponsoringbereichen

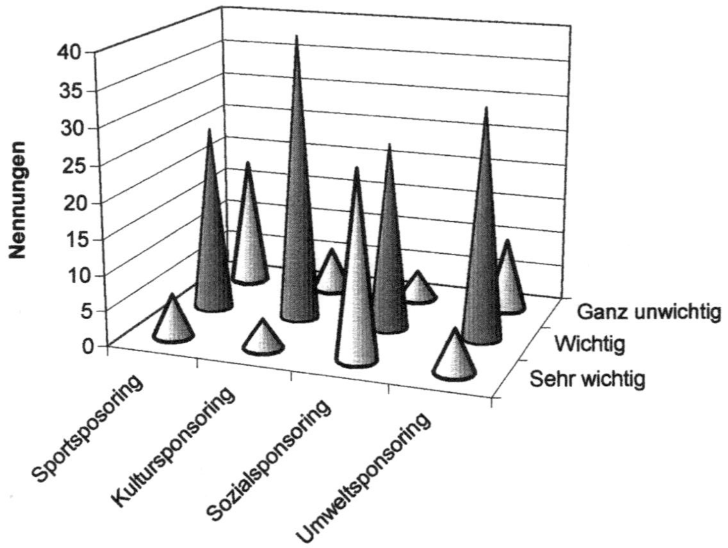

	Sportsposoring	Kultursponsoring	Sozialsponsoring	Umweltsponsoring
Sehr wichtig	6	4	26	6
Wichtig	26	40	26	32
Ganz unwichtig	18	6	4	10

4. Ein Sponsoring (Sozialengagement) kann kurzfristig oder langfristig angelegt sein. Welche der folgenden Möglichkeiten wären für Sie am interessantesten ?

	Firmen die Sponsoring betreiben	Firmen die kein Sponsoring betreiben	Gesamt
Einmalige Förderung	11	10	21
Mittelfristige Förderung	8	2	10
Kontinuierliche Förderung	16	7	23
	35	19	54

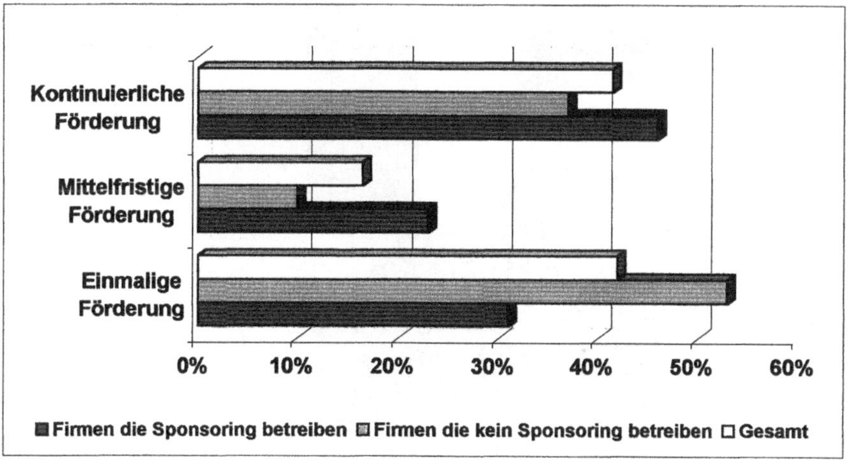

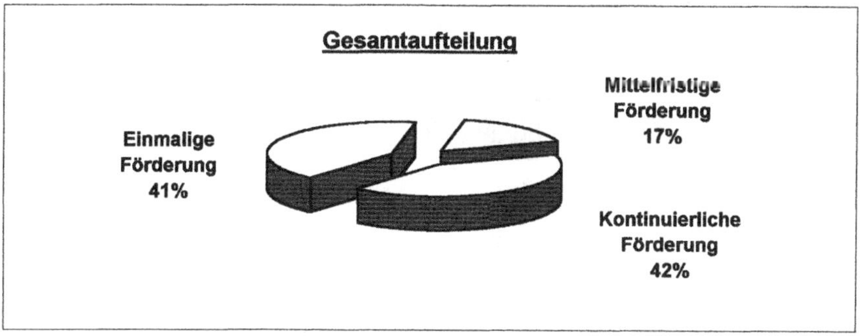

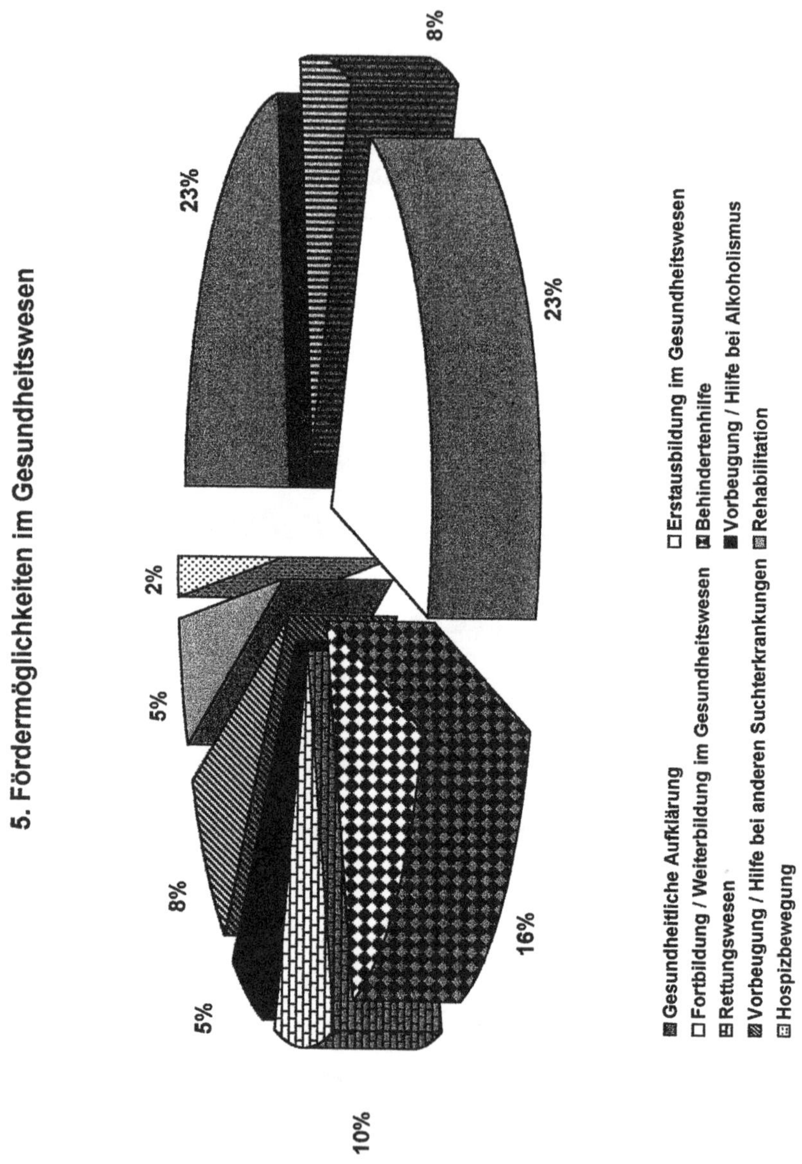
5. Fördermöglichkeiten im Gesundheitswesen
8%
23%
23%
2%
5%
8%
5%
16%
10%
Gesundheitliche Aufklärung
Fortbildung / Weiterbildung im Gesundheitswesen
Rettungswesen
Vorbeugung / Hilfe bei anderen Suchterkrankungen
Hospizbewegung
Erstausbildung im Gesundheitswesen
Behindertenhilfe
Vorbeugung / Hilfe bei Alkoholismus
Rehabilitation

5. In welchen Bereichen könnten Sie sich eine Förderung am ehesten vorstellen ?

	IHK	Kranken-haus	Gesamt	Firmen, die Sponsoring betreiben	Firmen, die kein Sponsoring betreiben	Gesamt
Gesundheitliche Aufklärung	9	17	26	14	12	26
Erstausbildung im Gesundheitswesen	1	8	9	6	3	9
Fortbildung / Weiterbildung im Gesundheitswesen	6	21	27	19	8	27
Behindertenhilfe	8	10	18	11	7	18
Rettungswesen	7	4	11	7	4	11
Vorbeugung / Hilfe bei Alkoholismus	4	2	6	4	2	6
Vorbeugung / Hilfe bei anderen Suchterkrankungen	4	5	9	5	4	9
Rehabilitation	1	5	6	4	2	6
Hospizbewegung	0	2	2	2	0	2
	40	74	114	72	42	114

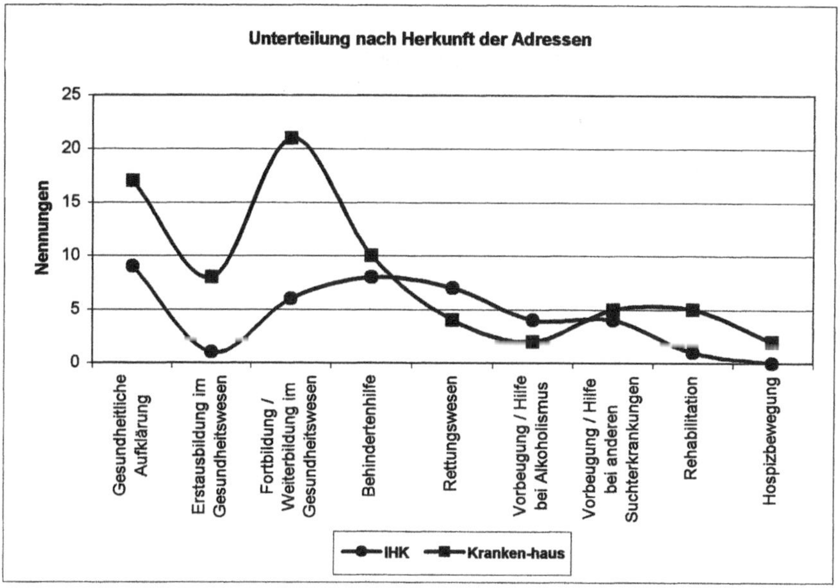

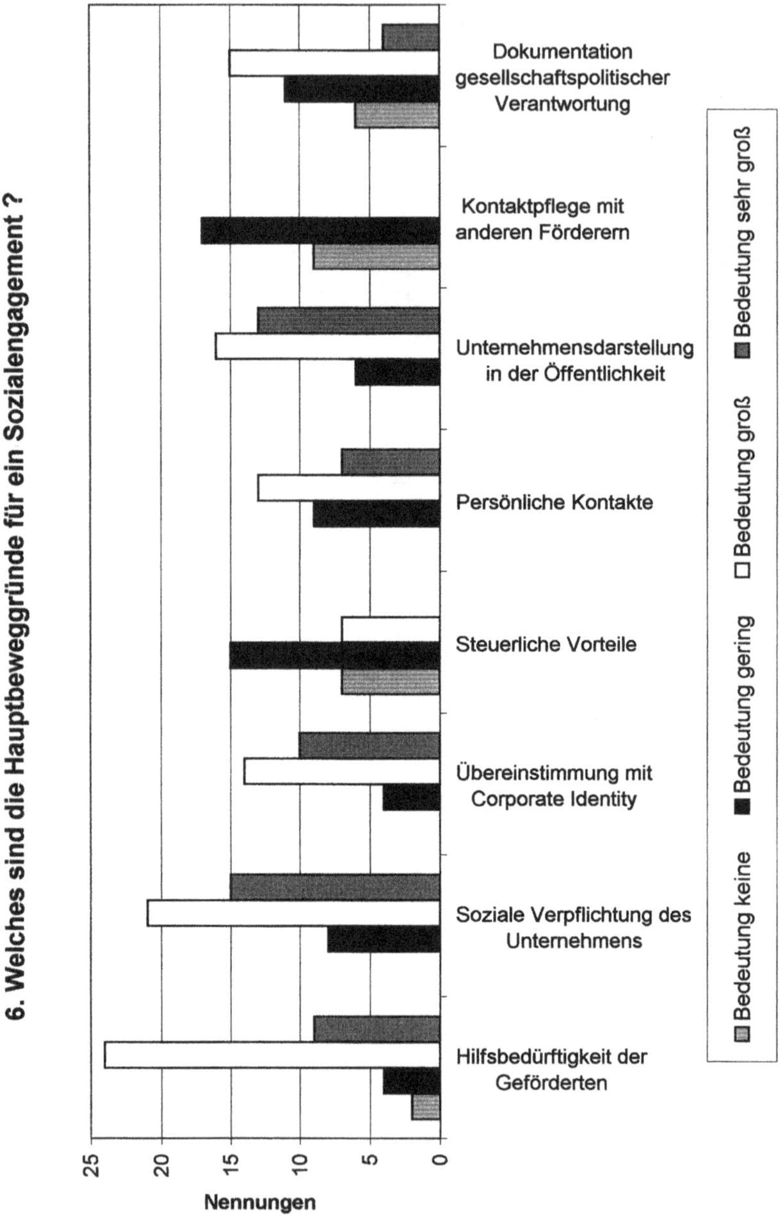
6. Welches sind die Hauptbeweggründe für ein Sozialengagement ?
Dokumentation gesellschaftspolitischer Verantwortung
Kontaktpflege mit anderen Förderern
Unternehmensdarstellung in der Öffentlichkeit
Persönliche Kontakte
Steuerliche Vorteile
Übereinstimmung mit Corporate Identity
Soziale Verpflichtung des Unternehmens
Hilfsbedürftigkeit der Geförderten
25
20
15
10
5
0
Nennungen
Bedeutung keine
Bedeutung gering
Bedeutung groß
Bedeutung sehr groß

7. Welche Gefahren sehen Sie im Sozialengagement von Unternehmen ?

	IHK trifft voll zu	IHK trifft tlw. zu	IHK trifft nicht zu	Krankenh. trifft voll zu	Krankenh. trifft tlw. zu	Krankenh. trifft nicht zu	Gesamt
Abhängigkeit des Geförderten vom Förderer	3	7	4	8	18	7	47
Ablehnende Haltung der Öffentlichkeit	0	4	7	3	4	22	40
Entlastung des Staates zu Lasten der Unternehmen	6	7	0	12	9	10	44
Bevorzugung einzelner Organisationen	1	10	2	9	19	2	43
Nachlassendes Engagement der Organisationen	0	9	3	2	16	10	40
	10	37	16	34	66	51	214

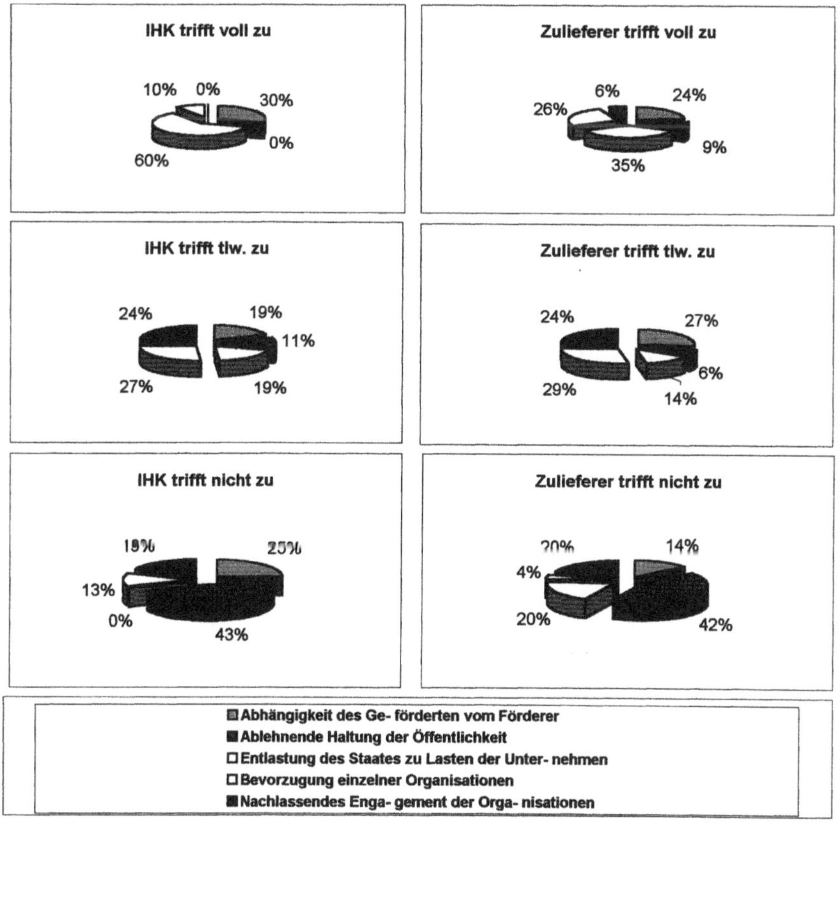

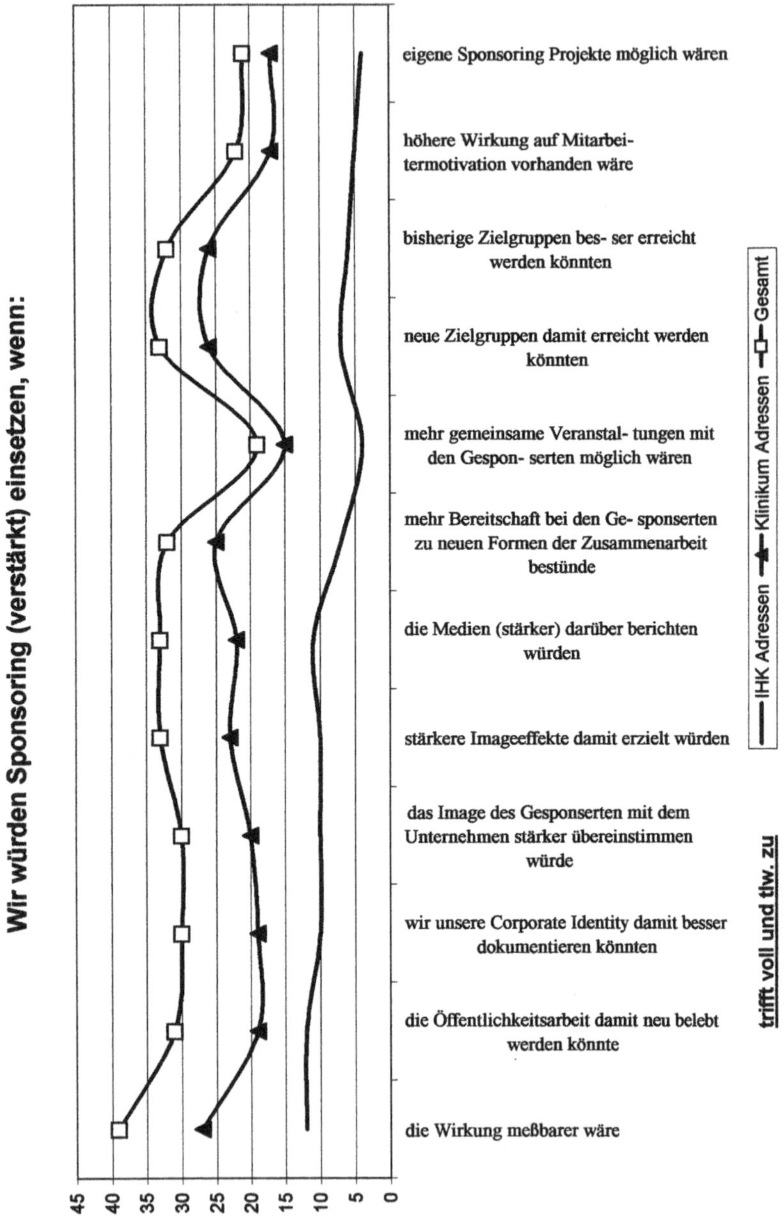
Wir würden Sponsoring (verstärkt) einsetzen, wenn:
eigene Sponsoring Projekte möglich wären
höhere Wirkung auf Mitarbeitermotivation vorhanden wäre
bisherige Zielgruppen bes- ser erreicht werden könnten
neue Zielgruppen damit erreicht werden könnten
mehr gemeinsame Veranstal- tungen mit den Gespon- serten möglich wären
mehr Bereitschaft bei den Ge- sponserten zu neuen Formen der Zusammenarbeit bestünde
die Medien (stärker) darüber berichten würden
stärkere Imageeffekte damit erzielt würden
das Image des Gesponserten mit dem Unternehmen stärker übereinstimmen würde
wir unsere Corporate Identity damit besser dokumentieren könnten
die Öffentlichkeitsarbeit damit neu belebt werden könnte
die Wirkung meßbarer wäre
45
40
35
30
25
20
15
10
5
0
IHK Adressen
Klinikum Adressen
Gesamt
trifft voll und tlw. zu

10. Welche Form des Sozialengagement wäre für ihr Unternehmen am interessantesten, falls Sie sich dazu entscheiden würden ?

	IHK Adressen	Krankenh. Adressen	Gesamt
Finanzielles Engagement	16	25	41
Materielles Engagement	6	17	23
Personelles Engagement	2	15	17
	24	57	79

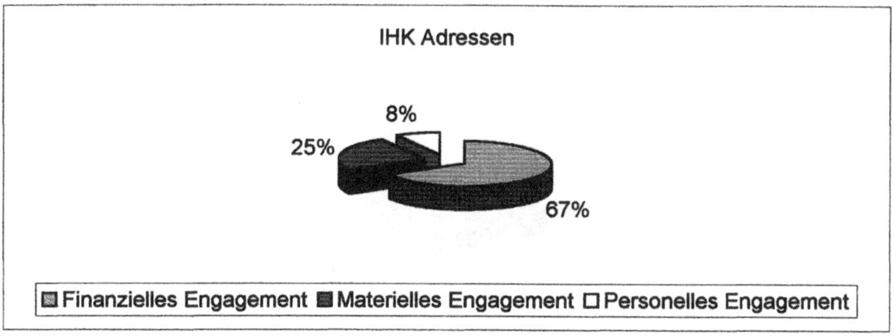

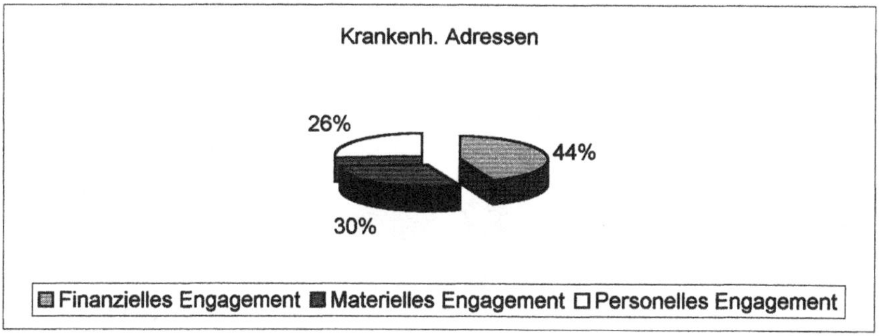

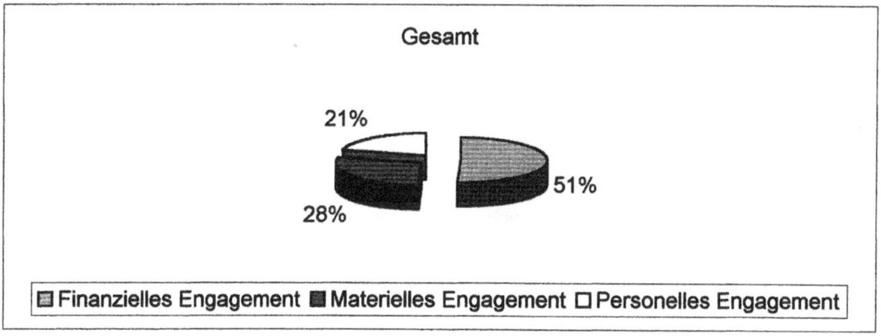

11. Ein Sozialengagement kann man auch nach örtlichen Kriterien festlegen. Welche der folgenden Organisationen käme für Sie am ehesten in Frage ?

	IHK Adressen	Krankenh. Adressen	Gesamt
Organisationen mit lokalem Bezug	17	20	37
Organisationen mit regionalem Bezug	5	8	13
Organisationen mit nationalem Bezug	4	10	14
	26	38	64

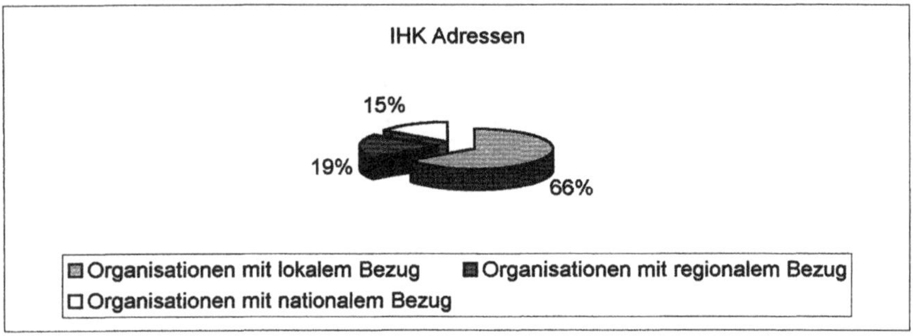

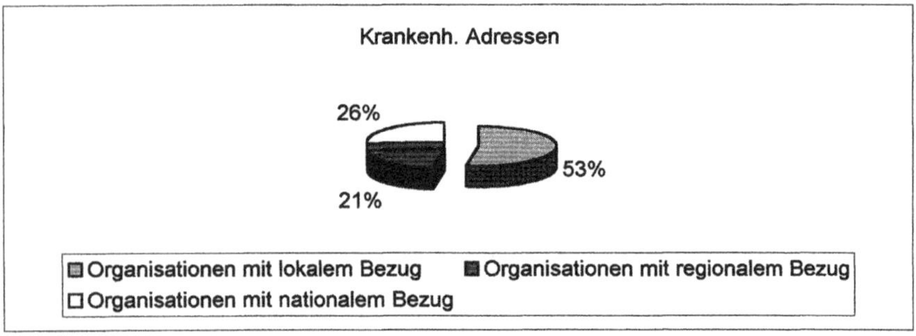

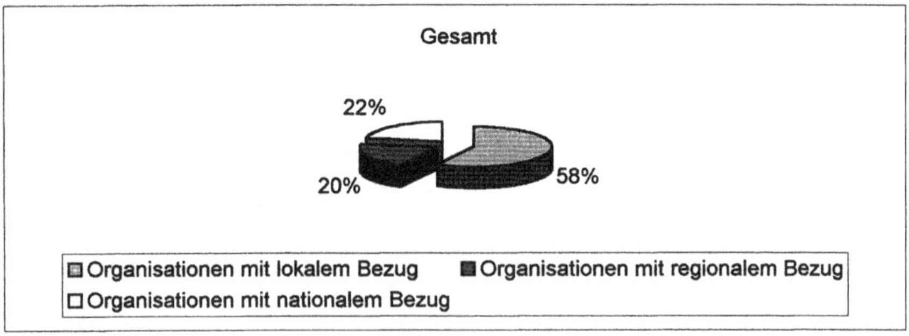

WORK – TECHNOLOGY – ORGANIZATION – SOCIETY
ARBEIT – TECHNIK – ORGANISATION – SOZIALES

Edited by Wiking Ehlert, György Széll and Heinz Sünker
Herausgegeben von Wiking Ehlert, György Széll und Heinz Sünker

Band 1 György Széll/Wiking Ehlert (eds.): New Democracies and Old Societies in Europe. 2001.

Band 2 Norbert H. Pieper: Arbeitsmarktpolitik in Deutschland und Japan im Vergleich. 1996.

Band 3 Volker Telljohann: Globaler Wettbewerb – lokale Entwicklung. Gewerkschaftliche Konzepte innovativer Industriepolitik zur Nutzung endogener regionaler Entwicklungspotentiale am Beispiel der Erfahrungen im Bereich der Maschinenbauindustrie Bolognas. 1997.

Band 4 Roderick Martin/Akihiro Ishikawa/Csaba Makó/Francesco Consoli (eds.): Workers, Firms and Unions, Part 1. Industrial Relations in Transition. 1998.

Band 5 Martin Schwanholz: Informationstechnologien im Wandel. Marktstrukturen – Aufholprozesse – Wettbewerbschancen. 1998.

Band 6 Klaus Tischler: Betriebliches Umweltmanagement als Lernprozess. Theorie und Praxis organisationsorientierter Umweltbildung als Beitrag zur Steigerung der Fortschrittsfähigkeit der Unternehmung. 1998.

Band 7 Maria Deuling: Qualifikationsanforderungen in den kaufmännischen Berufen. Regionale Arbeitskräftebedarfsanalyse. 1999.

Band 8 Kotaro Oshige: Konvergenz der Interessenvertretungen durch Globalisierung? Ein Vergleich der Funktionsmechanismen der Arbeitnehmerinteressenvertretungssysteme in Deutschland und Japan am Beispiel der Elektroindustrie. 1999.

Band 9 Khaleda Akter Siddiqui: Urban Working Women in the Formal Sector in Bangladesh. 2000.

Band 10 Akihiro Ishikawa/Roderick Martin/Witold Morawski/Veljko Rus (eds.): Workers, Firms and Unions, Part 2. The Development of Dual Commitment. 2000.

Band 11 Karl Bruckmeier/Wiking Ehlert (eds.): The Agri-Environmental Policy of the European Union. The Implementation of the Agri-environmental Measures within the Common Agricultural Policy in France, Germany, and Portugal. 2002.

Band 12 Désirée M. Nana: L'éducation environnementale des enfants et jeunes au Sahel. L'exemple du Burkina Faso. 2001.

Band 13 Wiking Ehlert: Unternehmen und betriebliche Umweltschutzverbände. 2002.

Band 14 György Széll, Dasarath Chetty, Alain Chouraqui (eds.): Participation, Globalisation & Culture. International and South African Perspectives. 2002.

Band 15 Olaf Winkelmann: Entwicklung in der Mitbestimmung - Industrial Relations, Industrial Districts und Netzwerke. Das Beispiel *Betriebsräte-Netzwerk* im Industrial District Ostwestfalen-Lippe. 2002.

Band 16 Thomas Volkening: Ansätze zu organisatorischen Reformstrategien in einem Krankenhaus in kommunaler Trägerschaft. Eine Bestandsaufnahme. 2004.

Band 17 György Széll / Gian Primo Cella (eds.): The Injustice at Work. An International View on the World of Labour and Society. 2002.

Band 18 Lydia Kocar: Globale Ökonomie und nationale Politik. Die Forschungs- und Technologiepolitik der EU. 2003.

Band 19 Heinz Sünker: Politik, Bildung und soziale Gerechtigkeit. Perspektiven für eine demokratische Gesellschaft. 2003.

Band 20 Nicola Bücker: Historische Aspekte und Entwicklungstendenzen des japanischen Beschäftigungssystems. 2003.

Band 21 Faping He: Struktur und Funktionsweise des chinesischen Arbeitsmarktes. Der Gestaltungsprozess des Arbeitsmarktes unter dem wirtschaftlich-sozialen Strukturwandel in der VR China seit 1978. 2003.

Band 22 Thomas Swiderek: Kinderpolitik und Partizipation von Kindern. Im Spannungsfeld von Vergesellschaftung und der Möglichkeit größerer Selbstbestimmtheit, Mündigkeit und dem Erlernen von Demokratie. 2003.

Band 23 Heinz Sünker / Russell Farnen / György Széll (eds.): Political Socialisation, Participation and Education. Change of Epoch – Processes of Democratisation. 2003.

Oliver Hörig

Controlling-Instrumente im Krankenhaus

Status quo und best practice

Frankfurt am Main, Berlin, Bern, Bruxelles, New York, Oxford, Wien, 2001.
XX, 116 S., zahlr. Abb. u. Tab.
Europäische Hochschulschriften: Reihe 5, Volks- und Betriebswirtschaft. Bd. 2806
ISBN 3-631-38364-9 · br. € 28.50*

Die neuen Herausforderungen des deutschen Gesundheitswesens erfordern zunehmend auch in den Krankenhäusern eine Marktwirtschaftlichere Orientierung. Hoher Kostendruck und die Forderung nach mehr Wirtschaftlichkeit einerseits, sowie das allgemeine Verständnis von der hippokratischen Aufgabe der Krankenhäuser andererseits erfordern ein umfangreiches Controlling. Grundlage der Arbeit ist eine empirische Untersuchung des Einsatzes von Controlling-Instrumenten in deutschen Krankenhäusern. Hieraus wird eine best practice für ein Krankenhaus-Controlling entwickelt. Im Mittelpunkt stehen die Instrumente des strategischen Controlling sowie die des Kosten- und Erlöscontrolling. Abschließend wird die Lücke zwischen Status quo und best practice identifiziert und der Handlungsbedarf herausgearbeitet.

Aus dem Inhalt: Controlling-Konzept · Best-practice-Philosophie · Deutscher Krankenhausmarkt · Empirische Untersuchung · Ermittlung Status quo des Controlling in deutschen Krankenhäusern · Entwurf einer best practice für das Controlling im Krankenhaus · Soll-Ist-Vergleich · Ableitung von Handlungsbedarf · Umfangreiches Zahlenwerk im Tabellenanhang

FSC
www.fsc.org
MIX
Papier | Fördert
gute Waldnutzung
FSC® C083411

Kolibri 360 GmbH
Ferdinand-Jühlke-Straße 7
99095 Erfurt, Deutschland
produktsicherheit@kolibri360.de

Druck:
CPI Druckdienstleistungen GmbH
im Auftrag der
Kolibri 360 GmbH
Ferdinand-Jühlke-Str. 7
99095 Erfurt